东山县文化发展研究会资助

河北省社会科学重要学术著作出版资助项目

河北省社会科学基金项目

东山县文化发展研究会资助

河北省社会科学重要学术著作出版资助项目

河北省社会科学基金项目

黄道周

哲学思想研究

许卉 著

中国社会科学出版社

图书在版编目（CIP）数据

黄道周哲学思想研究／许卉著 . —北京：中国社会科学
出版社，2016.1

ISBN 978 - 7 - 5161 - 7577 - 4

Ⅰ.①黄… Ⅱ.①许… Ⅲ.①黄道周（1585~1646）—
哲学思想—研究 Ⅳ.①B248.995

中国版本图书馆 CIP 数据核字（2016）第 018669 号

出 版 人	赵剑英
选题策划	刘　艳
责任编辑	刘　艳
责任校对	陈　晨
责任印制	戴　宽

出　　版	中国社会科学出版社
社　　址	北京鼓楼西大街甲 158 号
邮　　编	100720
网　　址	http://www.csspw.cn
发 行 部	010 - 84083685
门 市 部	010 - 84029450
经　　销	新华书店及其他书店

印刷装订	三河市君旺印务有限公司
版　　次	2016 年 1 月第 1 版
印　　次	2016 年 1 月第 1 次印刷

开　　本	710×1000　1/16
印　　张	17.75
插　　页	2
字　　数	315 千字
定　　价	68.00 元

凡购买中国社会科学出版社图书，如有质量问题请与本社营销中心联系调换
电话：010 - 84083683

黄道周

哲学思想研究

许卉 著

中国社会科学出版社

图书在版编目(CIP)数据

黄道周哲学思想研究/许卉著.—北京:中国社会科学
出版社,2016.1
ISBN 978 - 7 - 5161 - 7577 - 4

Ⅰ.①黄…　Ⅱ.①许…　Ⅲ.①黄道周(1585~1646)—
哲学思想—研究　Ⅳ.①B248.995

中国版本图书馆 CIP 数据核字(2016)第 018669 号

出 版 人	赵剑英
选题策划	刘　艳
责任编辑	刘　艳
责任校对	陈　晨
责任印制	戴　宽

出　　版	中国社会科学出版社
社　　址	北京鼓楼西大街甲 158 号
邮　　编	100720
网　　址	http://www.csspw.cn
发 行 部	010 - 84083685
门 市 部	010 - 84029450
经　　销	新华书店及其他书店

印刷装订	三河市君旺印务有限公司
版　　次	2016 年 1 月第 1 版
印　　次	2016 年 1 月第 1 次印刷

开　　本	710 × 1000　1/16
印　　张	17.75
插　　页	2
字　　数	315 千字
定　　价	68.00 元

凡购买中国社会科学出版社图书,如有质量问题请与本社营销中心联系调换
电话:010 - 84083683

目　　录

导　言

一

黄道周，字幼玄，号石斋，明神宗万历十三年（1585）出生于福建漳浦县（今东山县）铜山深井村。其仕途生涯自天启二年（1622）三十八岁中进士后开始，历任崇祯朝翰林院编修、詹事府少詹事，南明弘光朝礼部尚书，隆武朝内阁首辅等职。明亡后抗清被俘，隆武二年（1646）就义于南京，终年六十二岁。

黄道周是晚明时期一位重要的思想家。东林之后，他与刘宗周一起被推为明末大儒，并称"二周"。他的思想体现了晚明时期传统儒学发展的统合趋势，可惜这种趋势被明清之际的社会剧变所打断。

后世对黄道周多有肯定，清乾隆四十一年（1776）谕文称黄道周为"一代完人"，道光五年（1825）礼部奏文以黄道周从祀孔庙。在清代，官方将刘宗周和黄道周相提并论，对两人思想进行评价时称："盖宗周以诚意为主而归功于慎独，能阐王守仁之绪言，而救其流弊；道周以致知为宗而止宿于至善，确守朱熹之道脉，而独遡宗传。……至其（黄道周）生平讲学浙闽，以格致为宗，而归宿于至善。与刘宗周之以诚意为宗，而归本于慎独，学术洵为相等"①。陈来先生认为："近世以来，学人多重船山、梨洲、亭林诸公，以为明末三大家；要之，顾、黄、王皆于清初成学名，若论晚明之际则不得不让于二周。"②

通观黄道周的思想，可以看出，在明末这个风起云涌的阶段，他的思

① 《道光五年二月十六日礼部谨奏为遵旨议奏事》，《黄漳浦集》卷首。按本文所用《黄漳浦集》均为清道光八年（1828）福州陈寿祺刻本。

② 陈来：《黄道周的生平与思想》，《国学研究》第十一卷，北京大学出版社2003年版，第87页。注：本书引用原文出处，只在第一次注明版本与出版社、出版日期。

想呈现出统合、回归的特点，其统合性表现在他的思想中既有汉学，又有宋学，既有六经儒学，又有四书儒学；也表现在，他在对阳明后学反思的基础上亲近程朱；其回归性则表现为以"天下归仁"为旨归，反求于先秦时期的孔孟儒学，以"六经"为道的承载体，有种追根溯源的自觉和努力。从侯真平对黄道周著作的考述来看，他对儒家原始经典几乎都有过注说，其中《春秋》类有《春秋轨》《春秋揆略》《春秋表正》等；《易》类主要有《筹象》《易本象》《大咸经》《三易洞玑》《易象正》等；《礼记》类有《月令明义》《缁衣集传》《坊记集传》《表记集传》《儒行集传》等；《尚书》类有《洪范明义》《吕刑明义》《禹贡明义》等；《孝经》类有《孝经赞义》《孝经辨义》《孝经集传》等；《诗经》类有《诗表》《诗揆》《诗序正》《诗昬正》等；《周礼》类有《周官集传》。

就其思想倾向来说，黄道周主张调停朱陆、会通朱王来弥合理学的内部冲突，以期将程朱理学与陆王心学整合为一个统一的思想体系。在努力调和程朱与陆王的取向下，他对两家之学都有批判和继承，呈现出综合朱王的气象。对阳明后学的流弊，黄道周不遗余力地进行批判，主张以周、孔六经之学救正当时思想界空疏、荡越之风，希冀以经典文献为根本重建理学的学理根基。黄道周对宋明理学的反思，既是对明末理学危机的回应，也是明中期以来理学内部朱王互动的新发展和新动向。

二

长期以来，学界对黄道周的学术思想研究很不充分，在某种程度上，他是一位被遮蔽的思想家。回顾黄道周的研究状况，从明末到现在，总体上处于一种静伏状态，尤其对其哲学思想的研究显得更为薄弱。黄宗羲在《明儒学案》卷五十六《诸儒学案下》第四《忠烈黄石斋先生道周》中，以《榕坛问业》为主对黄道周的哲学思想进行论述，但其所选语录多集中在性与气质等性理问题的讨论上，对于黄道周哲学思想的全面把握尚未完全到位。清代官方称二周"学术洵为相等"，此"相等"对于两人的哲学思想内容的概括应该说太笼统，且有失偏颇。概刘宗周的思想以心学为基础，对王学后学流弊进行救正，"转阳明良知之学为慎独之论，由阳明会通程朱，并反溯大学、中庸，专提诚意、慎独"①。而且，刘宗周在心学理论的精深思考和架构方面可谓苦心孤诣，所以其思想被称为心学中最后亦是最彻底的系统。相比较而言，黄道周的哲学思想则倾向于统合程朱和陆王两家之间的差异，其独立性或者自成一家体系的建构理路则不很鲜明，且除了理学思想外，其思想中实学精神亦很突出："凡天文、地志、经史、百家之说，无不随问阐发，不尽作性命空谈，盖由其博洽精研，靡所不究，故能有叩必竭，响应不穷，虽词意间涉深奥，而指归可识，不同于禅门机括，幻眚无归。明人语录每以陈因迁腐，为博学之士所轻，道周此编可以一雪斯诮矣。"②

到近代，关于黄道周哲学思想的研究，有近人容肇祖所著的《明代思想史》、现代侯外庐主编的《宋明理学史》、陈来的《中国近世思想史研究》等书，都以很长的篇幅对黄道周的学术和思想进行论述。除此之外，尚有一些论文如步近智的《论黄道周复杂而矛盾的思想学说》、衷尔钜的《黄道周与刘宗周哲学思想比较》等，对黄道周思想的诠释和理解基本与《明儒学案》和清初官方的定位相差不远，对于黄道周思想的整体性、复杂性则认识不够。总体而言，目前系统的、完整的关于黄道周学术思想的研究为数不多，尤其关于其哲学思想的研究更为少见，这种少人关注的状况与黄道周的历史地位与思想影响很不相称。

同时，对黄道周哲学思想的研究不应局限于宋明理学的窠臼，而应在一个更大的思想史范围下展开，才能概括和确立其思想的主体脉络和特征，如陈来所讲："他的思想虽然是明代的一支，但确非理学所能范围。他的思想无论从哪个方面来看，都包含了他对晚明政治、社会、学术问题的思考和回应，值得进一步深入研究。"③ 本书借助现代哲学概念，探讨黄道周哲学思想的形成、发展直至成熟的过程和所具有的特点。之所以借助现代哲学范畴，跳出理学的范围，一方面，是由黄道周思想本身的特点所决定的，因为其思想广泛庞杂，仅以《榕坛问业》为例：对十三经都有涉及，除了点评和讲解外，还与玄佛两家进行比较。除了经学内容外，天文、地志、经史、百家之说亦在其中穿插。另一方面，黄道周思想的发

---

① 东方朔：《刘蕺山哲学研究》，上海人民出版社1997年版，第27页。

② 《榕坛问业提要》，按本书所用《榕坛问业》为文渊阁《四库全书》本。

③ 陈来：《黄道周的生平与思想》，《国学研究》第十一卷，第118页。

展已经呈现出突破宋明理学、注重实学的特点，如重视六经，尊重汉儒，倡导博物之学和实测之学，这与明清之际的经学复兴和实学思潮的兴起趋势是一致的。因此，较为全面地梳理、总结和研究黄道周哲学思想，可以更为清晰地把握他的思想，有利于研究的深化。另外，可以以黄道周思想为研究个案，探讨宋明理学和王学在明末历史阶段发展和嬗变的特点。

三

本书概括了黄道周哲学思想的主要内容，建构了以生成论、本体论、人性论、工夫论和圣人观为有机组成的理论体系，其主要内容如下：

第一章关于黄道周的生平和思想历程。以黄道周生平为线索，考察论述了他的思想形成发展过程，重点解读了黄道周的学术活动及其成就。

第二章关于黄道周的生成论思想。其生成论思想的核心是宇宙自然世界是由气构成的，太极和阴阳总是一个，阴阳二气借助"生""克"原则生成自然界的种种。圣人根据阴阳二气的运化原则，将其施用于人类社会中，建构了社会道德伦理关系。同时，黄道周以《易》谈生成，用象数学思想阐释宇宙的生成和演化。

第三章关于黄道周的本体论思想。在不同的语境下，黄道周使用了异名同质的本体概念来阐发自己的思想。首先，太极作为自然世界的本体，阴阳二气和五行都本于它。黄道周从他的天文历法知识出发，将北极、皇极看成是宇宙本体。其次，从普遍性角度来看，他提出一个至善的"此物"作为本体，认为"此物"具有客观性、主体性和普遍性的特点；再者，从道德伦理角度出发，他将性体作为本体，认为性来自天命，是至善的；同时，向孔孟儒学回归的意识以及王学的影响，他亦将心体作为本体，认为心体也是天道；此外，在不同的语境下，他亦将诚、仁、至善、独等赋予本体含义。虽然黄道周列出一系列的本体概念，但是它们都最后统一于"至善"，"至善"是本体，亦是本体的属性。在体用观上，黄道周继承和发展了程颐的观点，认为体用不二，动静无间。

第四章关于黄道周的人性论思想。其人性论思想坚持孟子的性善一元论立场，提出性以至善为宗。在善恶问题上，黄道周用习染说代替气禀说，认为后天的习染和杂糅造成了人性上出现智愚、善恶的不同。立足于性善一元论，黄道周批判了以生谓性的观点，认为以生论性会导致食色需求；批评宋儒的二元之性，认为其错将气质认为天性。立足于严肃的道德主义立场，黄道周批判了阳明后学的自然主义人性论，认为其已经脱离了孔孟儒学的根基。

第五章关于黄道周的工夫论思想。黄道周针对阳明后学不重工夫的流弊，重视实修实悟。在认知论上，亲和程朱的格物致知观点；在内心的修养上，主张修己以敬，敬而通诚，诚而与天地一体；在知行上，主张力学，要使得到的知识和体会最后贯通消融而达到"空"的境界；在行为上，主张行素、尽心。

第六章关于黄道周的圣人观思想。黄道周从圣人之名、圣人之道、圣人之功、圣人之境等方面阐发了自己的圣人观思想。

第七章关于黄道周的学术思想倾向与历史地位。统观黄道周的哲学思想，有以下特点：一、面对明代后期理学内部的纷争，黄道周既不完全尊崇程朱，也不完全信奉陆王，而是主张调和朱陆、整合朱王，在某种程度上，黄道周提出了理学发展的第三条道路，即综合理学与心学为一体的发展方向。二、从思想史的发展逻辑来看，黄道周不仅是宋明理学的总结者，并且是清初实学思想的启蒙者，具有承上启下的学术地位。因此，黄道周的思想可以说是明末理学发展趋势的代表。

第一章　黄道周的生平与思想历程

根据《黄子年谱》记载，黄道周生于明神宗万历十三年乙酉（1585）二月九日，讳道周，字幼玄，又作幼平，一字细遵，自号石斋先生，福建漳浦（今东山县）人。

通观黄道周一生，其思想的形成、发展乃至成熟可以大致分为三个阶段：一是三十岁之前，其思想处于形成阶段，表现在广泛吸收各个流派的思想，"自经传子集，旁及诗赋声律，铅汞阴阳之学，无不耽籍玄览"[①]；二是三十岁到六十岁，这个阶段是黄道周人生主要阶段，是其性理思想发展、成熟和传播的阶段，其主要著作也多在这个阶段完成；三是六十岁到六十二岁阶段，是黄道周生命的最后两年。此两年主要以政治活动为主，黄道周先后参与了南明弘光政权、潞王监国和隆武政权。最后主动募兵抗清，被俘后慷慨完节。

第一节　游历山水,亲近道玄

概括而言，黄道周的哲学思想有一种向先秦和两汉复归、回归原典的趋势。其哲学方面立足于思孟性善论，主张性善一元论，反对宋明以气质论性。同时他反对晚明时期阳明后学空虚无着、游谈无根的学风，重工夫，出现统合朱王的气象。黄道周五十岁左右时曾回忆说："周之少也，溺于骚雅；比其稍长，滥于老释。既四十余，乃知文藻之坠华，与二氏之落筌，一意反于六经。"[②]黄道周所称的"溺于骚雅"即是对其三十岁之前思想倾向的概括。

---

① （清）郑亦邹：《黄石斋年谱》，《黄漳浦集》卷首。
② （明）黄道周：《答曾叔祁书》，《黄漳浦集》卷十八。

　　黄道周从入学开始就接触儒学，五岁时即开始学习《论语》，且有自己独立的思考，庄起俦在《漳浦黄先生年谱》中称："十七年己丑，先生五岁入小学，受论语。先生曰：'一二叶书，孔子止教人读书，有子如何教人孝弟？孔子止教人老实，曾子如何教人省事？'"①这种质疑的精神亦是他独特人格的表现。这种不人云亦云的态度和精神在其后来的学术思想中亦有突出的体现。

　　因为家境贫寒，黄道周年少时期的启蒙教育主要来自于父母。黄道周的父亲黄季，字嘉卿。黄季"研精于性理书与朱子《纲目》，善擘窠大书"②。黄季对性理之学和朱子之学深有研究，笃尊理学，在黄道周很小的时候就开始教授他《通鉴纲目》。黄道周在《乞言自序状》中详细地记叙了父亲黄季买书讲授的事情。"公自入郡买性理书与朱子《纲目》。装毕，使两人舁篮举上行，公执盖随其后。安顿道傍，必端整侍立。或怪问之，公曰：'此圣贤精神，天下性命所系。'比归，乃择日为周开读。"③

　　虽然黄道周从小就浸润在儒家传统思想之中，但纵观他三十岁之前，其对诗赋声律显示出更多的钟情和偏爱。《庄谱》中记载其八岁就会作比偶文，十岁作古文诗，下笔若有神授，十四岁的时候游历罗、浮二山，振笔作《罗浮山赋》，挥笔而成且多奇字，被赞为年少轶才。十六岁游历罗、浮、崧台、匡阜等地，归来后的箱箧里都是诗赋稿，为此遭到父亲的怒责。后黄道周因父亲去世，忧愁愤郁而续《离骚》赋，作《离疚经》，其父亲出殡后作《九庚传》，文如离骚，行文跌宕，情感真挚，"时读数行，黄公（黄应举）不觉涕泗之横集也"④。这些都显示出黄道周在诗词歌赋方面过人的才华。

　　在儒学和诗词歌赋上，黄道周偏向于后者；在儒士和才士上，黄道周亦偏向于后者。他年少时期喜欢游历四方，亲近道玄。十四岁的时候慨然有四方之志，不肯治举子业，而是"喜谈红白术，有弃家腾举意。适江西二王子至，先生修刺伏谒，言丹砂可化为黄金。其说有验。而是时神宗静摄，颇好道家言，先生遂作书，将因王子上于朝"⑤。除了对道玄之术

---

①　（明）庄起俦：《漳浦黄先生年谱》，《黄漳浦集》卷首。注：简称《庄谱》。
②　（明）黄道周：《乞言自序状》，《黄漳浦集》卷七。
③　同上。
④　（明）庄起俦：《漳浦黄先生年谱》，《黄漳浦集》卷首。
⑤　同上。

喜爱之外，黄道周对真人神仙的存在更是深信不疑，亲自去罗、浮二山寻神访仙。

　　除了寻仙和喜爱黄白之术外，黄道周性格中的卓尔不群、不谐流俗的特点亦在年轻时期流露出来，"显示出青少年黄道周的生活与志趣近于魏晋风流的形态"①。《庄谱》中记载黄道周八岁的时候就"顾独喜挟册走最高峰，倚松欹石，踽踽忘返"。《黄漳浦集》卷二十三收有《书嵇康〈琴赋〉后》一文，洪思在题注中说："子少而多能，十岁辄善属文，亦辄善琴。时家在海外，读书渔鼓溪，每属文，或先狂走，寻岛中最高峰，对怪石长松，踽踽移时，归而挥弦，然后落笔，顷刻辄数千言，若有神授也。岂所谓山水移情者乎?"按丹台《序》里所言，黄道周"垂髫即志四方，游罗、浮、崧台、匡阜。所至，名公翰客无不下榻虚左。每有结撰，俱黄金赀而白璧酬。意稍弗惬，脱屣去矣"②。黄道周于二十岁和二十一岁期间多次远游，如《庄谱》中所称："先生年二十有一，复游与粤，数月而还。"在《续骚》的序文中，为之作序的黄应举也记叙了黄道周风流不俗的形象。黄记叙道："徐询其状，数系策往来山间，时时遨游千里外。趣伍使召至，果白衣冠，挥涕至县庭，偃蹇不拜，大声言:'生命数奇，不能事吾父，又安能事长者?'遂趋出。"黄道周二十二岁，全家移居顿坑后，洪思在《黄子年谱》中说"子亦不复远游矣"③，看来早年黄道周游历四方的热情到此时已暂告结束，随之而来的是杜门著述，安心潜习。陈来指出："他（黄道周）早年经意诗文，长骚赋，善鼓琴，游心于山水之际，吟啸于松石之间，在气质上更接近于贾谊、嵇康，而与宋明理学家们不同。"④

　　虽然年轻时期的黄道周身上显示出亲近道玄和魏晋风流的气质，但是他仍有一腔积极的用世情怀。《庄谱》中记载：十六岁这年，"于时事得失，往往慷慨指画，有贾生流涕之意，不能自禁云"，十九岁这年"秋七月，子献时事策以干藩臬，不用而去"，二十岁这年"春，欲往阙下上书，不果，夫子知王道难行也"，二十二岁这年"秋，再干藩臬，不遇"。虽然黄道周三番两次地想通过上书来表达自己政治抱负的行为都遭受了挫

---

① 陈来：《黄道周的生平与思想》，《国学研究》第十一卷，第9页。
② （明）庄起俦：《漳浦黄先生年谱》，《黄漳浦集》卷首。
③ （明）洪思：《黄子年谱》，《黄漳浦集》卷首。注：简称《洪谱》。
④ 陈来：《黄道周的生平与思想》，《国学研究》第十一卷，第90页。

折，但这些行为都显示出黄道周早年积极用世的情怀以及年少意气风发的精神面貌，这种强烈的经世志向与抱负贯穿其一生。在上书未果的情况下，再加上"以白衣之士谈非常之功"实属不易之事，黄道周开始准备科举考试，希望通过正统途径来实现经世救世的抱负。根据《庄谱》记载，二十二岁以后，黄道周开始参加科举考试，慢慢走上了以功名实现志向的道路。黄道周在二十三岁这年参加县试，名列第一，但因父亲去世，未能登录。在二十五岁这年秋天他参加乡试，不幸落第。这两次考试一次未登录、一次失败，后在二十七岁时参加邑试和郡试，均为第一。在《辨仁义功利疏》中，黄道周说："臣早岁学道，二十七始就青衿，强仕通籍，于人物无所怨憎，亦不知人间辨难攻击的是何语。"[1]"二十七始就青衿"，查阅《年谱》可以看出即指此年的两次考试。黄道周二十八岁补博士弟子，此年秋天入省参加秋试，不第而归。

秋试落第后，黄道周开始在漳浦东皋这个地方讲学，这是《洪谱》中首次正式记载黄道周公开讲学，收授门人。当时门人有陈士奇、陈瑸、刘善懋、张若化、张若仲等。根据年谱记载，陈士奇、陈瑸"入则与子共砚，出则与子共衣，夜则与子共被，日则与子共取柴水。子每为之叹曰：'可以援干而舞者，西陈之才；可以曳屣而歌者，南陈之器。'"可以推测当时黄道周和其门人的关系不是严格的上下级的师生关系，而是更侧重于互相切磋请教的平等的朋友关系。判断黄道周当时的讲学内容可能比较广泛，不仅仅限于易学，《洪谱》中记载：

> 黄子谓门人曰："此道寂然，今当于深山之中遇之也。城市之中，虽复哀呼，无可告者。昔者孔子顺见公孙龙，曰：'不说非马，即以为师。'公孙龙谢之曰：'我无非焉，更无教处。'呜呼！仆生平放浪，言若雌风，恐不足以顿转人心，今舍数行帖括，更无教处，徒使人厌耳！"

黄道周言称"舍数行帖括"，可能是说在讲学内容上不以科举功课内容为主，应该涉及科举之外的知识，诸子百家的学说应在其讲习和探究的范围之内。

---

[1] （明）黄道周：《辨仁义功利疏》，《黄漳浦集》卷一。

在此阶段，根据《洪谱》和《庄谱》，黄道周对儒家原始经典的学习主要体现在对《易》的研求上。《洪谱》记载："万历三十年壬寅，黄子十有八岁。作《畴象》。"由于《畴象》一书已经失轶，具体内容不得而知。然而根据《易象正》中关于畴象部分的论述，推测《畴象》一书应该和《易》有一定的联系，并且倾向于象数方面。《洪谱》中亦记载了黄道周读《易》遇虎的轶事，勾勒出黄道周过人的胆识。

> 三十四年丙午，黄子二十有二岁。子耕于铜山之下，以事二人。时负米归，则与其兄把锄，必十指出血也。暇乃退于长松间读《易》。常与其兄讲《易》大石上，有虎出其下，因谓之曰："吾兄弟在此谈经，尔亦来听邪？"虎乃弭伏而去。①

黄道周不仅自己研习《易》，而且也开始讲授《易》，并且有一定的影响力和名气。二十四岁的时候，"讲《易》于漳上，居亡何。兰水之人或以为黄子达者。少宰蒋公，始见子而问《易》，子与之略谈《大畜》而别。于是兰水之人闻之，往而问《易》焉"②。黄道周二十五岁时作《易本象》八卷，以探求天人关系。虽然成书，但他觉得此书不足以尽《易》，不想保存，后由门人保存下来，续在《易象正》之后。二十九岁时作《太咸经》，又称《大咸经》，该书亦已失轶，具体内容无法得知。根据《洪谱》，《太咸经》亦以象数为主，内容上与《太玄》雷同，用于推验治乱。

概括而言，三十岁之前的黄道周更多地呈现出一种与传统儒士不同的风格，钟情于诗词歌赋，喜欢游历山水，亲近道玄。即使在对儒家原典的选择上，他也偏爱于《易经》，且更多地以象数来阐发和解释《易经》，而不是注重义理的诠释，这都显示出他独特的取向。当然，也应看到，他广泛地涉猎各家思想，体察人间风情世故，这对于其思想的形成有重要作用。

---

① （明）洪思：《黄子年谱》，《黄漳浦集》卷首。

② 同上。

第二节　讲学问政，立言立功

三十岁到六十岁的阶段是黄道周思想发展和成熟阶段，总体而言，他的主要著作都在这个阶段完成，这也是他思想的传播时期，他的讲学活动在此阶段也更为频繁。

纵观黄道周的一生，其政治活动相对而言比较简单，如他所称："通籍二十载，历俸未三年。"① 虽然立朝时间短，却正直敢言，指陈时弊，风骨凛然，表现出一个正直士人的高风亮节。《黄漳浦集·御制题胜朝殉节诸臣录序》中简略地概括了黄道周一生的政治活动：

> 黄道周，漳浦人，学行推重于天下，崇祯中劾杨嗣昌、陈新甲、方一藻，召对平台，反覆抗论，坐谪戍。南都亡，往见唐王，请募兵江西，得义旅九千余人，出徽州，遇大兵，战败被执，至江宁不屈死之。

黄道周的学术活动亦随着其政治活动而起伏，他"学贯天人，行本忠孝，入则言朝，出则守墓讲学，著书清修，自饬金陵一节，堪为殿后矣"②。下文将简述他三十岁到六十岁这个阶段的主要政治活动和学术活动。

一　考中进士

从三十岁到三十八岁中进士之前这个阶段，根据黄道周年谱可以看出，他主要是讲学、杜门读书和著书，期间到京师两次参加春试。

万历四十三年乙卯（1615），黄道周三十一岁，太守詹佐雨邀请他到广州潮阳讲学。同年参加乡试，本应列第一名，但因违式落榜。三十二岁这年杜门作《诗揆》《春秋揆》，虽然杜门不出，但没有完全与世隔绝，开了一个小门供前来问业和切磋的人使用。三十四岁，主考官福建学使岳和声邀请黄道周到福州讲学，说明黄道周在学术上已经有一定的造诣和影

---

① （明）洪思：《黄子年谱》，《黄漳浦集》卷首。
② （清）蔡世远：《黄道周传·修漳志作》，《黄漳浦集》卷首。

响力。同年八月，参加乡试，列第七名。三十五岁这年，参加春试落第归来，接着杜门著《三易洞玑》。至三十七岁，公车北上。三十八岁，天启二年（1622），中进士。

二 讲筵获罪

天启四年（1624），黄道周四十岁，授翰林院编修，修国史实录，并且充当经筵展书官为皇帝讲经。当时经官讲书，面对皇帝时以膝行进书，"道周以为经筵道尊，不宜有此，独以平步进，魏珰目摄之，不能难也"①。黄道周自己对此事也有回忆，称："一日侍经筵，以正色持大体，忤魏忠贤，乞还山。"②黄道周认为膝行奉书的做法有违师道尊严，改为平步进书。此行为遭到魏忠贤的忌恨，黄道周遂在天启五年（1625）上书以奉养老母乞归。

三 出典浙江乡试

崇祯三年庚午（1630），黄道周四十六岁，奉命主考浙江乡试。在浙江主持乡试期间，刚直不阿，严禁请托。

《洪谱》中记载："先生在棘闱，每晨起，设香案堂上，率同校诸臣北面再拜，而后阅卷。无私谒，《程士录》亦于当堂起草。放榜之候，踌躇更换，凡诸请托倖窦，一时俱塞，而权贵人子弟不得志，或多侧目者矣。"由于黄道周考试题目以"义利"等为内容，引起不满，所以第二年，即崇祯四年（1631），四十七岁的时候，他刊行了《冰天小草》，阐述了他重视六经、回归孔孟的意愿。

四 三疏救钱龙锡

同年，1631年，黄道周因天启四年参加修撰的《神宗实录》竣工，被提拔为右春坊右中允，这是自天启四年授编修以来首次擢升。在这个时候，旧辅钱龙锡因袁崇焕杀毛文龙案而遭崇祯怀疑，认为是阁臣和边将结党。且因钱龙锡曾主持过魏忠贤逆案，魏党余孽亦欲借此杀害钱龙锡。尽管钱龙锡被冤，但朝中官员慑于魏党余威，无人敢替钱龙锡鸣不平。黄道

---

① （清）郑亦邹：《黄石斋年谱》，《黄漳浦集》卷首。
② （明）黄道周：《自明试务疏》，《黄漳浦集》卷一。

周见此，"累夕不寐，语馆中曰：'吾侪微劳，当此荣施，累辅何辜，独以此时奉梏银铛，抢首狱吏，举朝无敢出一言者！'"① 于是中夜草疏，为钱龙锡求情。崇祯见疏甚是不喜，认为黄道周是诋毁曲庇，著令其回奏。黄道周回奏三疏，慷慨直言，钱龙锡因此而免于死罪，于崇祯四年五月十三日出狱，改戍定海卫（今浙江定海县）。黄道周则因此而得罪崇祯，降三级调用，他亦多次上疏乞休，皆未准。黄道周之为，表现出一个正直士大夫的品格。

五　以《易》讽谏

崇祯五年壬申（1632），黄道周四十八岁，在多次上书乞休后，终于获准。他在正月临出京师前上疏崇祯，即《放门陈事疏》，疏中据《周易·师》"小人勿用"暗讽大学士周延儒和温体仁，黄道周说：

> 臣自少学《易》，以天道为准，以《诗》《春秋》推其运候，上下载籍二千四百年，考其治乱，百不失一。……其法以春秋元年己未为始，加五十有五，得周幽王甲子。其明年十月辛卯朔日食。以是上下中分二千一百六十年，内损十四，得洪武元年戊申，为大明资始，戊申距今二百六十四年，以《乾》《屯》《需》《师》别之，三卦五爻，丁卯大雪入《师》之上六，是陛下御极之元年，正当《师》上六。其辞曰："大君有命，开国承家，小人勿用。"自有《易》辞告诫人事，未有深切明著若此者也。……陛下恭默，深明天道。尝寤寐以思贤才，而贤才卒不可遽得；惩毖以绝小人，而小人卒不可遽绝。……臣恐有《师》中小人漫言干命，以养乱坠功者。小人之言售，则大君之柄失；大君之柄失，则丈人长子皆无以正其律矣。《易》曰："大君有命，以正功也；小人勿用，必乱邦也。"②

崇祯见疏更为不喜，以"滥举逞臆"将黄道周削籍为民。成为平民的黄道周相对轻松，随意放浪于山水之间，"是秋，至余杭，诸门人毕

---

① （明）黄道周：《救钱龙锡疏》（凡三章），《黄漳浦集》卷一。
② （明）黄道周：《放门陈事疏》，《黄漳浦集》卷二。

集，因筑书院于大涤山"①，即大涤书院，与当时高彦俊才，兴咏其间。此年腊月黄道周抵家。

六　榕坛讲业

罢官归乡的黄道周在四十九岁到五十三岁主要以讲学为主。开始，他主要在漳浦北山墓庐讲学、著述。期间编著了《懿畜前编》《懿畜后编》。后移至榕坛，断续进行了为时三年的讲业活动，其讲业内容经门人整编成《榕坛问业》十八卷。四库馆臣评介该书说：

> 其大旨以致知明善为宗，大约宗法考亭而益加骏厉，书内所论凡天文、地志、经史、百家之说，无不随问阐发，不尽作性命空谈，盖由其博洽精研，靡所不究，故能有叩必竭，响应不穷，虽词意间涉深奥，而指归可识，不同于禅门机括，幻眇无归。明人语录每以陈因迁腐，为博学之士所轻，道周此编可以一雪斯诮矣。②

七　侍经筵，随班召对

崇祯九年丙子（1636），黄道周五十二岁，接旨以"清望"复官，任右中允兼翰林院编修。崇祯十年丁丑（1637），黄道周五十三岁，此年二月主考会试《诗》一房，得士二十一人。五月，提升为左春坊左谕德兼翰林院侍读学士，掌管司经局。十二月，晋升为经筵日讲官、少詹事协理府事并兼管玉牒，此年，他开始纂修《儒行集传》《月令明义》《缁衣集传》《洪范明义》《坊记集传》《表记集传》。

崇祯十一年戊寅（1638），黄道周五十四岁。此年从二月到七月黄道周先后和崇祯帝进行了三次论辩，前文所称的"崇祯中劾杨嗣昌、陈新甲、方一藻，召对平台，反覆抗论，坐谪戍"就发生在此期间。二月十一日，黄道周首次侍经筵，随班召对，对保举、考选选拔官员的方法发表意见，并在《补牍陈言疏》中论人才，称"私计天下人才，生如郑三俊，没如文震孟、姚希孟，求之影似，未可多得"③，为郑三俊、文震孟、姚

---

① （明）洪思：《黄子年谱》，《黄漳浦集》卷首。
② 《榕坛问业提要》，文渊阁《四库全书》本。
③ （明）黄道周：《补牍陈言疏》，《黄漳浦集》卷三。

希孟等人申雪。崇祯见此疏后，认为"偏私"，责令黄道周再回话。于是黄道周又上《遵旨回奏疏》，崇祯帝又认为"多支饰殊，非奏对之体"①，再上《遵旨再奏疏》，崇祯这才罢休。黄道周"自知不容于朝矣，第以数书未就，不欲遽去"②。

"六月十八日，随众召对，与崇祯论清任、和仁、明武，复补牍云：臣有感事三疏，阨于时会，不能自达，死有余耻。"③ 此三疏一论推督臣不拘守制，一论宣大督臣夺情，一论辽抚臣议款。三疏于七月初三日呈上，崇祯认为黄道周横诬讽刺，召见黄道周于平台。黄道周和崇祯帝、杨嗣昌激烈辩论，言辞铿锵，声明大义，置生死于不顾。这场争辩中黄道周认为"嗣昌以己夺情，又推陈新甲，呼群引类，使称夺情世界"④，破坏纲常名教，应该罢免杨陈，以正视听。崇祯认为黄道周因为没有入阁而攻击杨嗣昌是心泄私愤，所以斥责黄道周偏激恣肆，黄道周则抗论说："臣所为者，纲常名教，不为一己爵禄"⑤，"臣今日不言，则臣负陛下。陛下杀臣，是陛下负臣"⑥，毫无畏惧，大义凛然。召对后传旨，称黄道周"朋串挠乱，降级调用"⑦。八月，调江西布政司都事。临行前，黄道周将纂修的《洪范明义》《月令明义》《儒行集传》《缁衣集传》呈览于上。此年，开始作《孝经大传》，《四库全书》收录名为《孝经集传》。

八　蒙冤入狱

黄道周降级调用后，还山守墓，其五十五岁一年基本安静度过，而五十六岁一年则是厄运袭来。江西巡抚解学龙举荐部属时，首推黄道周。大学士魏照乘私恨黄道周，拟旨指责解学龙滥荐，使崇祯怀疑黄道周、解学龙结党乱政，于是下令逮捕黄道周和解学龙。黄道周于六月十五日在南昌就逮。户部主事叶廷秀上疏自请代罪，崇祯更怀疑其结党。随后，黄道周下刑部监狱接受审问。十二月下旬由刑部监狱移至北镇抚司拷问。到崇祯十四年（1641）十二月下旨谪戍广西辰阳，入狱一年半，期间"九鞠四

---

① （明）黄道周：《遵旨回奏疏》，《黄漳浦集》卷三。
② （明）庄起俦：《漳浦黄先生年谱》，《黄漳浦集》卷首。
③　同上。
④　同上。
⑤　同上。
⑥　同上。
⑦　同上。

拷"，杖刑使黄道周卧病八十多天，抱足扶首，仅能站立。在北司重刑四次，血肉淋漓、指节垂断，诗曰："右手贯锁左袖书，解锁写书尚带血。"① 黄道周入狱期间除叶廷秀冒死相救外，涂仲吉、朱永明、施邦曜、张溥等人都曾出力相救，在众人的作用下，黄道周得以出狱，谪守辰阳。在去辰阳途中，崇祯下旨"念其清操力学，尚堪策励，特准赦罪还职"②，黄道周上疏乞休还山，获准后回家。至此，黄道周在崇祯年间的政治活动基本结束。在此期间，黄道周完成《易象正》初稿。

九　大涤论学

崇祯十五年壬午（1642），黄道周五十八岁，出京前往酉阳戍所，期间约四月二十五日至五月下旬，黄道周第三次在大涤书院讲学，根据现存的讲学内容可以看出，此次讲学，黄道周与门人谈论的问题泛滥于《易》《诗》《书》《礼》《乐》，在很多问题上，黄道周显示出独特的见解。如在对北宋五子的看法上，黄道周推崇邵雍，认为其高识玄度，非二程所能及。在心性论上，批评宋儒性二元论，认为其错以气质之性为性。在朱陆两家之学上，主张会和朱陆，持有调停态度，认为朱陆本是一家。他认为，两家之学各有偏差、不足之处，陆学有失于高明之弊，朱子之学有滞于沈潜之危，若是两家相济相救，和长去短，则两家之学会无有间隙且入圣学之门。此次讲学对《易经》的问答和阐发被整理成《三易发明》《三易指归》《静海易谈》《乐律论衡》等文。五月下旬，黄道周离开大涤书院，前往戍所。期间对《易象正》进行更定。十月一日，以"清操力学"免戍还职。

崇祯十六年癸未（1643）至崇祯十七年甲申（1644），黄道周五十九岁至六十岁这两年主要在家乡一带讲业、辩问。此间，先后修订刊行《孝经集传》《洪范明义》《表记集传》《坊记集传》等书。除数书刊行外，明诚堂和邺山书院先后落成。明诚堂于崇祯十七年甲申（1644）三月十二日落成，是日出席讲问大会百人以上，百姓围观，可称盛况。此次讲业涉及诚、明，明诚与良知、主敬的关系，礼乐与中和的关系等问题，黄道周妙语指点，闻者诚服。五月，邺山书院三堂（与善堂、三近堂、

---

① （明）庄起俦：《漳浦黄先生年谱》，《黄漳浦集》卷首。

② 同上。

乐性堂）先后落成。与善堂最先落成，此堂是祭祀先圣先贤的神堂，黄道周列周敦颐、程颢、张载、邵雍、朱熹在内，并以陈淳、黄榦、王遇、高登、陈真晟、周瑛、林魁、蔡烈八位从祀。在《与善堂记》中，黄道周从"继之者善"思想出发，以至善为归，称"曰维一善，为天志事，与人同贯"①。稍后几天，三近堂落成，并连续举行两次讲问大会。八月，乐性堂落成，邺山书院举行第三次也是最后一次讲会，与会者众多。讲会内容论命、论性，黄道周强调性不会有增减和损伤，"知性之可乐，又有以乐之，匡坐弦歌，虽中天下、定四海，不与易也"②。

至此，黄道周在崇祯朝的主要政治活动和讲业、著书活动结束，此年六月上旬，弘光朝召用黄道周为吏部左侍郎兼翰林院侍读学士的圣旨传到，虽黄道周多次表达出讲学授业、终老山林的愿望，但是作为一个正直的士大夫，他毅然选择了鞠躬尽瘁、死而后已的道路。九月十五日，黄道周赴南京弘光政权，直至生命结束。

第三节 以身殉国,千秋大义

黄道周生命中最后两年时光由于时局的跌宕起伏尤显得悲壮苍凉。他于弘光元年乙酉（1645）正月抵达南京，就任弘光朝礼部尚书，协理詹事府事，兼翰林院学士，是年黄道周六十一岁。虽然黄道周一心辅佐弘光帝，希望能光复大业，但是由于弘光帝昏庸无能，任由马士英、阮大铖把持朝政，黄道周多次上疏却均不被采用，深感绝望之余，他上疏请赴浙江绍兴祭祀禹陵，以借机脱身朝政。祭禹陵后不久，弘光朝覆亡。六月七日，黄道周抵达杭州，拥护潞王朱常淓监国，在与潞王面谈时，力荐刘宗周。但是潞王软弱无能，且因马士英权重而不敢召用刘宗周。黄道周对潞王深感失望。六月十三日晚，黄道周会见唐王朱聿键，见唐王慷慨有恢复之志，便具启请监国，闰六月七日，唐王在福州行监国礼。九日，黄道周入觐唐王监国。闰六月二十七日唐王称帝，改元隆武。隆武帝很是器重黄道周，晋少保兼太子太师、吏部尚书、武英殿大学士。但是由于朝政大权掌握在郑芝龙手中，隆武坐拥空名，实为寄生，虽然黄道周力图复兴，却

---

① （明）黄道周：《与善堂记》，《黄漳浦集》卷二十四。
② （明）黄道周：《乐性堂记》，《黄漳浦集》卷二十四。

遭到郑芝龙的反对，继而出现了"朝宴争班"及某诸生上书攻击"道周迂腐"等事件，使得黄道周的处境尤为艰难。

在这种情况下，黄道周决意北伐。由于朝政大权全在郑芝龙手里，黄道周没有军队和粮草，只能靠沿途招募义军，组成了一个"扁担兵"①。在前有强兵、后无援军的情况，十二月二十五日晨，遭清朝提督徽宁池太总兵张天禄部四路合击，从容就俘。隆武二年丙戌（1646），是年黄道周六十二岁，被俘后曾在被押徽州期间绝食，未果。后押往南京。黄道周被俘后，清人曾千方百计拉拢黄道周，试图劝降，皆遭到拒斥。此年三月五日，黄道周慷慨完节。临刑前，黄道周撕裂衣襟，啮指血书曰："纲常万古，节义千秋，天地知我，家人无忧。"

黄道周生命的最后两年是社会危机和民族危机爆发的时候，拯救危亡则是他的主要活动，且他以自己的行为体现了一个士大夫所具有的担当意识和蹈仁不悔的精神，为其一生画上了一个完美的句号。清代官方对黄道周高度评价，乾隆四十一年谕文称："若刘宗周、黄道周，立朝守正，风节凛然，其奏议慷慨，极言忠荩，溢于简牍，卒之，以身殉国，不愧一代完人。"② 乾隆四十四年又给黄道周封谥号为"忠端"，道光五年，礼部又上文以黄道周从祀孔庙。

---

① （清）邵廷寀《东南纪事·黄道周传》中称："芝龙不与一卒，道周亲书告身奖语号召，得百余人，径杉关，众至万人，田夫荷锄从之，曰扁担兵。"（清）李天根《爝火录》亦载："帝命郑芝龙助之资，不应。自办一月粮以行，帝惟给空扎百函为行资而已。有僧军荷锄棘荆随道周后，名曰扁担兵。"

② 《乾隆四十一年十一月十七日谕文》，《黄漳浦集》卷首。

第二章 生成论

生成论，如其概念所示，是关于宇宙由什么生成以及如何生成的论题。对于宇宙的生成问题，传统儒家由最初的"天何言哉"的搁置态度，到两汉时期的天人感应观点，再到宋儒对宇宙生成的探讨和对宇宙背后的终极根据的追求，生成论论题显示了思想丰富、发展和不断完善的一个过程，亦是儒家学说在对抗外来思想的过程中自身理论不断细化、精致、趋向统合的过程。

对宇宙本体的探讨必定涉及万有的生成问题，而生成论问题，相比较本体论而言，是一个更为直接的、鲜明的领域。虽"上天之载，无声无臭"，它却体现为"生生不息""天地之大德曰生"，"生"是自然界和人类社会中与人最为贴近的现象，那么，对于"生"的探讨和追索可以引导人们达到对"生"之背后的最终依据的把握和体会，亦可以成为人们审察自己、关怀生命、关怀万有的一个开端。本章即是在此理解下对黄道周的生成论思想进行探讨，以阐释本体的活动性、创生性特点。

第一节 传统儒家的生成论

儒家传统生成论思想萌芽于先秦，形成于两汉，这一时期，儒家主要是借助道、气、太极、阴阳、五行等范畴来揭示宇宙的生成演化过程。到宋代，理学家吸收佛学、玄学的合理内核，以"理气"为核心建立了形上学的宇宙生成论体系。其中，气学派以"气"为世界本源，理学派以"理"为本源，心学派以"心"为本源，将"理气"统一于"心"，他们都以"理气"为构架建立其各自的宇宙生成论，用以解释自然界与人类社会的本源和发展过程。

一　先秦原始儒家的生成论

先秦时期的原始儒学由孔子所开创，其后包括由孟子、荀子等继承发展的儒家学说，亦包括《易传》《大学》《中庸》等孔门后学著作中的思想。此阶段，儒学的生成论还处于萌芽状态，宇宙生成问题还没有成为哲学自觉，《郭店竹简》《易传》和《荀子》中，只是很少地涉及这方面的思想。在先秦时期，生成论并没有从原始儒学中分离出来，原因在于这一时期的儒学主要以一种实践的样态存在，在宇宙观、义理本身上呈现出和谐、浑融的特点。此和谐和浑融的意涵指先秦儒学在客观性和主观性两面统一，即天道和性命相贯通，天命流行于人成为人之性，人敬保其性而合于天命，如《论语》之践仁知天，《中庸》之"诚"，《孟子》之尽心知性知天，《大学》之明明德，《易传》之"大哉乾元，万物资始"以及"乾知坤能"。这个时期的儒家思想处于浑融状态亦在于其内在义理还没有被细化和完全展开，整体性没有被打破。这种原初的整体性使得内在义理之间的紧张和冲突处于一种蛰伏状态。"原始儒学是儒学的原生态，它以'天下归仁'为旨归，其所理解的宇宙和其本身的义理均表现为'天下归仁'旨归下的内在的统一。从其所理解的宇宙来看，原始儒家所谓的宇宙主要是一个伦理世界，而伦理世界就必然体现为一种伦理关系存在。在这种由伦理关系构成的世界中，'和谐'是'天下归仁'的重要内容，亦可以说，'和谐'是'天下归仁'旨归的外在表现。"[1] 以《论语》为例，在《论语》中，孔子重点言仁，性和天道则较少涉及，但并不表明孔子对天道和性没有体悟，如他讲："天何言哉？四时行焉，万物生焉，天何言哉？"[2] 又称"天生德于予"[3]，此"德"不是指后天获得的道德和知识，而是偏重于天赋的善性和能力。"天"生万物，是本体的创生性特点，其不言是道德性的体现，其"生德于予"则是天命流贯到人而成为人之性的表征，因此可以称在孔子时期，从天到人，从人到天，此天人之间的途径是潜在打开的，亦是无碍畅通的。此打开和无碍畅通通过孔子之仁来实现。"践仁"就可以知天，"宗旨的凸显性和义理取舍的现实性，

---

① 程志华：《困境与转型——黄宗羲哲学文本的一种解读》，人民出版社 2005 年版，第95 页。

② 《论语·阳货》。

③ 《论语·述而》。

保证了儒学义理间没有冲突和支离"①，因此原始儒学以"天下归仁"为宗旨，无论其在解释宇宙世界方面，还是在本身概念义理方面，均显现出圆融、统一的特点，其内在矛盾和分歧被消解在天人和谐的关系中。

二　两汉时期"天人感应"的宇宙生成论

生成论这个论题在先秦儒家那里只是一种笼统且浑融的表述，到了汉代，汉儒则杂糅了黄老之学，引进阴阳五行思想，有意识地建立起儒学形而上的宇宙支持系统，把"天"作为人间社会秩序与道德的根据和本源，人应该依据自然法则而行事，"因天时而行罚，顺阴阳而运动"②，反之，人如果违背天的法则行事，天也会感应，如"恶政生恶气，恶气生灾异"③。

应该看到，理论的细化和发展是一个必然的趋势，其内在的矛盾和析离实际上反映了人们思想的不断深化和趋向于严密，而思想的深刻性、系统性同时又在努力地消除理论本身的冲突和分歧，努力使之完整和圆融，而形成的完整和圆融亦会被后来出现的新理论所打破。这种思想发展的规律亦是后来儒学努力的方向。当先秦时期浑融的原始儒学的整体性被打破的同时，弥合的努力也在进行，所以，天人感应思想的提出在一定程度上缓和了儒学自身发展而出现的紧张和矛盾，弱化了主宰之天对人至高无上的支配，亦减弱了人在天的统治下的绝对臣服。以董仲舒儒学思想为代表，他进一步发展了原始儒学的内在义理，形成了以儒家为中心，兼以阴阳、五行思想在内的哲学体系，其中心思想是"天人感应"说。他认为"天者，百神之君也，王者之所最尊也"④。天是统领百神的最高统帅，也是人间帝王和百姓尊崇和膜拜的对象。人间帝王是上天之子，其君权源于上天的赐予，上天借助帝王来统治下民，因此帝王代表了上天的意志和意愿，董仲舒称："受命之君，天意之所予也。"⑤董仲舒认为天不仅是支配人间、进行赏善惩恶的最高主宰，是"大君"，也是社会规范和伦理道

---

① 程志华：《困境与转型——黄宗羲哲学文本的一种解读》，第 76 页。
② （汉）陆贾：《慎微第六》，《新语》，《诸子集成》，河北人民出版社 1986 年版，第 11 页。
③ 同上书，《明诚第十一》，第 18 页。
④ （汉）董仲舒：《郊义第六十六》，《春秋繁露》卷十五，中华书局 1975 年版。
⑤ （汉）董仲舒：《深察名号第三十五》，《春秋繁露》卷十。

德的本原和依据，他称："天者，群物之祖也，故遍覆包涵而无所殊，建日月风雨以和之，经阴阳寒暑以成之。"①同时，天也按照自己的形象创造了人类，人是天的产物，是天的副本，"人之形体，化天数而成，人之血气，化天志而仁；人之德行，化天理而义"②，所以"以类合之，天人一也"③。再者，董仲舒认为，天通过阴阳五行变化来对人间社会进行控制和调节，三纲五常是其在人间的具现，称："君臣父子夫妇之义，皆取诸阴阳之道。"④　此外，在汉代，儒学内在义理亦继续分化和发展，天道、人性成为探讨的话题，不再被遥遥搁置起来，而是立足于"仁"，天道性命相贯穿。董仲舒称："天，仁也。……察于天之意，无穷极之仁也。人之命本与天也，取仁于天而仁也。"⑤　通过"仁"将天道和人性统合起来，从而在一定程度上拉近了两者之间的距离。

可以看出，由于这一时期儒学的发展使得儒学本身出现了义理和结构上的分化和细化，但其"道之大原出于天，天不变，道亦不变"⑥　的理论赋予了天道绝对性，天道即仁道，这种至上的绝对性和超越性使得这一时期的儒学在义理和结构上仍能够以"天下归仁"得到统合。

三　宋明时期哲理化的生成论

有汉以来，儒学的理论架构是"天人感应"，其主要从宇宙论和目的论的角度来讲"天人合一"，缺乏本体论的依据。到了宋明阶段，对宇宙的解释则注重从理和气的角度来探究。这种探究的历史背景之一是儒家为了对抗佛老所构建的心性论的挑战，重建和接续儒家道统地位的需要。在广泛意义上讲，佛老视当前世界为虚妄所生，其本旨皆以离舍世界而求主体的超脱自由，从而表现为一种"否定世界"的旨趣，与此相对，宋明儒学则以"肯定世界"为其立场，肯定世界的存有之意和创生之意，此肯定义内在于本章所要探讨的生成论之中，可以看作是宋明儒学排拒佛老的一个努力。

---

① （汉）班固：《董仲舒传》，《汉书》卷五十六，中华书局1962年版。

② （汉）董仲舒：《为人者天第四十一》，《春秋繁露》卷十一。

③ （汉）董仲舒：《阴阳义第四十九》，《春秋繁露》卷十二。

④ （汉）董仲舒：《王道通三第四十四》，《春秋繁露》卷十一。

⑤ 同上。

⑥ （汉）班固：《董仲舒传》，《汉书》卷五十六。

关于宇宙的生成问题，在宋明阶段，理论明显趋向于复杂和缜密，对宇宙的解释也更为合理。

作为理学的开山周敦颐在其《太极图说》中勾勒了一幅宇宙万物的生化图式。他借用《老子》中"无极"概念与《易传》中的"太极"概念，将二者结合起来，作为其宇宙生成论的发端。他称宇宙的演化自"无极"开始，"无极而为太极"，"太极本无极"①，"太极"自身的"动""静"化生阴阳，"阴变阳合"而产生水火木金土五行，"五行之生也，各一其性"②。五行和二气妙凝交感而化生男女、化生万物。在生成万物的过程中，人为万物之灵，人是"得其秀"者。③圣人定"中正仁义"而立"人极"。至此，周敦颐的宇宙生成论简洁而明快地描绘了从自然界的万物到最高形式的人类社会的形成过程。从无极这个最高本原出发，无极化生太极，太极自身有动静而生出阴阳，阴阳再生出五行、万物、人类社会，此便是周敦颐宇宙生成论的基本思路。周敦颐的宇宙演化过程亦是一个循序生化、变化无限的过程，"二气交感，化生万物，万物生生而变化无穷焉"④。其在《通书·动静》中说："五行阴阳，阴阳太极，四时运行，万物始终，混兮辟兮，其无穷兮。"亦简洁地概括了同样的思想。

周敦颐的宇宙生成论言简意赅、结构合理地展示了一幅宇宙万物演化、发展的图景。但是儒家对宇宙生成的解释不单单是为了其存在义，更为看重的是其必然的目的和内含的意义，所以传统儒家眼中的宇宙是一个道德的、伦理的、价值的宇宙，其中贯穿和主宰的是伦理本位。周敦颐的宇宙生成论也不例外，其虽然描述了宇宙万物的形成，但最后落脚在人类社会上，且最终要达到统合人类社会和自然宇宙的目的。虽周敦颐努力将宇宙生成论与人类道德论相融合，并试图建构一个以"立无极"和"立人极"之和合为特征的道德形上学的逻辑结构，但是他把宇宙本体与价值本体强分先后，有斩为两截之嫌。

周敦颐在其《太极图说》中所勾勒的世界生成图式成为后来宋明诸儒生成论的一个思想来源，其后张载的"气"本论思想则又打开了后来

---

① （宋）周敦颐：《太极图说》，《周敦颐集》卷一，中华书局1990年版。
② 同上。
③ 同上。
④ 同上。

诸儒对世界解释的一扇思想之门。张载立足于"太虚"来解释万有的生成，其"太虚即气"的理论把宇宙分为三个层次描述，即太虚⟷气⟷万物。"太虚"无形无状，实质上是"气"的本然存在状态。气是太虚之气聚散，同样，万物的存有和消无也是气的聚散运动，万物只是气聚散过程中的暂时形态。张载将宇宙万物统一到"气"上，其宇宙生成论的主要思路是太虚之气通过凝聚而成为气，气聚而形成万物，万物消无而散为气，气散而归原为太虚。宇宙运动变化则是气本身所具有的运动的本性，即"虚实动静之机"，他又称之为"神"，事物的运动正是根据"机"或者"神"而变动运作。张载用气解释了宇宙万物的生成之后，接着具体到人类和人类社会的生成。他认为，太虚是万物形成的根源，也是人的产生根源，称："万物取足于太虚，人亦出于太虚。太虚者，心之实也。"① "由太虚有天之名，由气化有道之名，合虚与气有性之名，合性与知觉有心之名。"② 这样，在"太虚""气"的基础上，张载引导出天、道、性、心等观念。既然万物统一于太虚之气，万物之性出自于太虚，人物都应无差别，但现实中人性却有善恶之分，针对这个问题，张载用天地之性和气质之性来解释。天地之性是太虚的本性，而气质之性则是个体在形成中由于禀受的阴阳二气、个体的身体条件、形态等差异而具有的具体的本性，有善恶之别。关于张载在人性问题上发起的二元之分的端倪，在后文将做具体的解释，这里要说明的是，张载的"太虚即气"之论虽然将宇宙万物统一于"气"，但在解释统一性如何表现为多样性的问题上不甚清楚明了，且在"气"向仁义礼智的转化上亦有困难。虽然张载立足于"气"来统合天人，以期实现天人合一，其哲学思想上的含糊之处却在诸多方面拉开了天人之间的距离，其哲学逻辑上的分叉亦为后来的理本论、心本论、气本论提供了契机。

二程虽然和张载在解释世界方面有差别，但他们注意吸收张载思想中对其理论构建有用的理论成分。在对宇宙的解释中，二程以"理"作为最高范畴取代了张载之"气"，"理"是独立于万物而存在的实体，是万物的根源，它借助形而下之气来化生万物，"万物之始皆气化"③，"物生

---

① （宋）张载：《张子语录中》，《张载集》，中华书局 1985 年版。

② （宋）张载：《正蒙·太和篇》，《张载集》。

③ （宋）程颢、程颐：《河南程氏遗书》卷五，《二程集》，中华书局 1981 年版。

者，气聚也，物死者，气散也"①。二程所认为的"气"具有对立的两个方面，即阴阳，对立的阴阳不断地运动、摩荡而能发用和变化，从而创生和发育万物。在多样性的问题上，二程认为，"理"决定气聚散的方式，"理"是万物差别性、多样性的根据。

二程将"理"独立抽象出来，作为宇宙万有生成的终极根据，此终极根据已经不同于张载之"气"，已经全然脱离了所谓的形而下的特征，高悬且超越于万物，具有纯粹的本体意蕴，因此有学者认为，从周敦颐到二程是宇宙生成论向纯粹的形而上的本体论的转变，而且认为宇宙本体论是高于生成论的哲学理论。暂且不论此观点的合理性，但如果从生成论只是单纯地落在宇宙的生成上来讲，这种探讨必然趋向于自然科学方向，而中国传统儒家自始至终都没有开出此面，此历史结果说明儒家的生成观点和理论其实是其探讨本原或者本体的一个必然思路，而不是与本体论截然分开的一个理路。也正是基于这样的认识，本书所探讨的生成论思想是围绕着本体而进行的，探讨的是最高本体的创生性、活动性特点，即生成论着眼于本体的活动性，而相对应的本体论一章则着眼于本体的先天性、超越性和永恒性。

自称"私淑"于二程的朱熹，作为理学的集大成者，其生成论巧妙地综合了二程之理和张载之气。朱熹把理作为宇宙生成和万物演化的根本和根据，气则是生化万物的本原和材料。朱熹称："太极只是一个气，迤逦分做两个：气里面动底是阳，静底是阴。又分做五气，又散为万物。"②朱熹亦描述了具体的形成过程，称："天地初间只是阴阳之气。这一个气运行，磨来磨去，磨得急了，便拶许多渣滓；里面无处出，便结成个地在中央。气之清者便为天，为日月，为星辰，只在外，常周环运转。地便只在中央不动，不是在下。"③万物之生乃是气化作用，这种气化是"有物有则"的过程，即气要根据理来发育、创生万物。朱熹强调称："及此气之聚，则理亦在焉。盖气则能凝结造作，理却无情意，无造作。只此气凝聚处，理便在其中。且如天地间人物草木禽兽，其生也，莫不有种，定不会无种子白地生出一个物事，这个都是气。若理，则只是个净洁空阔底世

---

① （宋）程颢、程颐：《河南程氏粹言》卷二，《二程集》。
② （宋）朱熹：《朱子语类》卷三，中华书局1986年版。
③ （宋）朱熹：《朱子语类》卷一。

界，无形迹，他却不会造作；气则能酝酿凝聚生物也。"① "气" 是万物的 "本原"，但是，"理" 是 "气" 的主宰者、支配者、决定者，"理" 为 "气" 之本体。朱熹的生成论以理作为最高范畴，气作为万物生成的本原，但是气的生成原则却是理所规定和限制的，理是生物之本，气是生物之具。他称："阴阳，气也，生此五行之质。天地生物，五行独先。天地之间，何事而非五行，阴阳五行，七者衰合，便是生物的材料。"②而张载的气本论中，气本身具有创生的原则，自己规定自己，不需要外在的根据和限制。这是两者的不同之处。

关于人类的起源，朱熹用气化理论来解释，他称："天地之初，如何讨个人种，自是气蒸，结成两个人，后方生许多物事，所以说是乾道成男，坤道成女，后方说化生万物。当初若无那两个人，如今如何有许多人。那两个人，便如而今人身上虱，是自然变化出来。"③又说："人物之始，以气化而生者也。气聚成形，则形交气感，遂以形化，而人物生生，变化无穷矣。"④《朱子语类》载："问：'生第一个人时如何？'曰：'以气化。二五之精，合而成形，释家谓之化生。如今物之化生甚多，如虱然。'"⑤ 就世界全体来讲，朱熹认为宇宙自然的生成演化是一个生生不息、有成有坏、循环不已的无限过程。朱熹弟子曾问他天地会不会坏，他回答说："不会坏，只是相将人无道极了，便一齐打合混沌一番，人物都尽，又重新起。"⑥ "道有个始，他那有始之前，毕竟是个甚么？他自是做了一番天地了，坏了后，又恁地做起来，那个有甚究尽？"⑦

与朱熹同时的陆九渊在看待宇宙生成的问题上，亦认为 "太极" 或气是世界的本原，他称："太极判而为阴阳，阴阳播而为五行。……阴阳奇偶相与配合，而五行生成备矣。故太极判而为阴阳，阴阳即太极也。阴阳播而为五行，五行即阴阳也。充塞宇宙之间，何往而非五行？"⑧太极、阴阳和五行是同一的。宇宙和万物的发育和生化凭借着 "一阴一阳"，他

---

① （宋）朱熹：《朱子语类》卷一。
② （宋）朱熹：《周子之书·太极图》，《朱子语类》卷九十四。
③ 同上。
④ 同上。
⑤ （宋）朱熹：《朱子语类》卷一。
⑥ 同上。
⑦ （宋）朱熹：《朱子语类》卷九十四。
⑧ （宋）陆九渊：《大学春秋讲义》，《陆九渊集》卷二十三，中华书局 1980 年版。

称："《易》之为道，一阴一阳而已。先后、始终、动静、晦明、上下、进退、往来、阖辟、盈虚、消长、尊卑、贵贱、表里、隐显、向背、顺逆、存亡、得丧、出入、行藏，何适而非一阴一阳哉?"①由此而观，在宇宙生成问题上，陆九渊亦持"气化论"，即宇宙万物与人类社会是"太极""一阴一阳"之道通过气化而来。至于陆九渊"万物森然于方寸之间，满心而发，充塞宇宙，无非此理"②等语，应是强调先验的道德理性与宇宙普遍之理的同一性，而不是认为宇宙之理是人心的产物。

关于宇宙的生成问题，如前所言，最终要落到伦理道德价值层面，这个归向在王阳明这里得到了充分的体现。当他以心来构建一个价值世界之时，生成论便退到了幕后。虽然王阳明不谈宇宙的生成，但是物质世界作为一个客观存在是其不能躲避的，所以我们依旧能从字里行间来判断他对宇宙世界的生成的观点。以王阳明对周敦颐《太极图说》中"太极动而生阳，静而生阴"一句的解释为例，他称：

> 周子"静极而动"之说，苟不善观，亦未免有病。盖其意从"太极动而生阳，静而生阴"说来。太极生生之理，妙用无息，而常体不易。太极之生生，即阴阳之生生。就其生生之中，指其妙用无息者而谓之动，谓之阳之生，非谓动而后生阳也。就其生生之中，指其常体不易者而谓之静，谓之阴之生，非谓静而后生阴也。若果静而后生阴，动而后生阳，则是阴阳动静截然各自为一物矣。阴阳一气也，一气屈伸而为阴阳；动静一理也，一理隐显而为动静。③

暂且不谈其中的动静问题，就太极和阴阳而论，王阳明肯定太极的化生是阴阳二气的屈伸变化，阴阳二气变化的结果应是宇宙万物的形成。王阳明在解释"万物一体"时亦用"一气相通"来说明，他称：

> 盖天地万物与人原是一体，其发窍之最精处，是人心一点灵明。风、雨、露、雷、日、月、星、辰、禽、草、木、山、川、土、石，

---

① （宋）陆九渊：《与朱元晦》，《陆九渊集》卷二。
② （宋）陆九渊：《语录上》，《陆九渊集》卷三十四。
③ （明）王阳明：《传习录》中，《王阳明全集》卷二，上海古籍出版社1992年版。

与人原只是一体。故五谷禽兽之类，皆可以养人；药石之类，皆可以疗疾。只为同此一气，故能相通耳。①

王阳明并不否认客观世界的存在，但他认为客观世界的存在意义和价值是良知赋予的，离开主体之心，客观世界对于主体而言的意义世界便不再存在。王阳明的岩中花树亦是说明了此观点。在王阳明这里，由于其重点在于凸显心之本体赋予客观之物的意义和价值，并在此基础上建构"万物皆备于我"的伦理世界和意义世界，所以宇宙的生成论已经变成了宇宙的价值论，从而他也克服了心与理、心与物的二元对立问题，实现了天人统合。

第二节　气论

黄道周的生成论思想是以太极或者"气"作为宇宙最高本体和形而上根据，来探讨本体的创生性质的。笔者认为，体之静是从本体角度而言，而体之动是从生成角度而言。如果不从生成论角度来论述本体，就无法清晰地说明最高实体的创生性、活动性，亦无法明确地理清其作为本体的静和作为创生体的动如何能无间地融合为一。本体此双重性质合二为一是儒家对本体的一个规定。但如果不区分，混合而谈，虽在对于本体的解释上不会出现误差，却容易造成思想上的混淆，尤其在如理气关系等一些基本问题上。以朱熹的观点为例：朱熹一方面将理气不分离，同时又主张理先气后。这两个命题看似不相融合，其实它们是一个统一的命题。理气不相分离，是从生成论的角度来看本体的活动性和创生性，气是理之气，理是气之理，所以不能分离；而后一个命题，理先气后则是从本体论的角度来阐释理本体的先验性和超越性。正是由于儒家的形而上本体同时具有化生性和超越性，所以，笔者认为对于本体的阐释也应该依据这两种性质分别进行讨论，而不要混为一谈。这样做的好处在于能够避免由于不适当地推演而产生对黄道周本体思想解释上的混淆，这也是本章为何从生成的角度来阐释本体的动态、创生性质的原因。

回顾儒学史上主要人物的生成论思想可以看出，传统儒家通常使用太

---

① （明）王阳明：《传习录》下，《王阳明全集》卷三。

极、阴阳、五行这些基本范畴来解释宇宙的形成问题，黄道周亦不例外。但在这些概念的逻辑关系和使用上，黄道周显示出自己的独特之处。对于宇宙万有的生成和存在的理解，黄道周更多是从《洪范》《易经》角度进行解释和阐发，其著作如《洪范明义》《三易洞玑》《易象正》等非常集中地体现了他的生成论思想。概括而言，黄道周的生成论思想认为宇宙万物都是由气构成的，且太极和阴阳只是一个，如此便取消了天地之性和气质之性的生成根据，为其性善一元论做了铺垫。

一　气的二重性

如前所言，"气"是儒家把握和解释宇宙生成的一个重要概念，"气"的概念使用得非常广泛，"气"本身所具有的无形、有质的两重性特点使儒家在解释宇宙生成时能够比较自如地自圆其说。"气"在黄道周的哲学思想中具有客观性和精神性两层含义。其客观性和物理性的表现，如黄道周称："阴阳者，天地之气。"[1]"（阴阳）二气明而后二气节，宣鬼神不奸其令；五行明而后灾祥眚，赦天地不违其和。"[2]"凡气无寒暑，时无凉热。寒暑凉热皆由日道所生，日道向北阳气渐升，日道向南阳气渐降。升而日永，刻漏昼长，阳画以多，降而日短，刻漏昼促，阳画以少。昼之长短皆生于日，不生于月。故云阳自升降，阴无消长也。"[3]"天以二气、五行化生万物。"[4]可以看出黄道周所称的"气"具有自然性和客观性的一面，"气"作为宇宙形成的基元，是"有"的状态，区别于佛老之"无"。

同时，黄道周认为"气"具有精神性的一面，表现为人的精神状态和精神境界，其最初源于孟子的"浩然之气"。黄道周将孟子所谓的"浩然之气"以"志"来替代，"志"是一种精气，源于乾德，他称："《乾》德以精，精合于神，谓之心；精合于气，谓之志。"[5]与"志"相连的是"气"，但是黄道周认为，"志"是气中的精气，而一般的"气"则不能称为"志"。"志"是圣人用来辨别贤与不贤、义利的尺度，除此作用外，他亦将

---

① （明）黄道周：《洪范明义·叙畴章第二》，明崇祯十六年（1643）漳州刻本。
② （明）黄道周：《洪范明义·五纪章第六》。
③ （明）黄道周：《榕坛问业》卷六。
④ （明）黄道周：《洪范明义·访箕章第一》。
⑤ （明）黄道周：《治天下必先立志论》，《黄漳浦集》卷十二。

"志"提到一个很高的位置，称"志"是"禀于日光，断断乎与天地、亿世正昼夜、白黑之地也。天下之志，先正而后定，先定而后动，先动后通。未正而定之，北行有余阳，南行有余阴，阳无以立德，阴无以立刑。未定而动之，相薄有戾风，相射有慧光，风无以示草，光无以示景。未动而通之，破卤而出有余燥，决肤而出有余湿，湿有害水，燥有害火"①。

由于"气"和"志"存在差别，黄道周区分了"气""志"两个概念，他认为"志"具有更高的道德性，是一种道德性的理念，是光明正大、磊落正直的道义精神，而"气"则夹杂了情欲在其中，他称："臣思古人言志则必言气，孟子言志至气次，气固居志之后；《礼记》称气志既从，气志既起，气反居志之先。"② 在"气""志"的关系上，虽然两者不同，但是黄道周认为"气"和"志"亦不相离，"气之所在而志动焉，志之所动而化出焉"③。

虽然"气"在含义上有"气""志"之分，但黄道周亦笼统地使用，如他在谈到"养气"的时候，此"气"就是浩然之气，是一种蹈仁不悔的高尚情操，是主体自"清明在躬"处得来，是"集义"得来的。立于此，他批评玄素二家的养气只重视个体的内在修炼，漠视外在客观世界，放弃个体应有的责任和担当，所以只是"白露蒹葭气象，难道塞于天地之间"④。

概括而言，黄道周对气的规定含有客观性和精神性两个层面的含义，在使用过程中，这两个层面经常胶葛在一起，即气是客观实体和精神实体的统一，是自然性和道德性的统一。基于这样的性质，黄道周在解释宇宙生成时，以气的自然性来说明本体的创生性，但由于其所探讨和谈论的宇宙更是一个天人合一的伦理色彩的宇宙，所以，在进入到人类社会中时，气的自然性已经消退，更多地体现出其道德性的一面，即道德性质的"气"形成了一个有价值意味和道德内涵的伦理社会。

二 气是宇宙万物的本原

（一）宇宙自然和人类社会由气演化而成

黄道周的生成论本于阴阳二气，他称："天以二气、五行化生万物，

---

① （明）黄道周：《治天下必先立志论》，《黄漳浦集》卷十二。
② （明）黄道周：《奉祀会稽乞休疏》，《黄漳浦集》卷四。
③ （明）黄道周：《治天下必先立志论》，《黄漳浦集》卷十二。
④ （明）黄道周：《榕坛问业》卷四。

形质不齐，因其生克，以为伦叙。而人所受于天者曰命、曰性。性、命之原本于太极，至善不离，至一不二，阴阳五行以是分化，迪吉逆凶，是生治乱，众人皆知，为善之得吉，为恶之得凶，而不知其条理伦次毫发不爽。"①可以看出，他的生成论的最高范畴为"太极"，太极是宇宙的最高本体，亦是性、命之本原。

黄道周认为阴阳二气、五行构成万物，万物各有其特殊性，即所谓的"形质不齐"，万物之间以生、克原则而形成条理伦次，且井然有序。这种自然且超越的伦叙向人流贯而成为人之性、命。人所禀赋的性、命的本原是太极，太极是至善的、至一的，这已转向到道德形上本体的层面上。黄道周的生成论的大致方向是太极、阴阳向下开纵，生成万物，人在其中，得其性命。

黄道周指出太极是最高本原，但认为太极从其客观性质上讲是气，他称"太极与阴阳，总是一个"②，而"阴阳者，天地之气"③，因此递推而来，黄道周认为太极也是气。应当指出一点，黄道周的生成论观点受王阳明"万物一体"的思想影响很深，他对王阳明观点很是赞成，对门人讲"勿说万物一体是腐生之陋谈"④。而且，在其生成论思想中，万物一体是其万物同原思想的背景。如前所讲，王阳明用"一气相通"来解释"万物一体"，黄道周则更明确地提出"万物同原"⑤，此"原"即气，称："天下之湫湫者皆气也，或散或搏，或往或还，或息或消，或卑或骄，或正或邪，或坚或瑕，皆气也。"⑥"天下皆形也，天下之能动者皆气也。"⑦又称："凡天地贞观，此是气象凝成。"⑧认为天地之间的存有都由气凝聚而成，气有不同的运动形式、道德性质和自然性质，所以天地之间有形形色色、多彩多姿的万物。在侯外庐主编的《宋明理学史》中，称黄道周的生成论的基本观点是"气"（"太极"）构成了宇宙，这个看法是合理的。

---

① （明）黄道周：《洪范明义·访箕章第一》。
② （明）黄道周：《榕坛问业》卷十四。
③ （明）黄道周：《洪范明义·叙畴章第二》。
④ （明）黄道周：《榕坛问业》卷一。
⑤ 同上。
⑥ （明）黄道周：《治天下必先立志论》，《黄漳浦集》卷十二。
⑦ 同上。
⑧ （明）黄道周：《榕坛问业》卷四。

　　不仅宇宙间万物都是气所形成的，自然界的雷电风雨等自然现象亦是阴阳之气运动的结果。他称："雨旸燠寒风之实，稽其渊源，皆根本太极。"① 黄道周对"日"比较偏爱，他认为日是"太阳"，月是"太阴"②，太阳作为宇宙间对人类来说最为鲜明和联系最为紧密的一个客观存在，即黄道周所谓的"最大悬象"，它的南北运动是阳气之盈缩、消长、盛衰的结果，他称："日有升降，因阳之盛衰。"③ 而且，日的运动经常和气的消长一起被用来解释自然界的现象，如黄道周称："日北则昼长气热，万物皆生；日南则昼短气寒，万物皆死。触卤而出，则为雷霆；迫气而行，则为风雨；余光所照，以为星辰；余威所薄，以为潮水。爆石为火，融金为液，出入顶踵，照于心系，如此世间，无一物一事不是日头串透。"④ 万物的枯荣是日和气运动的结果，雷霆、风雨、星辰、潮水、火、液以及世间的每一个事物都是太阳的作用，亦是气的结果。寒暑、潮汐亦是日和气相协、相乘而变化的结果。他称："日乘气以为寒暑，而地之温凉应之；水乘气以为潮汐，而天之晦朔应之。四海之潮八节各异，故秋冬昼夜，鱼龙互易，大小之差，寒暑变焉。"⑤

　　关于自然界的怪异现象，黄道周亦持有客观审慎的态度，不作胡乱的猜测。其门人问起灾应之说，黄道周称："若论经常，则宇宙之内何物不有，若论经怪则戒慎恐惧岂属妖祥，亦只得现前自参学究而已。"⑥ 崇祯八年乙亥（1635），十月三日漳州地震，黄道周解释道："吾郡僻在海裔，去日又近，盛阳伏地，与阴相薄，如人体中脉过井，原稍为滞栗，何足疑乎？……刘向见鲁国地动，辄指列国诸事，以为正应，文义极疏。"⑦ 认为地震是阴阳二气相薄而成，反对刘向的灾应之说，认为其说法空疏不周。

　　黄道周的视线亦投放到宇宙天体上，认为："天之形状如鸡卵。地居其中，天包地外，犹卵之裹黄，圆如弹丸，刚气围合，包络凝固不散。大

---

　　① （明）黄道周：《洪范明义·访箕章第一》。
　　② 黄道周称："日月亦无光而阴阳之精照之，……日以太阳而景避精，月以太阴而照疑神，避精者养其威，疑神者复其光。"《明目达聪论》，《黄漳浦集》卷二十。
　　③ （明）黄道周：《一岁寒暑之候论》，《黄漳浦集》卷十三。
　　④ （明）黄道周：《榕坛问业》卷二。
　　⑤ （明）黄道周：《一岁寒暑之候论》，《黄漳浦集》卷十三。
　　⑥ （明）黄道周：《榕坛问业》卷五。
　　⑦ （明）黄道周：《榕坛问业》卷十五。

地孤悬虚空而无坠陷于此，天上之星辰河汉悬空不坠，亦以此。"①他以鸡蛋来比拟天和地球的联系，认为地是圆形的，如蛋黄被包裹在蛋中，地被包裹在天的刚气之中，孤悬虚空而无坠，其他星体也是如此。

从自然界的角度来看，黄道周通过"气"完成了宇宙统一，上至头顶的星空，下至脚下的青草，都是阴阳二气造化的结果。进而，黄道周继续解释人类和人类社会的形成。

黄道周认为人也是由气构成的，他称"人生于五行"②。不仅五行生人，而且人是五行之灵秀相谐的结果，"五行之秀，叶以为人"③，人是万物之灵。黄道周认为，由于人所具有的秀气是山川之静爽、日月之光华的凝聚，所以人有能有为，具有认识世界、参赞天地的能力。且因为与万物相比，人的产生甚难，使用起来也不易，所以自舜禹以来，圣王对人的态度都是"宝惜顾复"④，珍惜人才。

此外，在鬼神的认识上，黄道周认为鬼神亦是气化而成的，"鬼神之情，屈阳而伸阴，阴阳之交而人间之"⑤。鬼神是阴阳二气的交动变化，鬼神更偏重于阴气一面的表现，阳气一面遭到压抑，而人是处于两者之间。既然人和鬼神都是气，那么两者就是同一物，他称："精气自是山川，游魂自是云雨，山川不变，云雨时兴，人与鬼神，同是一物，梦寐云为，同是一变，遡他原头，精游之际，学识同归，若条段看去，精气亦贯得游魂也，《易》说尺蠖龙蛇，同是精义，莫于此处，分人分鬼看。"⑥ 又称："鬼神自是人之后来。"⑦鬼神的运动变化与日月变化相关联，他称："鬼神精魄，其大小幽明尽在日月。"⑧

黄道周以"气"的运动变迁来解释宇宙、万有包括人类等成因，解释宇宙自然现象，虽然不一定科学，但他否定神秘主义，反对神怪臆说，具有一定的价值，且他的认识论和当时的自然科学发展水平也是相适

① （明）黄道周：《博物典汇》卷一，明崇祯八年（1635）敦古斋刻本。
② （明）黄道周：《洪范明义·五纪章第六》。
③ （明）黄道周：《易象正》卷终上，《石斋先生经传九种》，清康熙三十二年（1693）浙江晋安郑开极刻本。
④ （明）黄道周：《洪范明义·皇极章第七》。
⑤ （明）黄道周：《明君成功必取于人论》，《黄漳浦集》卷十三。
⑥ （明）黄道周：《榕坛问业》卷四。
⑦ 同上书，卷五。
⑧ 同上书，卷四。

应的。

（二）太极、阴阳和五行的关系

黄道周以"气"来解释宇宙万物的生成，最高范畴的太极也是气。虽然他认为太极即气，但是在他的哲学逻辑上，仍然需要分解太极和阴阳二气、五行之间的关系。

第一，太极、阴阳和五行同一。关于太极和阴阳的关系，从生成论的意义上讲，黄道周所称"太极和阴阳，总是一个"[①] 包含了以下意思：一、太极和阴阳不能歧出而为两物，应是一物两名，不能两分，太极即阴阳；二、太极和阴阳在时间、次第上不分先后，两者是一。所以，立足于这样一个基本预设，就不难理解为什么黄道周不同意宋儒的太极阴阳之说。

对于濂溪的"无极而太极"的提法，其在宋明儒家之中引起众多解释，大家各持己见，莫衷一是。朱熹肯定"无极而太极"，认为，"不言无极，则太极同于一物，而不足为万化根本；不言太极，则无极沦于空寂，而不能为万化根本"[②]。黄道周对"无极而太极"的说法，则持有批评态度。他认为：

> 周敦颐作《太极图言》曰："无极而太极，太极动而生阳，动极而静，静而生阴，静极复动，一动一静，互为其根，分阴分阳，两仪立焉。阴变阳合，而生水火木金土，五气顺布，四时行焉。五行一阴阳也，阴阳一太极也，太极本无极也。五行之生，各一其性，二五之精，妙合而凝，五性感动而善恶分，万事出矣。圣人定之以中正仁义而主静立人极焉。"朱子深信其书，以为出于《洪范》，然《洪范》所称皇极，确有建用之文。濂溪所称无极已坠荬虚之藏，五性感动已淆气质之间，主静立人亦乖敬一之旨也。古人观象至精，不以一为太极，而以一为五行，不以五为五福，而以五为皇极，明以一皆当五，五即为一。人包五气五质而生，心不在五气五质之数，此极既建，则万象环生。[③]

[①] （明）黄道周：《榕坛问业》卷十四。

[②] （宋）朱熹：《朱熹答陆九渊书（三）》，《陆九渊集》附录。

[③] （明）黄道周：《洪范明义·叙畴章第二》。

　　黄道周认为濂溪的"无极而太极"的说法已与老庄论题相类，按照这样一个逻辑，无极生太极，类似于老子的"道生一"，是一个自无而为有、无能生有的命题。持有此观点，所以在朱陆关于无极太极的争论上，黄道周偏向陆九渊，他称："无极之话，更不消说。以老子明目冠于《系辞》之上，尚是小处，即使后人不辩，亦是理路难行。"① 黄道周认为，古人不称太极为一，而以五行为一，即取消了与老庄相类的"无极"，亦避免了"无能生有"的困境。黄道周从"一"和"五"的数字关系上来论证太极（皇极）和五行同一。他认为，《洪范》中"初一曰五行"和"五，皇极"，用"一"对应"五行"，"五"对应"皇极"，即是说明一是五，五是一，即五行和太极（皇极）是同一的。②他称："自其分布流行合理与气而言之则为五行；自其运持推移动静不分而言之则谓皇极。"③从生成论角度来看，太极、阴阳二气、五行同一。

　　黄道周认为太极和阴阳只是一个，但是太极作为其生成论的逻辑开端，仍然高于阴阳和五行，黄道周称："性、命之原本于太极，至善不离，至一不二，阴阳五行以是分化。"④ 他认为所谓的"五气之与五行"⑤是"皆本于太极也。以阴阳而分寒暑则谓之二气，以燥湿而分刚柔则谓之五行"⑥。"二气与五行皆本于太极"的命题和"太极、阴阳和五行同一"的命题并不矛盾，"同一"是从其内在性质上来讲，太极即气，即阴阳二气是同一的，且气的变化所形成的五行亦是气的表现形式，太极通过阴阳二气、五行来表现自己，当表现为阴阳而分寒暑，则称为二气；当表

---

　　① （明）黄道周：《子静直指》，《黄漳浦集》卷三十。

　　② 黄道周《洪范明义·皇极章第七》中载："五不言五行，而一言五行，五行贯于独者也。皇极宜言独，而不言独，五行宜言五，而不言五，故以独寓于五，以五寓于独，独之寓于五，五之寓于独，犹一用之为两，用一九之为十一也。……夫使五为五行，一为皇极，则人将执五以求五行，执一以求皇极。使执五可得五行，执一可得皇极，则是用向之半可得半威，用威之半可得半向也。折四不可以当五，折五不可以当六，故以五福还于南向，以六殛还于北威，五福还于南向，而五非南向，六殛还于北威，而一非北威，故分五以为九用，留一以为独建，一建于五之中，五建于一之内，人知夫一之街于九，五之逢于九，而不知夫一之无所不宅也。一无所不宅，而复还于五归于一，故以五居一，谓之皇，以独命五，谓之极。"

　　③ （明）黄道周：《洪范明义·叙畴章第二》。

　　④ （明）黄道周：《洪范明义·访箕章第一》。

　　⑤ 黄道周《洪范明义·庶征章第十》中载："孔传曰：雨以润物，旸以干物，燠以长物，寒以成物，风以动物，是五气之效也，语其效不语其本，则疑五气之与五行殊用矣，是皆本于太极也，以阴阳而分寒暑则谓之二气，以燥湿而分刚柔则谓之五行。"

　　⑥ （明）黄道周：《洪范明义·庶征章第十》。

现为燥湿而分刚柔则称为五行。所以，他称："周濂溪曰'阴阳一五行也，五行一太极也'。语虽浑囵，而意亦不甚失。"① 太极、阴阳、五行是同一的，没有相生关系，这样就不同于宋儒所谓的太极、阴阳和五行的相生关系；而他所言的"本于太极"命题是就逻辑概念而论，太极作为一个最高范畴，高于阴阳和五行，所以黄道周称阴阳二气和五行本于太极。

第二，阴阳为气，五行为质。从生成论角度来看，虽然阴阳二气、五行二者是一，但在化生万物上，二者具有不同的发用，黄道周称："阴阳者，天地之气；五行者，天地之质，气质具而性命行乎其中。气非质不具，理与气共质。"② 在阴阳二气和五行的关系上，阴阳是天地之气，五行是天地之质，气、质两者是"具"或者说是材料，宇宙万物借助此二者而形成，万物形成而天命、性道流贯其中。阴阳和五行虽名称不同，但不能相离，即气非质不具，离气无质。从生成论角度来看，黄道周所称的"理与气共质"，意味着气之变化流行、万物之形成有一定的运行法则，也就是理，但理不是独立于气、质之外，而是在两者之中，离气、质则无理，理、气、质是同一的。既然同一，所以"五行之气，举气而理见，举理而功亦见焉"③。

既然阴阳是天地之气，五行是天地之质，阴阳、五行运作变化而形成万物，黄道周依据阴阳和五行对万物做了一个简单的分类，他认为：

> 体用之原出于动静，动静之本出于阴阳，阴阳之用合于刚柔。水以阳用阴，体动而用静，貌得其事，故以貌为水，天下之作态多姿者皆水也；火以阴用阳，体静而用动，言得其事，故以言为火，天下之着笔着舌者皆火也；木以柔用阳，以动而为静，金以刚用阴，以静而为动，视以动为静，阳而近柔，听以静为动，阴而近刚，故以视为木，以听为金。天下之接而易合者，皆木；纳而易断者，皆金也。④

黄道周简单地将事物根据阴阳之刚柔和五行而归为金木水火四类，水之类是外貌呈现出多姿多态者；火之类是着笔着舌者；木之类是接而易合

---

① （明）黄道周：《洪范明义·叙畴章第二》。
② 同上。
③ （明）黄道周：《洪范明义·五行章第三》。
④ （明）黄道周：《洪范明义·五事章第四》。

者；金之类是纳而易断者。黄道周所言分类的科学性暂且不提，但他结合动静、阴阳、刚柔，自圆其说地将五行之性和万物结合起来，这种试图解释万物的性质的努力是值得肯定的。

第三，"气"与"物"。既然宇宙万物以"气"为本原，黄道周的"物"论也就容易理解了。黄道周的"物"具有两层含义：一指客观有形可见之物，也就是自然界存在的万有，山川日月、花草树木、飞禽走兽包括人类等由气化而成，有具体之形。以人为例，他称："五行之秀，叶以为人，人于五行，非两物也。"① 他认为人作为万物之灵，人的产生是五行衍化的结果，与五行是同一物。不仅人是物，宇宙内的万有都是物，他称："人生而有体魄、气候、荣卫、经络，推于四海、日月出入，无不同者，干支所配，日用所资，皆是物也。"② 宇宙间的万有同质同体，其统一于"气"上，都是"物"。这样就解决了宇宙有形客体的统一性。二指无形、不可见之物。黄道周认为气如精气、游魂等也是一种物，他称："魂与气，以为物总。"③ 鬼神魂魄幽深之类虽不得见，但亦是"物"，亦是与人同体，黄道周称："人与鬼神同是一物。"④ 这样，气即物，物即气，取消了气和物之别，取消了有形客体和无形客体之间的差别，实现了物物无间、物我无间。

黄道周认为天地和天地之间的存有都是"物"，虽然"物"也是"气"，但他对"物"的强调突出显示了他的客观主义倾向。与王学不同的是，他肯定外界事物的实然存在，并不全然从价值和意义角度来看待客观世界，这样，在认识客观世界上就保持了一定的距离。他这种客观主义精神和取向与他的天文历法知识以及客观实测精神分不开。

第三节　化生论

虽然宇宙万物由"气"生成，同体于气，但黄道周还需要解决单一的"气"如何生成万物，即林林总总、丰富繁杂的万物如何生成，其化生原则是什么。黄道周借助五行的生克原则来对此问题进行解答。

---

① （明）黄道周：《易象正》卷终上。
② （明）黄道周：《洪范明义·五行章第三》。
③ （明）黄道周：《贞图经》中，《三易洞玑》，《石斋先生经传九种》。
④ （明）黄道周：《榕坛问业》卷五。

一 生克原则

首先，黄道周肯定阴阳、五行之气以生克为规律而演化、形成万物，他称："二五之意皆在于生，而其功皆在于克。"① 阴阳五行可以生化、创育宇宙万物，然而这种生生不息的"生意"不是无节制和无规则的"生"，而是在互相限制和在一定原则中产生万物，这种有节制的"生"体现在万物之"克"上。

黄道周认为宇宙万物在一定的秩序中存在，彼此之间的关系是对立和依存的。一方面，一方的存在需要借助他方；另一方面，一方的存在又对他方构成限制，即"同则弃，异则资"。他称："天生五行，各自为禀，一水二火三木四金，虽相连类，意义不同，得其用者，异禀相资；不得其用，同类相弃。"② 五行各有其性，互相连类。不同的气禀在一起则可以相生相资，相同的气禀则相斥、相弃。五行形成万物，是一个"异禀相资，同类相弃"的过程。这种相反相成的观点体现了对立统一的辩证思维。

与"生"比较而言，黄道周更为偏重于"克"。"克"是根据《洪范》中"平康正直，强弗友刚克，燮友柔克，沈潜刚克，高明柔克"而来，他认为："四克者，五行之所为制也"③。"四克"，亦可以简化为"刚克柔克"，它们所凸显出来的对立关系是阴阳五行变化的原则，也是社会秩序能够井然协调的原因。黄道周称："此两克正是复礼根原，二气五行所由变化，八政庶征所有叶极。二气五行如不变化，何由有润下炎上、曲直从革、时雨时旸时寒时燠之用。"④ 正是通过"四克"，阴阳五行才会变化，不仅自身变化而"各一其性"，并且形成寒暑阴晴的自然变化和复礼为仁的社会秩序的平衡样态。

黄道周"生克"原则的引进，有效地解释了万物之间的对立和统一，解决了自然界的内部冲突问题。如"大鱼吃小鱼，小鱼吃虾米"的生物链，体现了弱肉强食的现象，而这个现象不能用善恶来解释，如果用善恶来解释的话，必然是一个"悖反"问题。而黄道周用"生克"来解释自

---

① （明）黄道周：《洪范明义·三德章第八》。
② （明）黄道周：《洪范明义·皇极章第七》。
③ （明）黄道周：《易象正》卷终上。
④ （明）黄道周：《榕坛问业》卷十一。

然界中的彼此对立和依存、斗争和统一，取消了善恶的价值判断，这是其巧妙之处。也就是说，就生成论而言，在自然界中的林林总总的万物的生成和存在是在生克原则之下的迁衍和变化，而没有善恶之别。善恶的价值判断，黄道周将其限制在人类社会之中。

在人类社会中，五行之间的生克原则是人伦关系形成的根据。黄道周称："盖五行之数只有生克。生者以为父子，克者以为君臣。因其父子以制君臣，因其君臣以制夫妇。夫妇之取于君臣，犹朋友之取于兄弟也。五伦之间，皆有强弗、燮友、沈潜、高明之别。"①

二　互治而协

关于二气五行的关系，黄道周认为是一个和谐、平衡的动态过程。二气五行和谐运作，通过"治"即对立统一而达到平衡、协调的状态，他称："二气五行之自相治也"。② 这种"相治"而达到和谐、协调的原则体现在自然、人类社会之中，表现为宇宙间的万有包括人类都以一种协调有序的状态存在。他称："二气五行，互相为治，故有八政则有五纪，八政以仁天下，五纪以仁万世，协者，天人之合也。自震而巽，顺行以通于极，由是则万物皆协矣。"③ 进而，黄道周在天人关系上具体解释"治"的原则，称："人之情魄、天之气互相为治，省惧多则民寡过，和顺积则物无祸，其协于岁月，稽于卜筮，验于灾祥，非过也，亦犹是天、性之自为命令也。"④ 既然"治"是气运动、流行的一个原则，则作为万物之灵气的人和天之气间也存在互"治"的关系，这种"治"的原则虽然是潜存的，却显现在天人感应关系上，即人自治省惧则物物和顺，反之则验于灾祥、显于卜筮，无论是协或者不协、平衡或者失衡的状态，都是天、性流行之气的"治"的结果。

黄道周所称的"治"，体现在阴阳二气互治、五行互治、二气和五行之间互治的关系。关于"治"，笔者认为：一方面，"治"体现了对立统一的关系，即阴阳和五行之间存在对立、转化、统一的关系，它们是一个变化着的互相依赖的整体；另一方面，"治"体现了二气和五行各自动态

---

① （明）黄道周：《洪范明义·三德章第八》。
② 同上。
③ （明）黄道周：《洪范明义·叙畴章第二》。
④ 同上。

变化的态势，就阴阳二气所言，有动静消长之义；就五行而言，有生克之义，各自通过"治"而达到自身平衡。如果阴阳、五行之间失去了"治"的原则，在天则会出现一方太盛的状况，这种状况在人间就表现为灾年，黄道周称："岁有阴阳、五行分合，天气乘之，各以佳恶。五阳之年气或先天是为太过；五阴之年气或后天是为不及，平气之年不害主客。"①

黄道周将阴阳和五行互治而达到和谐的状态称为"协"，"协者，天人之合也"②。"天人之合"与"天人合一"虽表述不同，但含义相类，强调天所造化的客观环境的完整性没有遭到破坏，且与个体之间是无摩擦、和谐的平衡。黄道周认为："先王之为八政，分寄四克以治九官。食与司徒，居于东方，以治木德，喜气萃之；货与司寇，居于西方，以治金德，怒气萃之；祀与司空，居于北方，以治水德，哀气萃之；宾与司马，居于南方，以治火德，乐气萃之。喜怒哀乐各以中和为节，中和之治寄于慎独，礼乐之用着于克己。"③人间的社会治理秩序立足于阴阳二气、五行的性质和规则，圣人协调天地，中和、节度二气与五行，以达到自然和人类社会和谐统一的状态。

同时，黄道周将万物统一和谐的状态称为"中和"，阴阳五行的交动、衍生虽然在生克原则下进行，但这种对立的关系是以达到"中和"为目的。也就是说，生不是无尽地生，克亦不是无度地克，生克互相对立统一，最后达到中和的状态，就万物而言，就是各得其性、各正其命。他称："二五衍化，中和所敷，生克比伦，乃与天俱。"④

自然界的"中和"表现为"慎独"与"节"，他称："任他万物，无情无识，有气有知，都是中和生聚得来，蓄变得去。中和藏处，只是一独，如万物归根蛰伏时候，个个有戒慎恐惧的意思。中和显处，只是一节，如万物敷条生育时候，个个有议度、数制、德行的意思。"⑤黄道周将中和看成是有宇宙论意义的普遍性范畴，万物都是中和的结果。中和体现了万物之间动态、相对、辩证的统一，是万物之间相同相成、相辅相成、相反相成、共同发展的统一。

---

① （明）黄道周：《洪范明义·五纪章第六》。
② （明）黄道周：《洪范明义·叙畴章第二》。
③ （明）黄道周：《洪范明义·三德章第八》。
④ （明）黄道周：《洪范明义序·明义下卷序》，《黄漳浦集》卷二十一。
⑤ （明）黄道周：《榕坛问业》卷十。

黄道周将中和划分为两个方面，一是独，独是中和隐匿之处，是万物蛰伏不动的状态，万物静伏，自然不会出现偏失之态；表现在人类社会，就是个体幽独戒惧、自警，"中之称独，君子之所致谨也"①。二是节，节是中和彰显之处，是万物抽条发育之时，万物在节的原则下萌动而发，相同相成、相辅相成、相反相成，体现了中和之意。节作为中和的一个构成因素，其节制裁成之用，表现在万物身上，就是各正性命，表现在人类身上，就是"克己"，归于中庸之道，无有偏失且守中，达到在万物之中且与万物和的境地，黄道周称："中以为节，有节而甘苦化焉，节之九五是也。易以刚柔论位，二五论中，守中而当位，虽极千变，不在祸福之内，是数度德行，君子所制议也。"②

第四节 《易》道与生成论

黄道周尤喜《易》学，对《易》非常推崇，也利用《易》来解释世界的生成和变动。他认为《易》是太极演化万象的记录，称："《易》有太极。极不可道，道则入于象。故象者，道《易》而之赜；极者，道《易》而之默。举赜反默，乃通于极，极而后复，穷天下之赜，故《易》三乘十有八变，营成之卦二十六万二千一百四十有四（262144 = 2^{18} = 64^3），象数之差二百九十有六。天动于外，卦周于内，象曜之行，经于其中，日夕相摧，《易》以之生。"③黄道周认为所谓"易"，实际上是日月之意。《易》所揭示的交动变化以日月为准，日月的运行体现了天地之运动和天道，他称："凡《易》本于日月，与天地相似。其有不准于天地、本于日月者，非易也。天地之用托于日月，日运南北以为寒暑，月行迟疾以为朔望，气周相缠，或盈或虚，各以其节，积久而合，纤毫秒忽，不可废也。"④

既然日月运动显示了天地运动变迁之道，黄道周就从日月这两个自然界最大的现象出发，认为日月是自然界形成的两个发端，日月的运动而产生水火、山泽、风雷等自然现象，日月的运行规律为往复，往复而有交

---

① （明）黄道周：《易象正·剥复》。
② （明）黄道周：《易象正凡例》，《易象正》。
③ （明）黄道周：《宓图经》上，《易象正》。
④ （明）黄道周：《易象正目次》，《易象正》。

会、薄食、治乱。他称：

> 天地悬象，莫大于日月，有日月而后有水火，有水火而后有山泽，有山泽而后有风雷。水火生于日月，风雷发于山泽。日月不明，山泽不灵，故易者，日月之谓也。天地之道，一治一乱；日月之行，一南一北。北至而赢，赢极则必消；南至而缩，缩极则必复。天地之仁，宝其阳光；日月之智，尊其往复。有往复而后有交会，有交会而后有薄食，有薄食而后治乱见焉。①

黄道周以日月为端，认为日月的运行而形成风、雷、山、泽，进而产生自然界。日月主宰风雷山泽，风雷山泽是日月的气质，"风雷山泽，日月之气质也。天地水火治于上，山泽风雷治于下。日月北行，山泽发荣；日月南征，风雷变声"②。日月的运动引起山泽风雷的变化，说明了自然界内各种现象之间的联系性。

既然圣人设卦观象，以《易》来弥纶天地之道，那么万事万物的发用流行自然可以通过《易》的一套符号系统而表征，他称："《易》之体三十有六，其卦七十有二，以候四气，以正八际，寒暑以宣，晨夕以稽，故乾坤者，《易》之元体也。乾动而直，径于两极，阴阳之所穷际；坤动而辟，周于四游，日月之所出入也。两极见于乾而隐于乾，日月出于坤而入于坤。坤以辟纬，乾以直经，故乾坤毁则无以见《易》。乾坤互藏，宅于四正；坎离相取，贯于四维。颐体离而纳坤，大过体坎而纳乾。离以巽兑，纳于中孚；坎以震艮，纳于小过。四维定而八表立，八表立而后诸卦可得而陈矣。"③

在《易象正》中，他以乾坤为万物化生的肇始，称："乾坤，万物之生始。极南而乾，极北而坤，昼夜积象，乾坤两乘，自分左右，天地升降，帝王盛衰，皆于是为限。"④乾坤作为阴阳的象征，是万物得以生的开端，且以天地升降为代表的自然界的变化和以帝王盛衰为代表的人类社会的迁衍都以乾坤为限，都是乾坤范围和曲成的过程和结果。

---

① （明）黄道周：《大象十二图序》，《黄漳浦集》卷二十。
② 同上。
③ （明）黄道周：《文图经》上，《易象正》。
④ （明）黄道周：《屯蒙需讼师比小畜履序》，《黄漳浦集》卷二十。

而且，黄道周认为作为宇宙现象表征的六十四卦本质都是乾坤，其变化交动都是基于乾坤两卦，两卦为六十二卦的总纲，他称：

> 凡《易》以乾坤九六为例，乾用九而交于坤，坤用六而交于乾。凡六十四卦之用九者，皆交于坤；其用六者，皆交于乾。故六十二卦之皆乾坤也。《易》有交动，遂生变化，非谓九能变八，六能变七也。六十二卦皆归乾坤，故十八变中，小象得乾坤者，是为交动，父母动而六子不动，如六子交动则皆为父母矣。《易》以乾坤两用，该六十二卦之用，不复为各用系于各卦之终，所以明一卦之通得六十四卦，而乾坤两用，实为纲纪。系辞曰："乾坤毁，则无以见易。"①

黄道周注重《易》的变动思想，亦用变动理论来解释宇宙的生成。他认为：

> 凡天地之道，始于易简，究于变赜。易简之道，自一昼十八变为二十六万二千一百四十，参伍错综，成文定象，是圣人所谓一贯者也。变赜之道，自一日一辰推于千百世之愿，自寻丈②咫尺御于数万里之外，开物成务，是圣人所谓大业者也。凡圣人所言象数者五：一曰"见天下之赜，拟诸形容"；又曰"至赜而不可恶，至动而不可乱"；又曰"通其变遂成天地之文，极其数遂定天下之象"；又曰"见天下之赜，拟诸形容，极天下之赜存乎卦"。皆为探赜而发，必非屈指而谈干支，折草以量朝夕，自谓无远近高深，遂知来物者也。③

黄道周注重"变赜"，注重在变动中寻找一贯，体现了整体、运动的宇宙观。基于此立场，他认为："一反一复，《易》之定体。"④"进退者，

---

①　（明）黄道周：《易象正目次》，《易象正》。
②　四库作"文"，从郑本为"丈"。
③　（明）黄道周：《易象正》卷初上。
④　（明）黄道周：《易象正》卷终上。

《易》之大用也。"① "《损》《益》者，天地之大义也。"②

《易》所体现出来的变动、损益思想是对自然界变化的摹绘，"日有赢缩，月有迟疾，象有进反，数有损益，微芒屈伸，以得以失。行于自然之谓道，营于故然之谓历，《易》者，行于自然而营之者也"③。在黄道周看来，不仅《易》对客观世界的变化做了系统的摹绘，而且，作为一种理论形态，它具有规律性、绝对性和超越性。

《易》之所以能描述自然界的生成，是因为阴阳二气的变动通过《易》中的象、数体现出来，"《易》象之言二气，藏数于象"④，"《易》生于象，象生而有数。象数灭，则理义性命不可得而见也。天地日月、星汉山河、人物之数皆系于象，其最易简明著者皆在于《易》"⑤。《易》是天地存有和变化的理论形态。

黄道周将《易》中八卦和五行联系起来，称：

> 凡《易》所称西、南、东、北，皆以坤、艮为义，先甲先庚，皆以震兑为义。故以震始者归之于坤，以兑始者归之于艮。木生火而还生土，坤土遂生兑金，金生水而水又合土，水土合而生木。震为青帝之府，万物嘉生。兑为文武世室，万物嘉成。故震虽称木，而雷火出焉；兑虽称金，而水泽钟焉。体木以用火，故震能兼离而离不为独火。体金以用水，故兑能兼坎而坎不为独水。五行兼备，八卦乃行，故貌出于水而说于兑，言出于火而声于震，视出于巽而明于火，听出于乾而辨于水，思则无所不之也。土行于水火之间，折衷于金木，故以恭从明聪，合发其睿。河汉所直，日月五星，所为向背也。⑥

五行和八卦之间密切相关，它们都是对宇宙变化规律的描述，这种变动规律体现了整体有机的宇宙观。

同时，《易》所体现的变动是本体之用，这种变动的根源是宇宙本

---

① （明）黄道周：《易象正》卷终下。
② （明）黄道周：《文图经》下，《三易洞玑》。
③ 同上。
④ （明）黄道周：《易象正》卷终上。
⑤ （明）黄道周：《易象正》卷初上。
⑥ 同上。

体，宇宙本体通过乾坤二卦的反复与对化展现了整个宇宙的生成和演化，他认为：

> 《易》之为道，静以为体，动以为用，静体则反复，动用则对化，反复之与对化，皆《易》也。无对化则乾不为坤，无反复则屯不为蒙。对化之《易》，始于乾坤，则例可通于乾坤。故对化之与反复，其例得相起也。圣人之意，以六十四卦皆为乾坤，阳爻一百九十二皆出于乾，阴爻一百九十二皆出于坤。虽八卦之体，以相错而成，而两元之用，以揲著乃著，故于两元六爻之外，别系两象，使人悟九六二用，即谓之卦，诸爻尽变，极于乾坤，故未举其反复之体，先显其对化之用。①

又称：

> 六十四卦之九，则皆自乾来者也，故谓之乾元，乾元而不自为元，则坤将受之。乾以用九而之坤，坤以用六而之乾，乾坤成列而易立其中，无乾坤则无复易也，故乾之必易而坤，坤之必易而乾，乾坤之始义也。乾之不遽易而坤，坤之不遽易而乾，乾坤之立体也。故易始于乾，交于姤，终于剥，剥而后坤受之。始于坤，交于复，终于夬，夬而后乾受之。终始乾坤，相为反复，历律以出，礼乐以作，六爻变化而天神以降、地祇以出，亦其义也。②

黄道周的生成论思想以"太极"作为最高本体，太极亦是气，因此，可以称"气"是本原。他对宇宙上下、人类社会进行探讨，充分体现了"气"或者说"太极"的活动性和创生性。他认为，阴阳二气通过生克原则化生万物包括人在内，万物、人通过生克原则而达到中和，显示出和谐的状态。圣人依照自然界万物之间的协调联系而建立人类社会的道德纲纪，因而，上至天道秩序，下到自然界和人类社会秩序都在"气"和"气"的运动原则中形成，即宇宙万有和伦叙都基于一"气"的流行

---

① （明）黄道周：《易象正·乾坤》。
② 同上。

发用。

第五节　生成论的价值向度

儒家对宇宙的探讨，从其肇始就指向人类社会，一方面，展现了一个有机整体的自然界为人类和自然界的统一关系建立了理论前提；另一方面，说明人和自然界作为主客体处于一个同一的系统中，两者是合而不是分的关系。正是这种"天人合一"的圆融思维决定了儒家的生成论思想不是一个纯粹的自然哲学问题，因此，"它一开始就具有'人学'特点"①。

一　人类道德社会的形成

黄道周谈论宇宙的生成，不止着眼于一种客观的、自然的形成过程，而且也加入了道德和价值判断，但是道德和价值意涵的加入则是局限在人类社会中。从宇宙自然界向人类社会的开纵过程中，黄道周一方面肯定宇宙秩序即是人类社会的秩序，他称："阴骘相协皆本于天，书曰'协和万邦'，诗曰'克定厥家'，虽人事亦天道也。"②另一方面，在这个开纵中，他引进圣人作为中介者。圣人之所以出来，是因为"天能为雨旸寒燠，而不能使雨旸寒燠之皆时，故时者，天所以应圣人，亦圣人所以用天地也。五行之吏各司其官，使五行常自为政，则五行必交胜于天地，五行交胜于天地，则雨旸寒燠必有不得其平者矣。故貌言视听让权以与思，雨旸寒燠让权以与风，五者交让也而奉权以与圣"③。可见圣人的作用是帮助天之雨旸寒燠能够适宜、时宜而不危害天下百姓。

黄道周在《洪范明义·五行章第三》中充分描述了宇宙自然社会向人类人伦社会的转化过程。

> 五行分化，序其生者，所谓初也；阴阳之精，见于水火，刚柔之义，着于金木，土载其下，以通地天，有是五者，以别男女，以正性

---

① 参见蒙培元《理学范畴系统》中《宇宙论与本体论》一章，人民出版社1989年版。
② （明）黄道周：《洪范明义·访箕章第一》。
③ （明）黄道周：《洪范明义·庶征章第十》。

命，阴阳相交，刚柔相推，变化错综，或当或爽，而治乱出焉。帝王之生皆木，五德以长天下，而其说奥渺不可复稽。但以数而言，则一六二七三八四九五十，为主成之次，以象而言，则一北二南三左四右五中，为分布之等，故人生而有体魄、气候、荣卫、经络，推于四海、日月，出入无不同者，干支所配日用所资，皆是物也。圣人观形以知理，观性以知命，观其生胜配合以知阴骘相协之意，故生者以协父子，胜者以协君臣，并者以协兄弟，因君臣以协夫妇，因兄弟以协朋友，智由此出，礼由此作，仁由此奋，义由此制，信由此立，腑脏官骸由此以理，道化政刑由此以设，于以制器利用则大备矣。圣人虽不明着其事而福殃之所由生，灿然可见。要以原本太极，修道明教，纳民于至善之域，则非圣人不足以语此也。

从上段引文来看，黄道周认为五行分化，水火金木土五者各其一性，其阴阳相交、刚柔相推而形成男女，而各正性命，但是由于变化错综复杂，有或当或爽的可能，所以"当"则社会治，"爽"则社会乱。圣人出而根据自然界中"生、胜、协"的原则来规定人类社会的伦叙规则。以"生"来规定父子之伦，以"胜"来安排君臣之序，以"并"来拟规兄弟之理，此三大伦理关系确立后，再从君臣之序引申出夫妇之序，由兄弟之理延伸出朋友之理，从而确立了人类社会的纲纪。纲常既立，则纲常所体现的仁义礼智信亦形成，五常形成，则个体、社会、教化、刑政、礼仪各有确立和依附，从而人类社会洋洋而成。

黄道周借助圣人把一个自然运行的宇宙秩序投射到人类社会之中，既然宇宙秩序即是人类社会的秩序，因而人类社会的秩序也具有天道根据。值得提出的一点是，黄道周并不认为宇宙秩序具有道德性质，他肯定宇宙间存在秩序，但是这种秩序是自然的、客观的，如他的"生、胜、并"的原则是自然界客观存在的原则，只有这种宇宙秩序在进入到人类社会之后，在人类社会中发用而产生关系即"纲纪"后，才被"圣人"赋予了价值和道德色彩，而不是先天就具有道德属性。这也是黄道周和两汉时期儒家在天人关系上不同的一点。

二 圣人在人类道德社会形成中的作用

有价值和目的的自然界以及人类社会成为一个道德为底蕴的社会是

由圣人来赋予的。黄道周称："圣人者，天地之心手也。圣人出而草木以为蓂筮，鸟兽以为龟龙；圣人不出而紫蓍以为污草，麟角以为疴虫。"①圣人赋予了自然界事物以价值和意义。同时，黄道周认为，圣人观自然界而知五行之规律，本于五行而协合人类社会和自然社会的统一，他称："万物之生，各有从始，五行既具，阴骘始着，其理以为五德五性，其质以为五体五色，其气以为五声五味。圣人本于太初以立命，始以得五行精一之致，以辨德性气质之类，以进其不及，裁其太过，是为相协之始事。"②"古之圣人观物之质，而知其性，观物之气，而知其命，观其所作，而知造物者之性之命。体之察之，服习既久，则彝伦毕见，仁义礼智皆根于心，而后发为事业，犹五脏之达于面目，云雨之发于山川，色声臭味之发于物则也，若是而后可通于五行之用者矣。"③

　　虽然黄道周认为圣人在人类社会人伦关系的形成上起了关键作用，但是，圣人所作的转换不是无目的和无原则的变换，而是根据二气阴阳、五行之间的关系来制定人间伦理秩序，他称：

　　　　天下之道未有不于二五焉取者也。不取其数而取其义，不取其物而取其意，故君子之于制胜皆用之矣。堂皇之间，悬象布和。正直之德取于稼穑，过此以往，金木水火互为治也。非礼犯顺，强御不共，金火治之；委随虚疏，从习若流，水木治之；顽冥钝迟，处錞善疑，金火治之；阳骄爽中，趾视俱高，水木治之。夫是所谓不德者也。圣人所治则其德也，而犹以从革治弗友，曲直治燮友，炎上治沈潜，润下治高明，故五行之用，圣人无日不以自治也。治己以及于卿士、师尹，而后以及于百姓。金之克木，木之克土，火之克金，水之克火，圣人皆取以自治，而独以平康正直者厚殖稼穑以遗福于天下百世。④

　　黄道周认为圣人师天而行事，根据金木水火之间的互治关系，分界线，明秩序，其处心极虚、极平，取义极精，去利极微，上揆天心，下揆人性，顺应事物之自然与当然，任其自适其性，自遂其命，而不操纵和把

　　①　（明）黄道周：《式士策》，《黄漳浦文集》卷十。
　　②　（明）黄道周：《洪范明义·叙畴章第二》。
　　③　（明）黄道周：《洪范明义·五行章第三》。
　　④　（明）黄道周：《洪范明义·三德章第八》。

持，然后达到治理卿士、师尹，以及于百姓，从而形成人间的伦理秩序。

关于人类社会的形成，黄道周构造了一个与天地生物相应的伦理规范产生的模式，认为人类社会的开端是男女，之后是夫妇、父子，在此基础上再衍化出其他人伦关系和差别，他称："人道之成，先有男女，而后有夫妇，有夫妇而后有父子，有父子而后有君臣、兄弟、朋友、亲戚、上下、贵贱。在天以为常理，在人以为彝伦。"①应该指出一点，黄道周所称的"常理"和"彝伦"，都侧重于一种关系的描述，也就是说，传统儒家以天理来投射人间秩序的时候，亦是把个体看成了一种关系存在，即个体不具有独立性，而是与自然、社会之间的一种动态的模式存在，以模式和关系来决定个体的性质、个体的地位。既然天道都是互相资生、互相依赖的大的动态关系存在，则人类社会亦是如此，个体也是如此。

---

① （明）黄道周：《洪范明义·五行章第三》。

第三章　本体论

生成论探讨了宇宙的起源和演变问题，本体论则追问纷杂现象背后的本质和根本。本体论是关于"有"的学问，"本体"基本内涵为"终极依据"。德国哲学家沃尔夫认为本体论是论述"有"的抽象的、完全普遍的哲学范畴，认为"有"是唯一的、善的，本体论是抽象的形而上学。①在中国传统哲学中，与西方传统哲学本体论相对应的是"道"论。金岳霖先生指出："中国思想中最崇高的概念似乎是道。"②"道"即指宇宙万物之本质、本根。

关于本体的探讨，始于先秦时期。如老子以"道"作为万物的本体，《管子》中《水地篇》提出"水者何也？万物之本原"的水本体主张，《周易》里以"太极"作为化生阴阳和万物的根本，《庄子》中提出"道"是"自本自根"，或者称为"本根"的本体之说。到魏晋时期，本体论以王弼的"贵无"和裴頠的"崇有"为代表而形成两种对立的哲学立场，同时，此时期及其随后的隋唐，佛教亦从本体上论证客观世界的虚幻不真。到宋明阶段，张载提出"气"本体论，二程、朱熹以"理"作为本体，陆九渊及其后来的王守仁以"心"作为本体。可以看出，在历史迁衍中，在本体问题上，中国古代哲学家把天地万物的本根或者本体归结为几种抽象和超越的东西：一、没有固定形体的物质，如"气"；二、抽象的概念或原则，如"无""理"；三、主观精神，如"心"。

黄道周的生成论思想从本体的活动性、创生性角度解释了天地、万物及其人类的生成。他以"气"作为始基，气作为一种无固定形质的质料，

---

① 参见［德］黑格尔《哲学史讲演录》第四卷，贺麟、王太庆译，商务印书馆1978年版，第189—191页。

② 金岳霖：《论道》，商务印书馆1987年版，第16页。

在生克原则下化生宇宙万物。不同于生成论思想所关注的宇宙"由何生成"问题，本体论思想则要解释在这个可感世界背后那个最高的、抽象的、超越的根本，是逻辑上在先的根本，即万物之后的存在，多后面的一，现象后面的本质。黄道周的本体论思想中，他将"太极""此物""性""诚""至善""本心""仁"等哲学概念在不同的语境中分别给予本体的地位。不同于程朱理学的"理本论"和王学的"心本论"，黄道周的本体论思想左右摇摆于两家之间，试图摆脱程朱和王学的影响，这种努力在本体概念上可见一斑。

通观黄道周所存文献，其对本体范畴有多种描述，主要包括以下几个：一、太极，也包括皇极，主要从宇宙自然的角度来预设；二、"此物"，主要从天地万有的普遍性、抽象性、超越性上来谈论；三、性体和心体，主要从万物禀受于天命角度以及从人类本质和道德根源上来谈论；四、仁体，涵括"仁""诚""至善""独"等，主要从道德的角度来统合自然与社会、逻辑与人伦；五、体用，主要从体用不二、动静不分来阐明本体与现象、实体与功用的关系。下面将分述黄道周此五层本体范畴。

第一节 太极

从哲学范畴上讲，"太极"代表了最高本体。《周易·系辞》载："易有太极，是生两仪，两仪生四象，四象生八卦。"孔颖达疏："太极谓天地未分之前，元气混而为一，即是太初、太一也。"认为太极是天地未判之前的元气，是宇宙本原。按太极为元气来讲的话，则属于生成论范围。王弼注《周易·系辞》曰："演天地之数，所赖者五十也。其用四十有九，则其不用一也。不用而用之以通，非数而数之以成，斯《易》之太极也。"王弼所阐释的太极属于本体论。宋以前的儒学中本体论思想相对比较匮乏，道家和佛家的本体论思想则比较丰富。到宋代，周敦颐首先建构了"无极而太极"的本体论，无极为其最高范畴，是宇宙的本体。他将儒、释、道三家都有的"无极""太极"等概念和儒家"仁义礼智"相融合，从而开播出儒学的新生命。同时，他称："五行一阴阳也，阴阳一太极也，太极本无极也。"太极以无极为本，突出了本体论色彩。周敦颐的本体论思想改变了之前儒家思想中生成论与本体论含混不清的状态，同时他的理论中很明显地带有理学开创时期的生成论向本体论转化的痕迹。邵雍提出"心为太极，又曰道为太极"①，从象数学角度来诠释"太极"。他说："先天之学，心也；后天之学，迹也；出入有无死生者，道也。"②邵雍的宇宙结构图示以太极为最高本体，认为先天象数的图式是天地万物生成变化的依据，心是先天，而后天是万物，是源于心，"先天学，心法也，故图皆自中起，万化万事，生乎心也"③。张载认为"太极"在本体论意义上是"一物两体"，称："一物而两体者，其太极之谓欤！阴阳天道，象制成也；刚柔地道，法之效也；仁义人道，性之立也；三才两之，莫不有乾坤之道也。易一物而三才，天地人一。"④他从形而上的层面对天地人进行抽象和概括。在本体论概念上，张载提出"太虚"范畴，称："太虚无形，气之本体；其聚其散；变化之客形尔。"⑤太虚是气的本体，气的聚散变化是太虚这个本体的暂时形态，即"客形"。二程对"太虚"却不很认同，代之以"自家体贴出来"的天理，称："'天理'云者，这一个道理更有甚穷已。不为尧存，不为桀亡。人得之者，故大行不加，穷居不损。这上头来更怎生说的存亡加减？是他原无少欠，百理具备。"⑥二程注重道和阴阳，对太极和阴阳并没做过多的阐发，其弟子杨时从本体论上阐释"太极生两仪"，认为"既有太极，便有上下，有上下便有左右前后，有左右前后四方，便有四维，皆自然之理也"⑦。后朱熹认为，"原'极'之所以得名者，盖取枢极之义。圣人谓之'太极'者，所以指夫天地万物之根也"⑧。太极作为天地万物之最终极根本、本原是"所以明乎道之先未始有物，而实为万物之根柢"⑨。太极不仅为万物之根柢，而且是众理的全体，"总天地万物之理，便是太极"⑩。"太极"成为朱熹哲学思想的一个本体范畴，它普遍、超越且绝对。对于朱熹的太极说，陆九渊

---

①（宋）邵雍：《观物外篇》下之中，《邵雍集》，中华书局2010年版。

②　同上。

③　同上。

④（宋）张载：《横渠易说·说卦》，《张载集》。

⑤（宋）张载：《正蒙·太和篇》，《张载集》。

⑥（宋）程颢、程颐：《二程遗书》，《二程集》。

⑦（宋）黄宗羲：《龟山学案》，《宋元学案》卷二十五，中华书局1986年版。

⑧（宋）朱熹：《答杨子直》，《晦庵先生朱文公文集》卷四十五，《朱子全书》第20册，上海古籍出版社、安徽教育出版社2002年版。

⑨（宋）朱熹：《邵州州学濂溪先生祠记》，《晦庵先生朱文公文集》卷八十。

⑩（宋）朱熹：《朱子语类》卷九十四。

并不赞同。他认为太极就是阴阳，否认太极和阴阳的形上与形下之别。他的"心即理"，其实是以心为太极。

朱陆以后，"太极"作为最高范畴，成为理学家一个普遍认知，但由于对"太极"的不同理解和阐释，则出现了不同的派别：以气为太极的气学派和以心为太极的心学派，尤其到明中期以后，太极即气的学说占了上风。

一 太极的本体地位

黄道周认为太极和阴阳总是一个，将太极和阴阳等观，但在最高本体上，他仍以"太极"作为逻辑上的肇始。在《洪范明义》中，他称："二气之与五行皆本于太极也。"不仅阴阳五行本于太极，人所禀受的性、命亦来自太极，称："天以二气、五行化生万物，形质不齐，因其生克，以为伦叙。而人所受于天者曰命、曰性。性、命之原本于太极，至善不离，至一不二，阴阳五行以是分化。"① 以太极作为性命的根本，其具有至善不离、至一不二的特点，且是阴阳五行分化之根本。黄道周区分了命和性，两者虽不同，但根本无差。他以尧舜禹三代以上和三代以下的人为例，认为尧舜禹时期古人以五常为命，而三代以下以五常为性，虽命、性不同，但都本于太极，称："自三代而下，皆以五常为性，本人而得其体，故有仁义礼智信之名。三代而上，皆以五常为命，本天而得其用，故有雨旸燠寒风之实。稽其渊源，皆根本太极，分布二五，命之曰性，率之曰道，修之曰教，归于至善好德而已。"②

黄道周根据《易传》中六十四卦解释万物之性，认为太极作为万物之性的本体，未分之前是太极，"分后仍是此太极。三百八十四爻，只是两画所变。其不变者，虽四千九十六卦，颠扑离合，依旧圆成"③。黄道周所称的"两画所变"即是阴、阳两者，"其不变者"是具有恒常性的本体，即太极。此和朱熹"理一分殊"的思想相承，朱熹承继周敦颐的思路，认为"盖合而言之，万物统体一太极也；分而言之，一物各具一太极也"④。作为宇宙本体的太极和万物之性之间存在一和多的关系，一是

---

① （明）黄道周：《洪范明义·访箕章第一》。
② 同上。
③ （明）黄道周：《榕坛问业》卷十。
④ （宋）朱熹：《太极图说解》。

多的根本，多是一的体现。作为本体的太极，不仅是万物总体的太极，而且是每一个事物内在所包含的太极，每一物所具有的太极和本体的太极完全相同，黄道周亦称"分后仍是此太极"。同时黄道周也承认特殊性，即他所言的"四千九十六卦"，这种特殊性并不妨碍万物本于太极，"其不变者"是从更高层面上来统合"所变者"。

二 皇极与北极

黄道周亦从皇极、北极的角度来寻找人性的根源，这和他在天文历法方面的自然知识有关，亦和他企图寻找到一个不动的、可见的、可证的终极根据的实证态度有关。

黄道周将《先天图》和《洪范》相贯通，"太极"和"皇极"相等同，他称："以理言之，则本于太极以为皇极。以象言之，则一五行、二五事、三八政、四五纪、五皇极、六三德、七稽疑、八庶征、九五福六极。以数言之，则是乾一、兑二、离三、震四、巽五、坎六、艮七、坤八也。"①

他以皇极为本体，认为皇极皇皇在天，精微中一，为不动之体，为阴阳、五行的根本，是万物之命、性、心的来源。他称："皇皇在上，至精至微，至中至一，凡万物之所谓命、谓性、谓心皆出于此也。自其分布流行合理与气而言之，则为五行，自其运持推移动静不分而言之，则谓皇极。大学之所谓'至善'，中庸之所谓'独'也。"② 黄道周认为，本体的特点是静止不动、为其不动而能为众动之枢，是万物之性、命、心的根据。其就活动性而言，是五行，就其存有性而言，称作"皇极"，亦可以称作"至善""独"。在他看来"皇极""至善""独"为同一物的不同表述。黄道周对"皇极"非常重视，反复强调"皇极"不假庆威、不烦赏怒，是性命之渊源、中和之根柢。

他亦从自然知识角度出发，将"皇极"等同于北极，称："皇极者，乃皇天所建其自有之极，即北极也，二气五行无此北极，不能自立。"③北极在二气五行之上，是阴阳五行的枢要和元运纲纪，是二气五行的根

---

① （明）黄道周：《易象正》卷终上。
② （明）黄道周：《洪范明义·叙畴章第二》。
③ （明）黄道周：《洪范明义·皇极章第七》。

本。也就是说，他将自然界的北极看成了天道根据和终极依据。

黄道周将自然界的北极等同于"皇极"、根本，原因是他认为在星辰之中，北极静止不动，是天枢，"天度中分九十有一，北极出地三十六度，余五十五度，在北极之前，所谓天地之福图也。五十五度中割二十四度为夏至，前后日道余三十有一，并于天中，三十六度得六十有七，天地之中数也。天以此道立性造命锡福群生，北极不动，临之于上，以德敛福"①。他亦比拟称："万物之生，如星丽天，虽有好恶，或风或雨，至于天气清明，熏炎消灭，平旦北极，灿于天中，纤毫不动，谁敢挠之，又谁敢于之？"②

无论是太极、北极还是"皇极"，黄道周认为本体是恒一而不变的，他称："五行之生，生于皇极，犹爻象之兴，本于太极也。两极之道，贞一而已。"③他将现象背后的绝对本体统之于"极"，认为"极"是至，是根本，他称："极者，至也，止也。大学曰'止至善'，中庸曰'无声无臭至矣'。"④"极者，天道之所会归也。"⑤"凡象之赜，极止于是，自是而外无象也。……凡数之赜，极止于是，自是而外无数也。"⑥不仅如此，就人来讲，"人以极为性，以日为命"⑦；就万物来讲，"万物之性贞于极"⑧。看来他认为包括人在内的六合之内的存有都以"极"为终极根据。"极"作为绝对至善的本体，从宇宙生成论角度而言，是一元生生之气，从本体角度而言，是一气之生生之道，黄道周将一元生生之气和生生之道统一起来，来探究万象背后的根本以及人道的终极价值依托，突出了本体的客观性和超越性。

第二节 "此物"

黄道周从万物的普遍性角度，提出"此物"这个特殊的概念，并在

---

① （明）黄道周：《洪范明义·皇极章第七》。
② 同上。
③ （明）黄道周：《易象正·咸恒》。
④ 同上。
⑤ 同上。
⑥ （明）黄道周：《易象正》卷终上。
⑦ （明）黄道周：《宓图经》下，《三易洞玑》。
⑧ （明）黄道周：《孔图经》上，《三易洞玑》。

对门人的讲业中多次使用此概念来作为本体。

《榕坛问业》开首录云：

> 甲戌五月十有六日，榕坛诸友会于芝山之正学堂，坐定发端便以格物致知物格知至为第一要义，云：此义明时，虽仲尼子渊，坐晤非远；此义不明，虽祖朱祢陆，到底不亲，诸贤寂然……千古圣贤学问只是致知。此知字只是知止。试问止字的是何物？象山诸家说向空去，从不闻空中有个止宿。考亭诸家说逐物去，从不见即事即物止宿得来。此止字只是至善。至善说不得物，毕竟在人身中；继天成性，包裹天下，共明共新，不说物不得。此物粹精，周流时乘。在吾身中，独觉独知，是心是意；在吾身对照过，共觉共知，是国家天下。世人只于此处不明，看得吾身内外有几种事物，着有着无，愈去愈远。圣人看得世上只是一物，极明极亲，无一毫障碍，以此心意澈地光明，才有动处，更无邪曲，如日月一般，故曰明明德于天下。学问到此处，天地皇王，都于此处受名受象，不消走作，亦更无复走作那移去处，故谓之止。自宇宙内外，有形有声至声臭断处，都是此物贯澈。如南北极，作定盘针，不由人安排得住。继之成之，诚之明之，择之执之，都是此物。指明出来，则直曰性；细贴出来，则为心、为意、为才、为情。从未有此物不明，可经理世界，可通透照耀。说此话寻常，此物竟无着落。试问诸贤，国家天下与吾一身可是一物？可是两物？又问吾身有心有意有知，梦觉形神可是一物两物？自然龃龉摸索未明，只此是万物同原推格不透处。格得透时，麟凤虫鱼，一齐拜舞；格不透时，四面墙壁，无处藏身。此是古今第一本义，舍是本义，更无要说，亦更不消读书做文章也。[1]

又称："此物是有本的物，即此物是不迁的止，即此物是先天独存，不落后着。"[2] 黄道周将"此物"作为一个特殊的哲学本体概念，"此物"作为现象世界背后的终极根本统筹万物，涵括心意才情、家国天下，具有普遍义、超越义。黄道周从不同的层面来解释"此物"的性质。

---

[1] （明）黄道周：《榕坛问业》卷一。
[2] 同上。

一 客体与主体的统一

黄道周认为"此物"是客观性和主观性的统一。从其内化角度来看，"此物"内存于个体之中，是"至善"，是心、意、才、情，是精神性的体现，且就其精神知觉而言，涵括了个体的独知独觉和群体的共知共觉，具有主观性的特点；从其外化的角度而言，"此物"表现为身、家国、天下，是物质性的体现，具有客观性的特点，同时其客观性特点亦表现在"此物"是贯穿宇宙上下的法则和规律，支配和主宰着有形、无形世界，不由得人安排和控制。在人类社会层面上，人的道德行为也是在其支配之下发动，人"继之成之，诚之明之，择之执之，都是此物"，围绕着实现"此物"而活动。可以看出，黄道周以"此物"作为本体，用它来统摄心意才情（主观）和家国天下（客观）两面，以期实现两者的统合。

在《榕坛问业》中，黄道周多次对"此物"的双重性质进行阐述，他称：

> 须知尔身的有自来，又知尔心的有自受，止涵万物，动发万知。涵盖之间，若无此物，日月星光，一齐坠落。譬如泓水仰照碧落，上面亦有星光，下面亦有星光，照尔眼中，亦有星光，若无此心，伊谁别察？又如璇台四临旷野，中置安床，日起，此亦不起，月落，此亦不落，汉转斗回，此不转回，依然自在。打破大地二万一千里，这个心血正在中间为他发光、浮在地面，要与山川动植、日月星辰思量正法也。[1]

黄道周认为，就人来讲，身有来处，心有受处，来之处和受之处即是"此物"。作为本体，此物"止涵万物，动发万知"，止与动相对，此处作为静讲，指"此物"静时蕴含万物之理，其动时则落到主体性上，能够做出价值判断，此"知"指价值判断的能力。"此物"涵盖充周，是天地的本体，也是天地万象之后的根据。前面提到，黄道周的"此物"融摄了客观性和主体性。在这里，黄道周亦从这两个方面来讲"此物"。第一，"此物"的客观性特点表现为天地万物都是"此物"贯穿，是万物背

---

[1] （明）黄道周：《榕坛问业》卷十七。

后的存在，因此，如没"此物"，日月星光都要坠落。他又以旷野中的璇台上的一床为例，虽日升月落，汉转斗回，床并不随着变动。此不动之床，即是喻本体的性质，是本体的静止、恒性的表征。第二，就主观性而言，他举例说，如夜空中的星辰和一池泓水，星辰自行发光，而星光也落在泓水上，人去看星辰，星光亦落到人眼中，若没有"此心"，则不能别察星辰本身之光、泓水映照之光和入眼之光。黄道周肯定心的能动作用，肯定人心对外界客观世界的认识能力和思考能力。他又将"此心"称为"这个心血"，继续论述本体样态之心，即"这个心血"承接天地，贯穿天地，使碧落发光，使床能够停在地面，使宇宙间的山川、动物、植物、日月、星辰能够各循其道、各正其命，此是心之自觉。可以看出黄道周合客观的普遍性原则和能动的主体性精神为一来说明"此物"的双重性质。

"此物"兼有客体性、主体性，黄道周称："同是此物，自天为命，自人为率，自圣为修。修之与为，为之与学，同是此事。看是文章，便作文章；看是性道，便作性道。"① 在黄道周眼里，"此物"是"万物同原"的"原"，是本体，是天道，是所以然。即使"此物"的客观义非常鲜明，但最终黄道周将"此物"落到了主观面的心性上，称"此物"可以直接说是"性"，如果具体而论，则可以称为心、意、才、情，将"此物"归落于主观性样态层面。

黄道周认为，以性、心、意、才、情等主观性的样态为主的"此物"具有认识和实践的优先性。在认识论上，他称体认到"此物"，则知道日月星辰、山川树木、飞禽走兽、人类都没有分别。针对当时人们纷纷议论朱陆异同之举，黄道周批评说，"都是胸中有物不透，看得东西大小白黑耳"②，若将"此物"格透，则晓得朱陆一家。他认为人们之所以看物物有别，人物有别，皆是对"此物"没有格透，称："今日只管看得此物透与不透。如透者，宓羲神农与今日天下了无分别；如不透者，呼韩稽首，屠耆接踵，犹是隋朝世界，天下未平也。"③ 落到实践层面上，黄道周称不明"此物"则不能经纶世界，拘泥于事物的特殊性上，达不到通透照耀的境界。

---

① （明）黄道周：《榕坛问业》卷三。
② 同上书，卷一。
③ 同上。

二 普遍性

黄道周认为"此物"具有普遍性。他称"此物"周流时乘，天地万物离不开"此物"，且其不受空间和时间的限制，"自宇宙内外，有形有声至声臭断处，都是此物贯彻"。"此物"具有普遍性，所以能统合形而上的本体世界和形而下的现实世界，使得六合内外处于和谐统一的状态。也正是基于"此物"的普遍性，黄道周称："看世间，何者不是性命天道？"[1] 黄道周亦指出，人们如果体认和体悟到"此物"，立足于"此物"来看人身、心性与家国、天下，它们之间的外在差异就会泯然消失而成为一物。"此物"在更深层次上取消了内外之别、物我之差，使得客观世界与主观世界、形而下世界与形而上世界、道与器贯通为一体，即黄道周所称的"万物同原"。本体论上的"万物同原"，此"原"即是"此物"，是万物的根本和所以然。

黄道周强调"万物同原"，注重纷杂繁乱现象后面的本质，寻找现象之后的一致性和同一性所在，这种倾向表现在他认为家国天下、吾人之身是一物，心意知梦觉形神亦是一物，如果认为万物不是一物，则是未能明了"万物同原"之故，人若格透"此物"，则与万物同体而一齐拜舞，无内外之别，无物我对峙。

值得注意的是，黄道周所称的"万物同原"或者"万物一体"，并不是在客观性上抹杀万物形体和属性的特殊性，而是要求从更高的层面来认识万物的根本属性，摒弃耳目认识的狭隘性，要从大的视角来看待万物，认识到万物的共性，他称："认得此物，天下何物分别？"[2] 通透此物则知道万物同原，万物在本质、根源上没有区别。没有差别，亦消弭了主客体的界限。他称："巨灵壁上亦是此掌，五指峰头别无岱华。渐次看去，都作琉璃；突兀当前，止成芥草。且看一物有根有节，便知万象无我无它。"[3] 体认到"此物"，则物我无隔，互通不塞，化而不滞。

立足于普遍性特点，黄道周对"此物"并不做绝对的限定，他称："此物，说心亦得，说性亦得，说气亦得。"[4] 他认为，作为一个本体，可

---

[1] （明）黄道周：《榕坛问业》卷十一。

[2] 同上书，卷一。

[3] （明）黄道周：《格物证》，《黄漳浦集》卷三十。

[4] （明）黄道周：《榕坛问业》卷十二。

以说是心，可以说是性，也可以说是气，可以看出，黄道周已经意识到，所谓不同的本体范畴只是对同一个外在世界的根源做了不同角度的抽象而已，可以说是异名同实，其在本质上都是统一的。因此黄道周认为"此物"与其他本体范畴是可以等同、替代的。当然，"此物"本身作为本体，本不可以言说，只是强说而已，所以，"此物"的概念本身具有开放性。

三　"此物"与刘宗周"物"概念的比较

与黄道周同时期的刘宗周对"物"的解释让学者颇为费神，刘宗周称："合心意知物，乃见此心之全体，更合身与家国天下，乃见心之全量"①，"心中有意，意中有知，知中有物，物有身与家国天下，是心之无尽藏处"②。联系黄道周对"此物"的描述，两者在形而上层面有非常大的相似之处。因此，笔者试图将刘宗周之"物"和黄道周之"物"在形而上层面做一个比较，简析两人对"物"理解上的异同。

黄道周言"此物"，是就本体意涵而来，"此物"涵摄心、意、知、物、身、家国天下，"此物"作为本体，网罗万象，所以从根本上讲，"此物"总涵万物，万物统于"一物"，他称："形色之与天性，文章之与性道，总是一物"③，"天下只是一物，更无两物，日月、四时、鬼神、天地，亦只是一物，更无两物"④。"只此一物，通透万物"⑤。

刘宗周从心体上言"物"，东方朔认为，刘宗周的"物"指的是《中庸》中所称的"不诚无物"的"物"，是以诚为前提的"物"，此"物"为即中即和，具有参赞化育的能力。笔者认为，刘宗周此处言"物"，已经超越了具体形态的客体和特殊之物，而成为一本体的表义，具有本体的性质，因此刘宗周称此物即是心，"总之，一心耳，……以其精明之地有善无恶，归之于至善谓之物"⑥。此至善即是物，即是本体。作为本体之表征的"物"，自然是无待的，所以刘宗周称："物无体，又即天下国家

---

① （明）刘宗周：《学言》中，《刘子全书》卷十一，清道光甲申刻本。
② 同上。
③ （明）黄道周：《格物证》，《黄漳浦集》卷三十。
④ （明）黄道周：《榕坛问业》卷十七。
⑤ 同上。
⑥ （明）刘宗周：《书上·答叶润山四》，《刘子全书》卷十九。

身心意知以为体，是之谓体用一源，显微无间。"①

黄道周和刘宗周不同之处在于，刘宗周将身、家、国、天下虽然看成"物"，但此"物"是就心体而言，或者说，"家、国、天下之理解依刘蕺山思路不可认作是一外界的客观存在物，必须换做是从一心普现上说"②。相对立的，黄道周承认家、国、天下的实然性，认为它们是客观存在的，是"此物"的散发和流贯，是一本万殊的体现。黄道周肯定"物"的客观存在，从这个立场出发，他批评了佛老对物的看法，他称："《中庸》都说有物，佛家极要说无物……此是玄黄之判然。"③ 儒家肯定物，肯定客观世界的存在，而佛家则否定物，将客观世界归于虚妄。对于世界所持有的态度不同，也决定两家之行为上的差异，黄道周认为，因为儒家是肯定世界的存在，所以在认识世界上，物是知的对象，通过格物致知，而达到对天德天道的体悟，如果否定物，则知亦失去了来源，对天德天命的体悟也无从谈起，他称："（夫子）异日无端特呼子路云：'由，知德者鲜矣！'彼知字若是无物，则此德字亦是无知了。此处参透，于本始工夫定无疑误。"④ 又称："如说德性无物，便使学问无事。"⑤ 他不仅认为客观事物是物，亦认为精神性的存在如德性也是物，这和前章所论述的他对"物"的看法是一致的。

第三节　性体、心体与仁体

就性体而言，有两种意义：一是指宇宙间万有所具备的共同根据，此根据是日月山川、飞禽走兽、春草夏木以及人自身存在和变化的根据，是"一本"之性；二是指不同种类的存在所具备的特殊之性，此特性强调一物或者一类之所以成为自身而不同于其他物类的根据，是"万殊"之性。黄道周在论述性体时，两种含义的性体兼而有之。

从论性的渊源来看，黄道周论性仍然继承的是《中庸》中所谓的

① （明）刘宗周：《学言》上，《刘子全书》卷十。
② 东方朔：《刘蕺山哲学研究》，第258页。
③ （明）黄道周：《榕坛问业》卷一。
④ 同上。
⑤ 同上。

"天命之谓性"，强调"性自天命"①"性是天命"②，即天命天道流行于万物和人而成为物、人之性。就论万物之性而言，黄道周着眼于普遍之性，万物共有的，即"此物"；就论人性而言，他反对"生之谓性"，强调"继之者善，成之者性"，重视的是人将秉受的天命之性扩充、彰显而出来的性。

一　性体

性体上承天命，大不可范围，下达万物，细小泯然于隐微，所以黄道周称："性体语大，大于天地；语细，细于针芒。长如豆芽，消如雪片。"③可见，性体的突出特点为客观而普遍、超越而自存。

（一）万物之性

就万物之性体而言，黄道周更多从万物禀受天命的角度，强调万物的共性，他称：

> 善是万物所得以生，性是万物所得以成。猿静狙躁，猫义鼠贪，鹿直羔驯，雁序雉介，此皆是质上事，不关性事。如性者，自是伊得以生，伊得以成，入水入林，能飞能跃的道理，此是天地主张，不关品汇，能尽得天地主张道理，何患万物陶铸不成？④

又称：

> 形象不同，性有何别？孟子以色白差等，只是辟生之为说耳。龙蛇自放于菹，虎豹自归于泽，木竹自宜弧矢，牛马自解服乘。此极易晓也，所难晓者，只是不睹之睹，无闻之闻，有形有声，惊天动地，此处一物未能别察，切勿学人絮絮叨叨。⑤

黄道周认为，万物所具有的外在特点和能力不同，这些差异并不是其

---

① （明）黄道周：《榕坛问业》卷十一。
② 同上书，卷十。
③ 同上书，卷十二。
④ 同上书，卷十。
⑤ 同上。

性，而是其质。就性而言，则是万物生、成的根据以及使其能够表现为外在特点的道理和根据，这个道理和根据才是性，是天地的主张，即天命所赋予的先验之性。这个先验之性是共同的、无差的。

这个先验之性，就万物而言，是形成之初就已经确定的、保持不变的，是恒常的特性、属性、趋势或者本质。由于万物所禀受的性体不会发生变化，所以无论是有生命的还是无生命的物体，万物的内在的本质都是同一的。与此相对，人性则不同，虽然其生之初与万物无差，但是，就其展开和成性而言，是不确定的，是动态的。

（二）人之性

性体从天命上讲，不仅物性、人性在禀受上无差，就常人和圣人之间，亦是一样。黄道周称："论性则天地、圣人与人都是一般。"① 圣人和普通人所禀受的"性"是相同无差的，此时的"性"是一种先天的、赋予的且命定的内在禀赋，所以，在性、命之初，常人和圣人是一样的。

前面提到，物之性终其一生是确定的、不变的，而人之性则充满了不确定性，是变化的，这种动态的原因有二：一、作为一个个体，人终其一生不是一个静态的存在，从呱呱坠地开始的一刻，人就开始了做人和成人的动态过程；二、对于人之"性"的界定和考察，总是把个体放在社会错综复杂的关系之中，并且要求个体与周围各种环境保持一种开放的、互相协调的关系，在这种动态发展的关系中要求个体不断地保养和扩充"性端"，最后使其得以完成，得以彰显。也正是人类所具有的保养、扩充的主体性，由此而见物之性和人之性的差别。黄道周称：

> 凡物有性有情有命，好生恶死是万物之情，方生方死是万物之命。或得偏而生，或得偏而死，是万物之性。虎豹之有慈仁，蜂蚁之有礼义，鱼鳖、草木之有信智，具种种性，与人一般，只是包罗充扩，全藉吾人。《大壮》说天地之情，《无妄》说万物之性。天地乘时，无一非礼之动；万物纯质，无一诈伪之萌。人能尽此两端，便是参赞手段。②

---

① （明）黄道周：《榕坛问业》卷十一。
② 同上。

黄道周论人性,是和物之性对照而谈的。他认为,性作为本体,万物和人都是一样的,但是,作为本有、先天的性,在虎豹、蜂蚁、鱼鳖、草木那里只是命定存有而已,只是一种潜存状态,但是在人这里,不仅存有性,而且能将性彰显出来,"包罗充扩,全藉吾人",这种彰显是人努力和展开的方向。

就人性而言,人性中禀受的固有的"性"只是"端",只是一种成长、存养和成熟的条件,一个不能怀疑的预设,一种先验的结构,而存养、扩充此先天之"端"是人成其性的努力,是实现其性的过程,此过程是开放的、灵活的、不确定的,因而从人的角度来讲,性体本身亦是无限的、开放的。因为具有无限性和开放性,所以性体能够不断地包罗充扩,无限扩展,无限充实。因此,物和人所禀赋的天命无差,而能否将所赋之性展开则有差,人能够"包罗扩充",而物则不能。物只是潜存,而人则能通过"尽心"将其彰显、展露出来,或者成性。而人最后所完成的性,或者说"最好的'性',是那种能够最大化地实现其可能性、保持其自身完整性,并同时最大程度上实现这种完整性的东西"①。这种"性"亦是人参赞天地的途径。

黄道周所称的"包罗充扩"与程颢所言的"能推"有异曲同工之妙。关于人与物之别,程颢称:"人则能推,物则气昏推不得。"②认为人物之"别"在于"人能推"而物却不能推。在肯定人的主动性、能动性和自觉性方面,黄道周与程颢观点一致,关注人的道德自觉,并能将此道德意识扩充、推行并包罗于万物。也就是说,人物虽然在受命之初平等无差,但是人却具有道德意识,能够自觉地将此意识转化为现实关怀,从而成为囊括且充盈天地的悲悯情怀,此亦是孔子所称的"人能弘道,非道弘人"的转语。

(三) 特殊之性

在谈论万物之性上,黄道周亦分析了万物所禀受天命具有的特殊之性,即一物不同于他物的本质规定。他认为,万物之情表现为好生恶死,万物之命则为方生方死,万物之性则是或得偏而生,或得偏而死。"偏

---

① 〔美〕安乐哲:《自我的圆成:中西互镜下的古典儒学与道家》,彭国翔编译,河北人民出版社 2006 年版,第 301 页。

② (宋) 程颢、程颐:《河南程氏遗书》卷二上,《二程集》。

生"与"偏死"可以用来解释万物的差异性所在。黄道周认为，万物之所以呈现殊相在于其得"偏"不同，虎豹有慈仁，蜂蚁有礼义，鱼鳖、草木有信智。笔者认为黄道周所谓的"偏"即是万物所禀受的五行的差异，他称："天生五行，各自为禀，一水二火三木四金，虽相连类，意义不同。"①

关于"偏"，程颢亦有类似的提法，在此做一简单的分析。程颢称："人与物，但气有偏正耳。"② 程颢认为人、物虽然禀受的天理天命一致，但是他引进气质之性来说明人物之差，认为人物之差异是流行之气的偏正造成的，所以形色不同，本性也不同。黄道周虽然没有明确指出"偏"是怎么得来的，但结合他在性体问题上的性善一元论主张，反对以气质论性，所以"偏"的解释，应该和程颢所持有的气禀说的解释不同。但是分析黄道周的有关论述，在解释物性的多样性和差异性上，他又引进了"气"来说明先天的不同，体现了在解释上的矛盾之处。

二 心体

孟子提出仁义礼智是"心"所固有的，"君子所性，仁义礼智根于心"③。又称："恻隐之心，人皆有之；羞恶之心，人皆有之；恭敬之心，人皆有之；是非之心，人皆有之。恻隐之心，仁也；羞恶之心，义也；恭敬之心，礼也；是非之心，智也。仁义礼智非由外铄我也，我固有之也，弗思耳矣。"④孟子从道德原则角度来规定心，确立道德原则的主体性。陆九渊承续孟子的"本心"之说，提出"心即理"的哲学命题，称："人皆有是心，心皆具是理，心即理也。"⑤他以"心"为最高范畴，把其作为道德本体和宇宙本体，具有超越性、普遍性和绝对性。"人同此心，心同此理"，个体之心超越而成为本体之心，人内在的道德理性成为终极依据，成为本原。王阳明顺着陆九渊的心学理路，以"心"为宇宙万物的本体。"心即理也，此心是无私欲之蔽，即是天理，不须外面添一份。"⑥作为心

---

① （明）黄道周：《洪范明义·皇极章第七》。
② （宋）程颢、程颐：《河南程氏遗书》卷一，《二程集》。
③ 《孟子·尽心上》。
④ 《孟子·告子上》。
⑤ （宋）陆九渊：《与李宰书》，《陆九渊集》卷十一。
⑥ （明）王阳明：《传习录》上。

体是自给自足的，且圆满完善。他认为心体即是天道："其在于天谓之命，其赋予人谓之性，其主于身谓之心。心也，性也，命也，一也。"①王阳明认为，天道为命、性的来源，但性不能脱离主体而存在，表现为性体内化为人的道德理性之后，成为心体，转而主宰天地。他把程朱理学高悬在外的"理"拉回到人心中，把个体从被动服从的角色转化为自我主宰者。到阳明后学，其把个体的自然属性、情感欲望提升为本体存在，这种过分主体化的趋势引起了晚明时期玄荡、放纵以及空疏之风的滋生。鉴于此，黄道周认同阳明心学对于主体性和个体性的肯定，但是对于其过度推拓的一面则持反对意见，主张以性体来收束心体。

（一）心体是天道

黄道周认为天道、心体同一，称："《大学》直指心体，《中庸》才说圣功。心体自是天道，雷电破山，与碧落何涉；圣功自是人道，迅雷风烈，亦要变动一番。中人所患，不见心体，常被事物惊怪；贤人所患，不见功夫，便落无忌惮里去。"②又称："千古圣贤俱就本心为天下立身立命，舍此寸心，天下身命俱无安顿处，圣贤自家亦无处下手。"③天道、天理是实体，而心体、本心则是道德性的天心，是天道流行于人而得的本体，天道、心体自然同一，"天下之称主人者，惟心而已，心被于天下，则天下皆主也，游于天下则天下皆旅也"④。因此，心体具有主观性，同时亦有客观性和绝对性。

黄道周肯定心体收摄天地万物，称："至人读易，洗心于密。于密者何？谓吾心室，万物皆备。"⑤既然万物皆备于我，则知性、知命通过尽心就可以达到，他称："凡说性命，只要尽心者，不欺本心，事事物物，当空照过，撞破琉璃，与天同道，四围万里，不见浮云。"⑥"尽心"即是尽其本心，尽其仁义礼智之心，然后能够实现其性其命，从而与天同道。

（二）由心见性、以心著性

关于性体和心体的关系，黄道周认为，性体和心体是互相规定的，就

---

① （明）王阳明：《稽山书院尊经阁记》，《王阳明全集》卷七。
② （明）黄道周：《榕坛问业》卷十二。
③ 同上书，卷十五。
④ （明）黄道周：《易象正·震艮》。
⑤ （明）黄道周：《密洗庐铭》，《黄漳浦集》卷二十八。
⑥ （明）黄道周：《榕坛问业》卷十七。

性体而言，强调本体的客观超越之特点，就心体而言，着眼于主体的自觉性，两个方面双向展开，后合而为一，这样心性的圆融、互证完成了本体活动性与普遍必然性的统一。

在对门人的一段讲业中，黄道周解释了心体和性体之间的关系。

> 王丰功云：“未发以前，性在天地之心；已发以后，性在万物身上。自家胸中有何生成、安顿天地万物去处？”
>
> 某云：“未发前，性亦不落天地；已发后，性亦不落万物。只是自家看得天地缺陷，万物颠踣，便惕然如坠性伤生一样，此是我自家继成本色。”
>
> 丰功云：“如此则是心也，云何是性？”
>
> 某云：“若无心，如何认得性出？”①

其门人弟子认为就性而言，性在未发和已发之后有不同的落处，未发之性在天地，已发之性在万物，且性的客观性与人之心体的主观性无法融合到一起。黄道周否定以未发和已发来判断性，认为性作为本体，就是天命，天命无所谓落与不落，以落处来限制性，就限制了性的周流时乘的活动性，减弱了性的超越性。正因为黄道周认为性体具有超越意义，所以从本体上讲，他更着重于本体静态、超越的特征。性体是客观的、超越的、抽象的，同时，“天命之谓性”的性体又不能空空而滞，需要表现、需要彰明、需要扩充、需要包罗，这就需要借助心体来实现性体之完成。黄道周在指明性体的客观性之后，便提拎出心体，称由于“自家看得”天地万物有缺陷、有颠踣之苦，便惕然感觉到坠性伤生之悲，所以要继天之善，成物、成己、成性，此时的外在客观世界已经加上了主体的主观色彩。黄道周并不否认客观世界的存有，但他强调人的本心对客观世界存有所具备的能动性一面，性固然重要，但只有通过“心”才能体现，这个心体就是主观性原则，是自己的继成本色，也是“自家看得”的根本。

虽然两者进路不同，但性体需要借助心体来彰显，心体需要性体来树立起客观之面，最后两者统合为一，所以当门人问：“性得天地之始，不假思虑，才会中和，如心动便着物，便费操存，犹之分画，便有阴阳，如

---

① （明）黄道周：《榕坛问业》卷十。

何更以太极陶铸万象?"① 其门人认为心是形而下，不能与性体并提，形而下之物不能陶铸形而上之根本，黄道周解释道，就本体而言，"心自包含太极，性是爻象全图"②。就心和性关系来看，黄道周认为，心自包含太极，性是爻象全图，就已经指点出心性一致性的层面。心包含太极，太极是至善的，至善就是心之体。"心自包涵太极"，此处的"心"就是本心，是心体，心体中包含的太极即是心之体。在另一段文献中，黄道周即明确指出，"既晓得身是六爻，自然信得心是太极"③，可以呼应此阐释内容。黄道周以太极来喻心，以爻象全图来喻性，心体是就人而言，作为人之为人的根据，即是太极样态，是初始之端；性体是就万物存有而言，从普遍性和必然性上来看，自然是爻象全图，表现为囊括充盈万象之理。

黄道周承认性体客观自存，性体为"爻象全图"，备存万物，但是它必须借助心体才能体现，心体的能动性表现为能照万物，以心著性，以心明性。他强调心体，强调道德主体的自觉性、能动性和创造性，在此基础上，最后用"此物"统合性体和心体，亦显示了"此物"的客观性和主观性的统一，他称："性之与天皆备万物，不着一物；心之与日，不着一物，乃照万物。只此两物，原无二物；知此一事，更无他知。吾四十年读书，只晓得此物，任举一一，以俟来贤。"④ 可以看出，在本体问题上，黄道周的思想明显地呈现出试图统合程朱理学和陆王心学的趋势，他的本体既不失程朱理学的性天之尊，又蕴含了陆王心学的主体性原则，综合二者为一，性体通过心体的自觉而呈现和实现，心体通过性体而确立起其超拔的客观性。

如前面所言，黄道周对"此物"的规定终归于主观性样态层面，就心体而言，黄道周亦显示出偏向，虽然他一直在肯定性体的客观性，但是他亦不使心体的主观性得到减弱。他称："圣人以天地观身，以事业观天地作用，看宇宙间万物四时，只是两部《诗》《春秋》耳。凡世间有形象者，都是吾身文字；有文字者，都是吾身文字注脚，过此以往，总是鱼鸟事业。"⑤ 黄道周把宇宙间芸芸万物、春秋冬夏四时轮换都归结到《诗》

---

① （明）黄道周:《榕坛问业》卷十。
② 同上。
③ 同上书，卷十二。
④ 同上。
⑤ 同上书，卷十四。

《春秋》上，从而推出，世间有形有象的客观存在者都是为"吾身"而存，亦将天地万物内化成为一种主观性的存在，即"吾身文字"。那些本来是精神性存在的"文字"则成为注脚。黄道周将天地万物统统收摄到自己内心，成为一种主观精神性的存在。当然，黄道周并不是取消万物存有及其变化的客观性，而是强调人类对客观存有世界的解释和判断，是从其赋予客观存有的价值和意义层面来讲。没有客观世界，就没有"吾身文字"，"吾身文字"是人类对客观世界做出的意义和价值的解释和说明。没有"吾身文字"，没有人的参赞，虽然客观世界花鸟虫鱼依旧存在，但只是鱼鸟事业，没有价值和道德意义，只是自然、物理的存在。

（三）身心关系

就传统儒家来讲，身和心这一对范畴既统一又对立，统一性一面表现在，从本源上讲，身心是统一且同一的，道德理性是它的本体，无论是孟子的"本心"还是王阳明的"良知"。就对立性来讲，人们在现实世界中容易受到外物的牵引而放逸其心，亦从"躯壳上起念"①，从而导致身心分离和对立。人要通过身心的调整，才能恢复心的本来面目。

关于身，需要厘清一下身的内涵，这样解释黄道周关于身心关系上的观点才能更为清晰。身，当身体讲时，侧重于自然形体，包括感官与四体；从身与心相分上而言，身是心的居所；从身心作用上讲，身是心的官能，心是身的主宰，没有身，心就无法作用。

在身心关系上，黄道周认为："人心本虚，才一着物，便不得其正，不正便不在，不在时，虽视听饮食，亦不复知。即云知，视听饮食，亦说不得心在，心在亦说不得心正。然则心中即无忿懥恐惧好乐忧患，亦难说心正。"②心体本虚，不着一物，由于受到外物的牵引和遮蔽而出现不正，不正则失去了心的本来面目。在《榕坛问业》中载：

大家问："如何是此心真正面目？"

某云："譬如日光晃晃陀陀，为云影所蔽，漏出光隙射于岩阿，或着雾雨，即成虹霓，岂是日光正面？……身心原无两物，着物便是妄意。意之与识，识之与情，情之与欲，此数者附身而起，误认为

---

① （明）王阳明：《传习录》上，《王阳明全集》卷一。
② （明）黄道周：《榕坛问业》卷十二。

心，则心无正面，亦无正位，都为意识情欲诱向外去。……如晓得忿懥、恐惧、好乐、忧患，俱是物感，从身而起，不从心生，则定静中间自然安虑。人到安虑始识此心真正面目。"①

黄道周以日光喻心，认为如日光被云影遮蔽后所散漏的光线而形成的雾雨虹霓不是日光，个体被外在的感性欲望所诱惑和牵引而产生的意识情欲亦不是本心的表达。虽然身心不是二物，但由于身容易受到外界的影响，"耳目之官不思，而蔽于物。物交物，则引之而已矣"②。身"交物""着物"而产生意识情欲等妄意，从而使身心产生离析和对立。意识情欲从身而起，不仅使得身心分离，亦使得心被蒙蔽而失去正位，失去本来面目，个体从而不能达到定静安虑的境界。只有摆脱"物"及其所引起的情欲的干扰，达到定静安虑的状态才能体认到本心，才能认识到心的真正面目。

黄道周认为，作为心体，与身密切相关，所以人们容易心随身动，从而误身为心。其门人期生称"凡诸忿惧忧乐皆生于四体，不生于心"③。他肯定称："期生看得分明。多惧多凶，皆生腰脊之际；或颠或蹶，皆在本末之间。只是误身为心，遂使六爻变动。"④ 他称："晓得身是六爻，自然信得心是太极。"⑤ 作为心体，不为外物所牵引，他称："如论正体，寤梦相循，始信此心依然不动。"⑥ 因此作为本体的心，具有超然义。

黄道周认为心"是真实端正之心"⑦，是"真心"⑧，是心体，是实体。立足于此，他批评佛家征心求心，但只说到意识情欲等心边之物，只在破除意的执着与虚妄，"外道七处征心，只说得意边诸路，未曾就心中看得入夷出晋，赫赫如常"⑨，批评佛家"体"上不察，未看到道德意识中的天理、实理"辉辉赫赫"，具有恒常性。

---

① （明）黄道周：《榕坛问业》卷十二。
② 《孟子·告子上》。
③ （明）黄道周：《榕坛问业》卷十二。
④ 同上。
⑤ 同上。
⑥ 同上。
⑦ 同上。
⑧ 同上。
⑨ 同上。

《榕坛问业》卷十二载：

> 柯威公又问："释家于心性一路辨之极明，所以差处，只是致用不同，吾门却说他体亦不察，何也？"
>
> 某云："何处是他察别？"
>
> 威公云："世尊告阿难汝心汝身暨山河大地，皆圆妙明，此处是他别察。"
>
> 某云："既圆妙明，定是何物？如是汝心，不应另有圆妙明者；如非汝心，此圆妙明，又立何处，以照汝身？大地山河，皆成影说。吾门于此要实体认，积精所生，积精所成，出晋入夷，辉辉赫赫，如有一毫虚假，便与鸟卵同下。"

在身心作用上，虽然四肢妄感，能坏本心，但黄道周也看到身心相联系的一面，他称："随身所处，各有中位，中位不移，本末内外，自然恰好。内为贞卦，外为悔卦。贞悔刚柔，心宅其中。"① 又称："心托于身，犹旅之载道也。存则居焉，过则去焉。"②肯定身是心的居所。但他更强调心对身的主宰，称："无心那得有身？偃师幻人，依然束草，寻常疲顿，百体如尸。譬如睡卧之时，闻呼便醒，岂有启衾敛足，能令心事神明？"③

既然身心同一却又存在对立关系，黄道周强调要从"心"起，不要从"身"起来体认本心，"如从心起则是要着，如从身起则是后着也。知见觉闻皆从心起，情欲畏恶皆从身起。人从此处看不分明，所以颠倒；如看得分明，则腑脏官骸个个是性光所摄。"④ 又称："人从身上求心，如向国中觅主，终为权贵所乱。从心上求身，如坐王位觅国，只觉殿宇随身。忿懥等项，所不得其正者，只是从身觅心，修简不上；戒慎恐惧，所能得其正者，只是从心觅身，隐显分明也。"⑤ 黄道周认为，从身上求心，不仅得不到本心，而且容易被忿懥、恐惧、好乐、忧患等妄意所遮蔽，如他所称的"为权贵所乱"；相反，从本心上求身，则心有主而一，戒慎恐

---

① （明）黄道周：《榕坛问业》卷十二。
② （明）黄道周：《易象正·震艮》。
③ （明）黄道周：《榕坛问业》卷十二。
④ 同上。
⑤ 同上。

惧，万物皆备而诚，如他所称的"殿宇随身"。既然"从心起"要优于"从身起"，黄道周反对只注意到细枝末节而忽视本心的修养方法，称："栉沐极小事，却一日松放不得；餐寝极平常，不能半刻罣碍。人奈何于本心上不自梳洗，于荆榛上讨安顿自在？"①

三 本体的道德属性

黄道周所列定的如仁、至善、诚、独等，突出了本体道德性的一面。他肯定本体是道德本体，对阳明心学"无善无恶心之体"的实体形上本体进行改易。阳明后学的显著流弊之一就是心学禅化，这一点引起后来儒者的攻讦。在他们看来，这种"无善无恶"的心体有可能破坏社会秩序和道德规范，因而需要用"至善"的本体来取代，高扬其道德属性，从而杜绝阳明后学的本体理论意蕴可能导致的社会和道德的失范。在当时，以顾宪成、高攀龙为代表的东林学者以及刘宗周、黄道周等都坚持此立场。

（一）仁

黄道周以仁为本体，称："仁为天之本心，众所分受之，而独以与君，君又翕聚焉，以立天明之体。"② 天以"仁"为本心，万物都有承受，人君亦然，但只有人君能够聚合上天之仁，自觉地立人极，即他所称的"天明之体"。此"天明之体"亦可以解释为"仁义"或者"仁体"，因为黄道周认为三才之道为仁义所统领，他称："易曰：'立天之道曰阴与阳，立地之道曰柔与刚，立人之道曰仁与义。'阴阳刚柔，一仁义也。仁义在天以隤阴阳，在地以协刚柔。"③ 以阴阳立天之道、以刚柔立地之道、以仁义立人之道，虽表征不同，但阴阳刚柔即是仁义。仁义能贯天通地，在天能排定阴阳，在地能够相协刚柔，从而赋予了本体仁义道德属性。在"仁"和"义"的关系上，黄道周以仁为本，以仁统领礼义，他称："道莫大于仁，渐而化之为礼，渐而裁之为义。"④他亦称："如论本体，天下归仁，岂有两样心性在？"⑤ 可见，黄道周欲建构"仁"的道德形上学。

---

① （明）黄道周：《邺山箴》，《黄漳浦集》卷二十八。
② （明）黄道周：《退寻仁清之旨疏》，《黄漳浦集》卷三。
③ （明）黄道周：《洪范明义·访箕章第一》。
④ （明）黄道周：《式士策·救世第二》，《黄漳浦集》卷十。
⑤ （明）黄道周：《榕坛问业》卷十四。

黄道周强调，本体的"仁"的道德属性，是与佛老根本区别之处，他称："如仁字一字，是夫子特呼出来，为五经玉玺，任他说慈、说舍、说果、说报、说秘密妙义，何尝有一字顶戴得去，一字渗破得来？即如'克伐怨欲'四字，随他五阴六尘，诸垢净相包裹，备尽此处断除，夫子犹未许他仁字？何况黑白雌雄之间？"①

（二）至善

在黄道周看来，本体同时也是至善完美的，他以至善来规定本体。其流行发用而形成宇宙及其万物，皆依据至善而成，他称："天建有此至善，以发皇其用，至于极广极大极高极明，而皆不离此物。"② "至善一条，通天彻地。"③ 由于"至善"本体的无法言说和明晰界定，所以黄道周称："至善说不得物，毕竟在人身中；继天成性，包裹天下，共明共新，不说物不得。"④ 万物以至善为其本性，所以以万物都具有善性，至善之性，这样就实现了性善一元论的论证。

（三）诚和独

根据《孟子》"诚者，天之道也；思诚者，人之道也"以及《中庸》"诚者，天之道也；诚之者，人之道也"的观点，黄道周把"诚"看作天命之性的本体，认为"天命之性"的道德内容源于"诚"，称："诚是性之本体，至诚是明诚之极功。"⑤

黄道周亦根据《中庸》，提出"独"也是本体，这一点和刘宗周提法相同，不过黄道周没有充分地进行阐释，他称："（北极）皇皇在上，至精至微，至中至一，凡万物之所谓命、谓性、谓心皆出于此也。自其分布流行合理与气而言之，则为五行，自其运持推移动静不分而言之，则谓皇极。大学之所谓'至善'，中庸之所谓'独'也。"⑥ 北极、五行（气）、皇极、至善、独是同一本体，是从不同的侧面来认识和把握本体。黄道周用不同的范畴描述本体的创生性、普遍性、抽象性和道德性等层面并将它们统合起来。

---

① （明）黄道周：《榕坛问业》卷二。
② （明）黄道周：《洪范明义·皇极章第七》。
③ （明）黄道周：《榕坛问业》卷十四。
④ 同上书，卷一。
⑤ 同上书，卷十一。
⑥ （明）黄道周：《洪范明义·叙畴章第二》。

总而言之，黄道周使用了太极（"皇极"、北极）、此物、性体、心体、仁、至善等范畴来阐释本体，试图将程朱理学的理本体和王学的心本体收摄在一起，在收摄的同时，亦赋予本体以道德属性。立道德形上本体的努力是针对晚明时期王学后学中所持"无善无恶心之体"的本体论所引起的社会秩序失调和道德规范失范的局面而发的，他以"仁""至善"等概念来规定太极、性体、心体等本体的性质，从而在自己的思想体系中改易了阳明心学的实体形上本体。

第四节　体用观

体用作为一对主要范畴，先秦就曾提出，到魏晋时期已经发展成熟，当时玄、佛两派借以用来说明本体与现象、实体与功用之间的关系。到宋代，程颐提出"体用一源，显微无间"，此体用关系成为理学本体论哲学中的主要基石。继后的朱熹对此体用原则非常推崇，此原则亦是构成他整个理学的思想基础之一。经朱熹发展之后，此体用原则成为其后几百年理学思想发展的精髓，黄道周的体用观亦承袭了此原则。

一　体用关系

黄道周的体用论继承了程颐的"体用一源，显微无间"这一命题。程颐在《易传序》中讲："至微者理也，至著者象也。体用一源，显微无间。"他认为，体为"至微者"，是理；用为"至著者"，是"显"，是"象"。黄道周在此基础上，对体、用这一对范畴进一步阐释，称："此本明者是体，此明明者是用；随物明明者，是体，此不明不止者是用。"① 他认为所谓"体"有两层性质：一、"体"是"本明者"，它先天独存，不落后着，是天道、性体、至善、诚、心体，穆穆无为，自然而然地呈现，没有损益加减，是超越义的表现；二、"体"亦是"随物明明者"，即体在物中，隐微的本体通过显著的物象而得到表达，两者没有间隙，体用不二。所谓"用"，亦有两层含义：一、明此"本明者"为用，"明"是使本体得到彰显以至弘发、光明的过程，此"明"亦是去本体被遮蔽之物，复其性初的过程；二、"不明不止者"为用，强调"明"体之用是

① （明）黄道周：《榕坛问业》卷十五。

连续的，不可间断的，不明则不止。可见，黄道周对体和用的界定，包含了体的动静、隐显；对用的界定，包含了用的目的、功用和连续性。亦可以看出，在体用动静关系上，黄道周认为体用不二、动静不分。

本体论一章，主要是从静态的角度来看待本体的实有，而生成论一章，则是动态地看待本体的生化之几。作为静态的本体的实有，更偏重逻辑上的范畴。在逻辑上有体用之别，体为先，用为后。以此来看上面所言的太极、皇极、北极、此物、性体、仁体、至善、诚等对于本体虽做了不同角度的抽象，但就本体而言，其处于静态时为体，处于动态而流贯于万物中则为用，即有《易传》中"寂然不动，感而遂通"之意。下面分别细述。

从太极和阴阳二气来看，如以逻辑的角度进行划分，则太极是体，气则是用，如黄道周称"性命之原本于太极，至善不离，至一不二，阴阳五行以是分化"①，又认为阴阳二气与五行皆本于太极，从太极到万物化生的过程中，太极是体，阴阳、五行和万物为用，太极的显现或展开存于阴阳五行和万物之中，前者为微，后者为显。太极、阴阳和五行之间存在逻辑上的节次和顺序。

同时，黄道周认为体用不二，即现象乃是本体自身的显现，本体又同现象融为一体，且动静不分。本体虽静，但静是动极的状态，动静不相分离。黄道周称："到有一定东西，范围不过，曲成不遗，两膝贴地，一日一夜，周行十三万里，若竟此言，只恐世人吐舌也。要知天地只是壳子，日往月来，寒往暑来，只是脉络周行丈数。无数圣贤，只为天地疗得心痛。"② 在黄道周的眼中，本体之用表现为范围不过，曲成不遗，其不动处却正是动极处，且天地亦是壳子，日月寒暑运动只是脉络周行，整个宇宙都是本体在背后流贯，体即微，显即用。又称："两极贯串，贞一而动，天地日月东西循环，总此一条，走闪不得。四顾星河、烟云、草木，都是性道，都是文章。"③ "一"是体，为源，星河、烟云、草木是用，用为流，体用是源流关系；同时体在用中，体用无间，所以黄道周称都是性道，都是文章。

---

① （明）黄道周：《洪范明义·访箕章第一》。
② （明）黄道周：《榕坛问业》卷十七。
③ 同上书，卷四。

黄道周以体用论"此物",称:"此物是有本的物,即此物是不迁的止,即此物是先天独存,不落后着。"① 有本、不迁、先天独存,具有超越性、抽象性。同时黄道周又指出"此物"的用:"此物粹精,周流时乘。在吾身中,独觉独知,是心是意;在吾身对照过,共觉共知,是国家天下。""此物""周流时乘",则是其活动性的体现,因而能流行发育,成为包括个人的内在心性如心、意、知、识,成为包括社会性的家、国、天下,其体"随物明明",隐藏于万物之中,通过其用而明,达到匿而显、微而著。

作为本体的性体,黄道周用性根和性量来区分性体之体和用。他称:"《易》云继之者善、成之者性,善继天地,性成万物。继天立极,是性根上事。范围曲成,是性量上事。"② 性根指人性的根源,来自天地,是天命天道;性量指人性的作用范围,范围天地、曲成万物都是性的发用之功。他亦用性体和性光来表达体用关系,称:"作用是性光,包罗是性体。"③ 前者是用,后者是体。就体来讲,包罗是性体的性质,说明性体本身既是一个潜在形式的存在,又是一个不断扩充的动态形式的存在,即前面所提的"成性",人性注重性体的动态性和开放性。人之性体要成为性体,则需要性光,性光是本体之明,"虽有气质情识,都为性光收摄得尽"④,亦说明气质情识是性之用。

具有道德属性的本体,其至善的属性也流行发用于万物之中,黄道周称:"天建有此至善,以发皇其用,至于极广极大极高极明,而皆不离此物。"⑤ 就仁来讲,其门人称"孔门论仁,大要是有体有用,中心粹白耳"。关于体用关系,黄道周认为,"仁义礼智"作为"心根"是体,其用则是修身、齐家、治国、平天下。他称:"既说有体有用,少不得是仁义礼智以为心根,天下四海以为面背。夫子与颜子论克复,便说天下归仁。"⑥

---

① (明)黄道周:《榕坛问业》卷一。
② 同上书,卷十。
③ 同上。
④ 同上。
⑤ (明)黄道周:《洪范明义·皇极章第七》。
⑥ (明)庄起俦:《漳浦黄先生年谱》,《黄漳浦集》卷首。

二 动静关系

在动静范畴上，黄道周亦立足于体用而谈。黄道周称："太极与阴阳总是一个，动极处正是不动所在。……要晓得此物动极，实是不动，所以随寓能安，入群不乱。"① 他认为，就本体来讲，太极和阴阳本身具有活动义，其处于动态，动到极致，反倒为静。也就是说，动的极处便是静，静不是一个独立的一端，而是动发展到极处而出现的状态，即动即是静，这和他的体用思想一致。本体为静，亦是动极，正因为是动极，所以能够在万物中流行发用，体现自己，如果只是单纯单一的静，则失去了创生、流行的特性。所以，本体是动静结合，"性涵动静"②。他又以北极为例，称："极星不动处，才能转。为它能转，使天下星辰河岳，都有奠丽。如不能转，日月经纬，如发车钉，何处得明亮来？"③ 北极作为本体，处于不动状态，但此不动正是动极，动极所以"能转"，能转而发用，使日月星辰发光发亮。

总体来讲，黄道周的动静观是以动为主、以静为动的一种状态，动静不分，即动即静。立足于自己在动静关系上的看法，他批评周敦颐的动静观，称：

> 周濂溪云："动而无静，静而无动，物也。动而无动，静而无静，神也。物则不通，神妙万物。"如濂溪此语，犹是未尝格物。天下无无动无静之物，有常动常静之神，《中庸》一部说天地、夫妇、鬼神，通是此物。知独者该万，知万者还独，知一者该两，知两者还一，如是格物工夫，只从两端细别……④

黄道周认为周敦颐未尝格物，对物的认识不足。虽然黄道周称"物"，实际上他把"物"看成是"此物"的具现。既然是"此物"，是本体，从动静关系上说，其本身动静不分，动亦静，静亦动，动静联结一体、互相依存，常动即是常静，没有不动或者不静两种独立的状态。正因

① （明）黄道周：《榕坛问业》卷十。
② 同上。
③ 同上书，卷十六。
④ 同上书，卷九。

为"此物"是即动即静，所以独与万、一与两亦是相互贯通的。

在动静、体用关系上，黄道周认为"静以立动之体，动以致静之用"①，又认为"静本以立体，动末以致用"②。以静为体，以动为用。从这个观点出发，他批评了邵雍关于本末的观点，但赞成邵雍的动静体用观，认为邵雍所称的"天以用为本，以体为末，地以体为本，以用为末"，虽然说的是本末，实际上说的是动静，他称：

> 他（邵雍）只说动静耳。天无一息不动，星辰河汉只依他得不动，故说以体为末。地无一息不动，江河草木只依他得动，故说以用为末，其实语不玲珑。其先又说火以用为本，以体为末，故动，水以体为本，以用为末，故静。体用动静说略分明，本末两字未有的当耳。③

分析来看，按照"静为体，动为用"的标准，星辰河汉静，是以体为末，江河草木动，是以用为末；火以用为本，故动，水以体为本，故静。黄道周赞成邵雍关于体用动静的关系的看法，但是认为其观点比较粗略。他否定邵雍在本末上的区分，正是因为他认为体用不二、动静不分，如此则没有本末区分，他称："用自随体，动自随静，体用中间，可以知命，动静中间，可以知性，宁有从此横分本末的道理？"④ 黄道周坚持体用动静不分。其门人强要他分个本末，他称："天以用为体，故举末而见本；地以体为用，故举本而见末；火以用为体，故静而归本于天；水以体为用，故动而流末于地。"⑤ 此动静、本末以"气、理"来言，则"气无不动，理无不静，静本以立体，动末以致用。水火得天之气，藏体于金木，金木得地之理，致用于水火，人亲于金木而急于水火，仁义为体，礼智为用，静体既立，动用不竭"⑥。

---

① （明）黄道周：《榕坛问业》卷八。
② 同上书，卷十五。
③ 同上。
④ 同上。
⑤ 同上。
⑥ 同上。

三 中和、一两

黄道周赞同曹惟才的"庸者，用也。中和两字，只是日用当然"[1] 的观点，把《中庸》之"庸"看成用，把中和看成"日用当然"。"日用当然"的表述已经涵括了体用。黄道周以中为体，中是天下之大本，称："自不睹闻以至睹闻，自未发以至已发，隐微显见，何时离得中字？何时分破得中字？"[2] 中和之和，"和自庸得"[3]，和作为天下之达道，从日用中来，与日用不离。

黄道周认为，体用、动静不二最后表现为中和，"作用是性光，包罗是性体。如说中和，则无复体用分处"[4]。黄道周以中和统携体用动静，中和具有本体意义。他称："静时与万物守独，动时与天地同节。一个中和，包裹万有。一部《中庸》，同是此意。不是中和，则诚字、善字，更是何物。"[5] 又称："性涵动静，只是中和，任他万物，无情无识，有气有知，都是中和生聚得来，蓄变得去。中和藏处，只是一独，如万物归根蛰伏时候，个个有戒慎恐惧的意思。中和显处，只是一节，如万物敷条生育时候，个个有议度数制德行的意思。……自家性地看得明白，比人照物，动静一般，自然喜怒不伤，哀乐得度，万物伏藏，与他共独，万物蓄变，与他同节。"[6] 他以"中和"作为提摄万物的根本，中和是动静体用的中和，具有本体含义。

黄道周亦从一和两的关系来阐释本体的体用、动静。他称："一则精，精则神，神则化，精一之端，万化以出。"[7] "一"即为本体，本体至精，至精而神妙不测，神妙不测则可以生化、发育万物。精一是万物生成的根据、本原，万物则是精一的显现和表达。从一和两的关系来看，万物统合就是一，本体分衍开来就是两，继而是世界万物。

不仅一分为两，黄道周同时强调一中有两，两必还一，一和两是一个循环的过程，认识到如此关系，才能更好地体会到本体、天道。他称：

---

① （明）黄道周：《榕坛问业》卷二。
② （明）黄道周：《榕坛问业》卷十五。
③ 同上。
④ 同上书，卷十。
⑤ 同上。
⑥ 同上。
⑦ （明）黄道周：《易象正·损益》。

"知道者不知道之所极始，则不足以知道。道始于虚，物生而静，静虚以正，则天地之中可见矣。天地之中，始一而分两，循两之端，必还于一，故中之中有一与两、无一与两，静正则见之，不静以正则不见也。"① 黄道周认为，道体的本原是虚，虚不能说空，也不能谓无，道体即是虚体，虚体衍生万物，万物也具有虚体的性质，其在万物则表现为静，静和虚的结合则是正性正命，即万物各正性命而存，这种状态就是"中"。"中"和"道"都具有本体含义，称"中之于道，不寄于物，寄于物则其中散而不复可执"②，黄道周此观点前面亦有所体现。"中"和"道"是同一的，"中"是"道"的显现，"道"是"中"的本质。所以，"中"为"道"而统摄万物时为一，其动而为两。此两虽各为一端，但处于一个统一体中，所以能够反向运动而归为一。黄道周认为，无论是一到两，还是两返而为一，都是在"中"中的运动。

　　鉴于此，黄道周反对将一和两分开的观点。首先，他反对"用一参两"的观点，认为，"用一参两者，一定则不复见两，其说在鸟、火、虚、昴、宵，日之不同道也，倏忽而易次，千年则更舍"③。"用一参两"的错误之处在于把"一"看成是绝对的、固定的，取消了其活动义而无法显见于两，这种肯定"一"的观点是由观察星象而来，认为星象、四季变动，只是"一"的作用，而忽视"两"作为变化义的作用。其次，他反对"用两裁一"的提法，认为"用两裁一者，两迁则不复得一，其说在陆南之反于北薰，极之反于溧也，兼寒与燠则无有和日"④。"用两裁一"的错误之处在于看到"两"的变化和迁动，却没有将"两"返归于"一"。这种注重"两"而忽视"一"的说法源于观察到陆地南北之别、天极和地水的对立、寒热不能同时并存等现象。最后，他反对"进退于两而以得一，酌取于一而以得两"的看法，认为"进退于两而以得一，酌取于一而以得两者，其说在损益以定管钟，鬲有以校律，灰飞于室，而彼此不应也"⑤。黄道周认为这两种提法，亦有其现象根据，如定管钟、校律，虽然看起来统一了一和两，但实际上是宛如尘土飞扬于室内，彼此

---

① （明）黄道周：《执中用中说》，《黄漳浦集》卷十四。
② 同上。
③ 同上。
④ 同上。
⑤ 同上。

之间没有关联。

批评了世人对于"一和两"的错误认识，黄道周认为一和两互相规定、互相关联，一中有两，两中有一，一分为两，两而归一，两一以虚静统摄而同归于宗，他称："尧舜之道，虚静以正，虚不见两，正不见一，故使两一皆归于宗。"①

从上述内容可以看出，黄道周的本体范畴，如太极、皇极、此物、性体、心体等，无论何种名称，都是至善的，是一个高度的道德规定。此"至善"本体的树立和高扬，背景是由于当时王学后学"无善无恶心之体"的本体论引发了传统道德上的滑坡和社会秩序上的混乱，黄道周和其他儒者从实用理性出发，用道德形上本体取代实体形上本体，以期恢复传统道德的地位和权威。

① （明）黄道周：《执中用中说》，《黄漳浦集》卷十四。

第四章　人性论

　　人性是人之所以为人的本质规定，人之善恶是伦理学的核心问题，人性论为善恶提供形上根基。儒家哲学主要从道德方面来说明和规定人的本质。在人性的问题上，历来代表性的观点有先秦时期孟子的性善说、告子的性无善不善说、荀子的性恶说，汉唐时期有扬雄的性善恶混说，董仲舒、王充到后来韩愈的性三品说。到宋明阶段，理学主要以义理之性和气质之性来解释人性问题，心学则侧重以心来论性。总体看来，在人性论上居主流的观点是性善论，性善是道德可能性的根据。深受儒家思想浸淫的黄道周，其人性论思想亦以性善论为根本。

第一节　性善一元论

　　传统儒家思想把"天"或者天道看成是和宇宙同一的形而上的存在，且作为一个终极的道德依据，具有至善的性质，人性则是这一超越性存在内化于人的道德价值。《论语》中关于天道和人性的描述不多，有"天何言哉？四时行焉，百物生焉，天何言哉"[①] 的不做议论之语。结合《易经》中"天地之大德曰生""生生之谓易"来看，天道的"生"即是善，是根源于自然的创生性原则而存有的普遍之善。《孟子》即言"尽其心者，知其性也。知其性，则知天矣"[②]。《中庸》开篇即言："天命之谓性，率性之谓道，修道之谓教。"到宋明时期，理学家都肯定"天"或"理"是至善的道德本体，是人性的根源，如程颢说："良知良能，皆无

---

① 《论语·阳货篇》。
② 《孟子·尽心上》。

所由，乃出于天，不系于人。"①朱熹亦讲"性者，人所得之于天之理者也"②。人所得的"天命之性"或者"天地之性"是至善的，"天降生民，则既莫不与之以仁义礼智之性矣"③。后陆王之学讲心即理，亦认为"良知是乃天命之性，吾心之本体"④，都是称人性之善源于天道本然。

黄道周的人性思想也承续这一思路，认为"天"是人性来源，称"性出于天地"⑤，"为性本天"⑥，"性自天命"⑦，而且把人性和天命等同起来，谓"性是天命"⑧。在性的本原问题上，他的看法和理学相仿，认为"天"是一种创生的道德或者活泼的善性，这种"生"的、纯粹至善之性流行于人，人"本天而觳命，故得人之性"⑨，所以"天"是人的先天本性的根源，是人的本体之性，是人类道德原则的根据，是人类道德价值普遍性的根源。

一　性善论

儒家的人性论以孔子为肇端，其称"性相近，习相远"，但并未做具体的申发，只是为后人的人性论提供了框架和方向。孟子明确提出性善论。《孟子·告子上》载："人性之善也，犹水之就下也。人无有不善，水无有不下。"孟子认为"仁、义、礼、智根于心"⑩，"仁、义、礼、智，非由外铄我也，我固有之也"⑪，认为道德原则具有先天性，是"不虑而知""不学而能"的"良知"和"良能"。同时，他认为人内心先天拥有的是这些道德观念的萌芽，即"端"："恻隐之心，仁之端也；羞恶之心，义之端也；辞让之心，礼之端也；是非之心，智之端也。"⑫"四端"扩而充之才能形成仁、义、礼、智，进而达到至善。迨宋，明确坚持性善一元

① （明）黄宗羲：《明道学案上》，《宋元学案》。
② （宋）朱熹：《孟子集注·告子章句上》，《四书章句集注》，中华书局 1983 年版。
③ （宋）朱熹：《大学章句》，《四书章句集注》。
④ （明）王阳明：《大学问》，《王阳明全集》卷二十六。
⑤ （明）黄道周：《孝经集传·丧亲章第十八》，文渊阁《四库全书》本。
⑥ （明）黄道周：《孝经集传·圣德章第九》。
⑦ （明）黄道周：《榕坛问业》卷十一。
⑧ 同上书，卷十。
⑨ （明）黄道周：《孝经集传·圣德章第九》。
⑩ 《孟子·尽心上》。
⑪ 《孟子·告子上》。
⑫ 《孟子·公孙丑上》。

论的陆九渊，与朱熹的性二元论有别。至明代，性善一元论更为流行，一些儒者对于朱熹所提出的二元之性提出了质疑。明代学者大都肯定"气质之性"的概念，如王廷相主张"性者也，乃气之生理"①，认为性出于气，把性看成是由气所规定的属性，因而人只有气质之性，别无他性。此前稍早的罗钦顺从"理一分殊"的原则出发，指出天命之性和气质之性只是一个，反对将两者分开来看，认为："一性而两名，且以气质与天命对言，语终未莹。"②到晚明阶段，在人性论观点上，主流观点对于气质之性更为重视，如与黄道周同期的刘宗周提出"只有气质之性，更无义理之性"③，认为气质之性即是义理之性，义理之性即是天命之性，是至善的。黄道周的看法则不同于主流思想，他否定气质之性，肯定只有义理之性，反对以善恶论性体，认为气质与性没有关联，主张回到孟子的性善一元论立场上。

黄道周的性善一元观点论主要源于《易传·系辞上》中的"一阴一阳之谓道，继之者善也，成之者性也"，《诗经·大雅·烝民》中的"天生蒸民，有物有则，民之秉彝，好是懿德"，《大学》中的"止于至善"，《中庸》中的"天命之谓性"，以及《孟子》中的性善论思想。

黄道周坚持性来自天命，天命至善，所以性至善，他称"善者，性也"④。他将性规定为一物区别于他物的本质，就人性来讲，其指人的道德本质，是人区别于他物的根本规定，是使人成其为人的根本。也就是说，人的先验的超越的道德理性使人成为不同于他物的存在。人性的道德理性即是善，善是性的规定，就人性而言，善是根本，"善者，人之性也，善而得庆，天之命也，拂性则逆命"⑤。不仅善是性的终极规定，且人只有此性，别无他性，他称"论人性则以至善为宗"⑥。

黄道周以善称性，以善规定性，但在对善和性的理解上，他既分开来理解两者，又合并起来使用两者。他称："《易》云'继之者善、成之者性'，善继天地，性成万物。继天立极，是性根上事。范围曲成，是性量

---

①　（明）王廷相：《答薛君采论性书》，《王廷相集》，中华书局 1989 年版。

②　（明）罗钦顺：《困知记》卷上，中华书局 1990 年版。

③　（明）黄宗羲：《蕺山学案语录》，《明儒学案》卷六十二，中华书局 1985 年版。

④　（明）黄道周：《孝经集传·圣德章第九》。

⑤　（明）黄道周：《易象正·乾坤》。

⑥　（明）黄道周：《榕坛问业》卷十七。

上事。善是万物所得以生，性是万物所得以成。"① "善继天地"，是以
"继天地"命名"善"，意指天道通过阴阳对立化生、发育万物，无偏无
私而表现为善，此善是万物产生的原因；"性成万物"，是以"成万物"
规定"性"，意指天地之性运化流行到万物之中，使万物成为自己，各自
具有不同的本质，这个本质就是性，如无此根据和本质，则万物没有区
别，浑纶一团。性使万物具有其特殊之性，且并育而不相害。如果说，此
处的"性"是一事物成为其自身的根据、本质和道理，有指代"特殊之
性"之嫌，而后他称"性者，是伊得以生，伊得以成，入水入林能飞能
跃的道理，此是天地主张，不关品汇"②，则着眼于事物的共性，且是结
合了"善"和"性"两面而谈，"伊得以生"是善，"伊得以成"是性，
作为万物和人类"一本之性"，既是善又是最终根据，万物包括人类在
内，都是此性，从本质上讲，都是至善。

黄道周不仅对性的本质进行界定，而且对性的作用范围也进行了界
定，将其称为"性量"。他称："继天立极，是性根上事。范围曲成，是
性量上事。"③性根指性的根源，天命之性是万物和人类各自以成的根据，
就人作为一个特殊的群体而言，其继天地之性、立人极的活动亦是受天命
之性的主宰；性量指性的作用范围，其天地上下范围万物而不过，曲成万
物而不遗，即天地万物都是天命所成。

立足于性善一元论，黄道周区分了"气质"和性，认为："论运数便
是运数，说不得命，犹说气质便是气质，说不得性也。"④ "谓气质则不谓
之性，谓运数则不谓之命也。"⑤可见他在气质和性之间划上了一个很鲜明
的界线，认为气质自是气质，性自是性，气质和性属于不同的范畴，两者
不杂，不可混淆。此外，气质和性有不同的规定，如"猿静狙躁，猫义
鼠贪，鹿直羔驯，雁序雉介，此皆是质上事，不关性事"⑥。他认为事物
所表现出来的外在形态上的差异和特征上的不同，都是气质，与性无关。

黄道周不仅区分开气质和性，而且详细地解释了为什么不能以气质论

---

① （明）黄道周：《榕坛问业》卷十。
② 同上。
③ 同上。
④ （明）黄道周：《子静直指》，《黄漳浦集》卷三十。
⑤ （明）黄道周：《易象正·咸恒》。
⑥ （明）黄道周：《榕坛问业》卷十。

性，如他称：

> 说（性）不杂气质而言，此句最好，说不离气质而言，便不得。气有清浊，质有敏钝，自是气质，何关性上事？如火以炎上为性，光者是气，其丽于木而有明暗有青赤有燥湿是质，岂是性？水以润下为性，流者是气，其丽于土而有重轻有晶淖有甘苦是质，岂是性？①

此"不离不杂"是针对朱熹所主张的天地之性与气质之性的关系而言。朱熹认为天命之性须借助气质之性而得到安顿和挂搭，他称："天命之性，若无气质却无顿放处。"②"所谓天命之于气质，亦相衮同，才有天命，便有气质，不能相离，若缺一，便生物不得。既有天命，须是有此气，方能承当此理，若无此气，则此理如何顿放？"③朱熹认为天地之性与气质之性的关系不离不杂，黄道周则反对将气质称性，赞同两者不杂，但认为两者是分开的，各自有其性质和作用范围。他认为，言气则有清浊，言质则有敏钝，事物因气和质所呈现出来的不同特性，自是属于气质范围，与性无关。他以水火为例，如火的本性为炎上，其光芒、明暗、颜色、燥湿等只是气质，不是火的本性，火的炎上本性并不因为其外在的气质规定而产生变化。水的本性为润下，其流动、轻重、清浊、甘苦是气质，不是它的本性。黄道周强调，要认识本性需要抛开气质而谈，如果不离气质而谈性，则容易将性和气质相混淆，不仅不能将性从气质中剥离出来，而且会导致以气质为性的错误认识。

黄道周反对将气质称性，但并不否认气质的存在。他称：

> 天有气数，人有气质。天命在气数中，人性在气质中，何尝不是？然说气数则有灾沴之不同，说天命则以各正为体，说气质则有智愚之异等，说人性则以至善为宗。气数犹五行之吏，分布九野，与昼夜循环，犹人身之有脉络消息。天命犹不动之极，向离出治，不与斗柄俱旋，即人身之心性是也。心性不与四肢分叠，天命不与气数分

---

① （明）黄道周：《榕坛问业》卷十七。
② （宋）朱熹：《朱子语类》卷四。
③ 同上。

功。天有福善祸淫，人有好善恶恶。中闲寂然，感而遂通，再着不得一毫气质、气数。①

黄道周不否定气数、气质的存在，不反对可以用气数和气质来形容天命、人性，不否定人性就在气质之中见，肯定性善并不独立于气质之外，但他坚持认为不能用气质来规定天命和人性。他认为论述气数、天命、气质和人性则应有不同的角度，如论气数则指灾渗不同而言，论天命则针对万物各正性命而言，论气质则限制在智愚差异内，说人性只能以至善为宗。各个概念所规定的内容不同，不能混淆而言。他继续解释道，气数就像五行之气不分昼夜地在天地运行，亦像人身体中的脉络运转；天命就像天上的北极，静止不动，其在人则为心性，人的心性不会有增加损益的变化。心性和身体四肢不能混同，天命和气数不能混淆。虽然天会表现出福善祸淫，人也会有好善恶恶的取向，但是在福善祸淫、好善恶恶中间或者说内部所存在的本体，其静时寂然不动，其动时感而遂通，不沾有一丝一毫的气质和气数，就天来说，是个纯然的本体；就人来说，是个至善的本体。

二　习染说

天地之性和气质之性由张载提出后，便成为解释人性善恶的一个主要理论根据。张载认为，天地之性来源于宇宙本体，而气质之性则是气化之后人所具有的性。人与物在天地之性方面没有差异，但由于气有清浊、刚柔、缓速等差别，所以人与物有别。气不仅造成人、物有别，也造成人与人有别。在张载看来，天地之性是善，气禀有偏、正，则人性有善有不善。二程也借助天地之性和气质之性来谈论人性善恶问题。程颢认为天地之性是善，但人由于气禀不同，所以有善恶之别，"人生气禀，理由善恶。然不是性中原有此两物相对而生也。有自幼而善，有自幼而恶，是气禀有然也。善固性也，然恶亦不可不谓之性也"②。可见，他也认为性不离气，所以善恶皆性。程颐则认为，善恶来源于才，才禀于气，气有清浊，所以气是造成善恶的根由。朱熹认为，天地之性是抽象的、普遍的人

---

① （明）黄道周：《榕坛问业》卷十七。
② （宋）程颢、程颐：《二程遗书》卷一，《二程集》。

性，而气质之性是具体的、现实的人性。前者是至善之理，后者由于禀气有偏正、纯驳、昏明、厚薄不同而有善恶。在二元之性的立场上，理学家们认为"性待于变化"才能具善，如张载、二程、朱熹等主张"变化气质"而恢复人的纯善本体。

不同于气禀说，黄道周在人性的善恶问题上提出了习染说。他本于孟子的性善论，反对以气质论性，认为只有至善的本然之性，别无他性。但他仍需要对不善或者恶的原委给出一个合理的解释，必须建立起一个有别于宋儒的观念来安置善与恶。在此问题上，他追溯、回归到孔孟之学上——孔子认为"习相远"造成相近之性发生大的差异，孟子认为人受到外界因素的影响而"不能尽其才"形成善恶两路，黄道周结合这两个方面来建构善恶之伦理两元性结构。

首先，他认为，恶不是来自于性，"夫恶，非性之故也"①。圣人以至于常人，论性则没有差异，因为人性来自天命，是降衷之命，是至善的。由于人诱于物欲或屈于环境而不能够遵循和实现其性之本然，而出现了人性上的分别，他称："人都是此命，只为率之不犹，所以差别。"②本善之性，如果"率之不犹"，即不能"尽其才"则会出现后天的差异。在此，黄道周没有点出差别是什么，有可能是善恶之分，也有可能是智愚之别。黄道周并不同意有先天的恶，他认为，恶只是性没有完全展现出来的结果。天命之性没有得到扩充和保养，处于一种缺失和不完整的状态，这种状态称为恶。另外，他认为，如果纯然至善的性遭到损害，这种损害的结果亦表现为恶。他称："夫恶称聋聩，善称聪明。人生而有视听，视秽臭则掩其睫，听枭号则塞其耳，恶性之人不视腐尸而听嗥虎也。今夫孩儿之耳目，触污秽则损其明，闻震虩则损其听，其生最真，其性最明。"③本善之性就如人生来耳聪目明，但耳目有可能受到外界因素的影响而出现聋聩，善性也会遭到损害，但是不能将受到损害后的人性看成人的本性。

黄道周肯定先天的性是至善的，对于恶的解释则从后天环境因素着眼，认为后天的习染造成了人性表现的差别，以习染代替气禀，以习染来作为人之为恶的根据。他称："性移于所习。"④门人问"孩提之童，有稍

---

① （明）黄道周：《拟子顺辨性》，《黄漳浦集》卷三十。
② （明）黄道周：《榕坛问业》卷八。
③ （明）黄道周：《拟子顺辨性》，《黄漳浦集》卷三十。
④ （明）黄道周：《声无哀乐辨》，《黄漳浦集》卷十四。

长而不知爱敬者，何也"的问题，对此，他回答说"其习也，非性也"①。黄道周强调本初之性是至善的，其在展开和养成过程中由于后天因素的习染和遮蔽，才出现差异。他称："夫子说性相近，只论上智下愚之初，不论上智下愚之末耳。智愚末流，皆是习，岂是性便如此?"② 他认为孔子所言的"性相近"指的是性的初始状态，是性未被浸染、玷污的纯然状态，这时人性至善，没有高低、智愚之分。当人在社会中由于后天的活动和周围的环境等缘故，性被杂糅、污染时，人会出现智愚差异，这是后天习染的结果，而不是性初状态。由于习染，积习堆成，不能迁移改变，好像是本初的性一般，其实是将后天的积习之性当成了本然之性，他称："《益》之为言迁善改过，上知下愚，俱是积习所成。积习既成，迁改不动。如他性初，何曾有上智下愚之别? 切勿如程伯子所云'气质不同，变化未易也'。"③ 既然智愚、善恶都是后天因素造成的，他批评了程颢所言的"气质变化不易"的提法，认为如果以气质论性，就预设了人性的天赋差别，既然差异如智愚、善恶都是先天的，则会导致气质决定论，以致使人放弃后天的道德修养。可见，黄道周坚持气质不是性，认为恶不是先天的，是后天的，肯定人可以通过自身的修养变化气质，克复其性。

他亦假借魏人子顺之口，认为性恶是习染的结果，是后天的，而不是先验的，对荀子的性恶说进行批驳。

> 子顺曰："夫俗累之溺人也，百转而不回也。茧练之素不百日，其染而被之也。或五六年，或三四年，是染常而素暂也。一旦色落，微见本体，若人之有偶会而生气也。人生而不见于习，则惟见其亲，惟见其长，不知利而趋，不知害而避，是黄帝、神农之治矣。故黄帝、神农之民，率性而亡性，有情而无情，食无浓薄，衣无骄彩，处无庞确，若蠡斯群处，千百而不争，略见其性。今之赤子，燥发而见白刃，五岁而戏矛铠，少游于市则见搏斗嚣喧，其长亦然，则习之所使也。"④

---

① （明）黄道周：《孝经集传·天子章第二》。
② （明）黄道周：《榕坛问业》卷十七。
③ 同上书，卷五。
④ （明）黄道周：《拟子顺辨性》，《黄漳浦集》卷三十。

黄道周坚持性恶的出现是人在日常生活中由于俗累而陷溺的结果，当积习已成，似乎不能迁改。他用染色的素练做比拟，素练染色之后不容易脱落，但是若有脱落，其质地也会显现。他亦用不受习染和受习染两种情况来论证性恶是后天造成的，他称人如果从生下来就保持性不被习染，则其能率性而为，人和人之间也能够彼此和谐相处。相反，即使生下来的是具有善性的孩童，如果周围的生长环境随处可见刀剑矛铠，其长大后也会喜欢搏斗，这种性之恶是周围环境和后天习得的结果。所以，恶的原因只是环境不同、习染渐异的结果。若没有习染，圣人和常人本性都一样，就算是小人也只是"心地不明，看不明白。他初时亦岂要济恶？只是看人才情偶然投合，后来不得不如此"①。

第二节　道心与人心

道心和人心是关于心性论的一对概念，其原出于《古文尚书·大禹谟》中"人心惟危，道心惟微，惟精惟一，允执厥中"。后"道心""人心"在荀子的《解蔽篇》中亦出现。在汉唐时此十六字仅作文字训诂，并未被儒家所引申发奥。至宋，理学家将此十六字作义理阐发，成为儒家的"十六字心传"，且成为心性论的重要概念。程颐首先对"道心、人心"进行阐发。他认为道心是与道合一之心，是道德本体的自我呈现，称："心，道之所在；微，道之体也。心与道，浑然一也。对其良心者言之，则谓之道也；放其良心则危矣。"② 关于"人心"，他认为是人的物质欲望等："人心，私欲也。"程颐认为"道心"和"人心"是对立不可调和的，主张灭人心存道心。朱熹则认为："若说道心天理，人心人欲，却是有两个心。人只有一个心，但知觉得道理底是道心，知觉得声色臭味底是人心。"③在朱熹看来，心是一个知觉之心，人既有道德理性，也有感性欲望，不能只肯定前者、取消后者，道心、人心之别是天地之性与气质之性的差异，他称："心之虚灵知觉，一而已矣，而以为有人心、道心之异者，则以其或生于形气之私，或原于性命之正，而所以为知觉者不同，是

---

① （明）黄道周：《榕坛问业》卷十五。
② （宋）程颢、程颐：《二程遗书》卷二十一下，《二程集》。
③ （宋）朱熹：《朱子语类》卷七十八。

以或危殆而不安，或微妙而难见耳。然人莫不有是形，故虽上智不能无人心；亦莫有是性，故虽下愚不能无道心。"① 朱熹认为，心是一个知觉之心，但是由于气禀的不同而又有道心和人心之异。道心源于天命之正，是天地之性，是至善的；人心杂有形气之私，是气质之性，有善有不善。道心和人心是圣人和下愚都具有的。人心易溺于人欲，道心微妙而不显，故："必使道心常为一身之主，而人心每听命焉，则危者安，微者著，而动静云为自无过不及之差矣。"② 朱熹虽然认为人心、道心只是一心，是人的知觉之心，但是他以道心主宰人心，以天命之性主宰气质之性，仍有"两心"之嫌。③

一　人心之与道心，皆天也

黄道周既然反对气质之性，其对人心和道心的解释和朱熹有差异，在逻辑上也就取消了人心和道心的区别。他称："心者，情之精微者也。情动而心静，情两而心独。《书》曰'惟精惟一'，盖言独也。独矣，而又曰人心道心，何也？人心之与道心，皆天也。天以健行，日夕不遑；君子自强，惕厉乾乾。"④黄道周不认同朱熹把"心"看成是一个知觉心，他所认为的"心"具有超越意义，称"心"是"情之精微者"，此"心"在此处意指本心⑤，本心唯精唯一，自然是独体。此独体虽然分为人心和道心，其实是"一心"，都是来自于天的，秉承了天性、天命。联系黄道周的性善一元论，既然人心和道心都来自于天，都应该是至善的，他的人心和道心就不同于朱熹所称的形气之私的有善有恶的人心和性命之正的至善的道心。

关于道心微、人心危的解释，黄道周像朱熹那样把"微"归到"道心"，把"危"归到"人心"，但是他对人心之"危"的解释却不同于朱熹。朱熹认为人心由于容易受到物感而陷溺，所以"危"且不安；而黄

---

① （宋）朱熹：《中庸章句》序，《四书章句集注》。
② 同上。
③ 参见陈来《宋明理学》，其中称朱熹认为人心和道心属于"心"，不是"性"，且道心属于已发之心，并不是未发。
④ （明）黄道周：《易象正·乾坤》。
⑤ 关于性和情的关系，黄道周《榕坛问业》卷十中载："情是性之所分，情自归万，性自归一，性是情之所合。"在《榕坛问业》卷一又称："（此物）指明出来则直曰性，细贴出来则为心、为意、为才、为情。"

道周解释人心之"危"则认为，人心是天命在于个体的特殊之心，虽然有容易陷溺和失去的可能，但在人身上，此心则是时时谨慎、不敢流逸的。他称："道心着于天地，至微而难知；人心着于人，至危而不敢逸。故人承天者也，危承微者也。"① 黄道周认为，道心在天地上，与天地万物为一体，因为物我无间且无我，所以至微而难知，而人心就人类而言，落在个体身上，由于易受到外界的污染和影响而至危，虽然至危，但人对心的把握丝毫不敢懈怠，不敢任由其流逸。人心和道心同是一心，没有善与不善之别，所以人是承受天命者，而人心之危也是与道心之微相通的。正是因为道心和人心是一心，黄道周立足于其性善一元论，反对在一心之中划分出天理和人欲、善和恶的对立，他称："人心、道心，犹之天道、人道。天道极微，难得不思不勉，止要人涵养渐到从容田地，便微者自宏；人道极危，难得便精便一，止要人择执渐到诚明去处，便危者自平。不是此一心，便有理欲、善恶俱出性地也。"②

虽然黄道周承认有人心和道心的划分，但指出这种划分不是根本上的不同，而是一心之变化，他称："昼夜同一道心，看不明白，人心便起；风雷同一德性，感得躁暴，气质便殊。人能敬静，在在见极，便无复昼夜风雷之别，亦无复养心养气之殊。"③ 道心和人心的区别在于受后天的、主观的因素的影响，而不是如朱熹所言是先天的区别。

两种对于人心不同的解释其实是两人在人性方面认识不同的结果。朱熹认为有气质之性，所以人心作为气质之性的一个体现，易流于欲，陷溺于欲则有不善。而黄道周认为气质之性不是性，虽然人心、道心有区分，但不是二元之分，而是一元之两面。正是基于这个原因，黄道周解释道心和人心是同一的，都是天道性命相贯穿。

黄道周这种认识也体现在他关于"微""危"的关系的论述上。黄道周将"微""危"统一起来，而不是割裂来看，他认为因为"微"所以"危"，"惟其微极，是以危至。故危者，微之所以审几也；微者，危之所以存义也"④。由于道心隐藏于微且至极，容易失去和背离，即所谓危至。"微者"是道心，"危者"为人心，在人心和道心关系上，黄道周认为，

---

① （明）黄道周：《榕坛问业》卷十。
② （明）黄道周：《子静直指》，《黄漳浦集》卷三十。
③ （明）黄道周：《榕坛问业》卷六。
④ （明）黄道周：《易象正·乾坤》。

藏匿于微的道心通过人心来审察几动、发萌之端，而人心则通过道心来载有仁义。黄道周更强调两者是一致的，没有善与不善的差别，都是道的体现。

二 性和情

情感问题也是中国儒家哲学关注的重要方面，"性情"作为一对范畴是儒学的一个重要内容。孔子的伦理哲学的一个基础就是情感，他称："人而不仁，如礼何？人而不仁，如乐何？"① 孟子对人性的探讨，注重道德理性和道德情感的统一，注重不忍人之心和恻隐之心。荀子主张性情统一。到汉代，董仲舒主张以性节情。至唐，韩愈对性、情做了不同的规定，认为"性也者，与生俱生也；情也者，接于物而生也"②，性为先天、情为后天的理论被后来的宋儒所接受并进一步完善。周敦颐对性、情这一对范畴阐述不多，他以诚为本体，认为其静时纯粹至善，其动则有善恶，但是并没有明确提出性体情用、性善情恶。张载认为性善，情则有善有恶，"情未必恶，哀乐喜怒发而皆中节谓之和，不中节则为恶"③。他以"中节"为标准来衡量情的善恶，提出要以性主情、以情顺性。二程则主张性情统一，性是理，是人的本质，而情是性的发动，人的道德理性要通过情来实现。同时，二程也提出，情作为性之发动，有合乎和不合乎性的矛盾，在不合乎性的情况下，要"约其情"，通过克制感性而将其提升为纯粹的道德情感。朱熹吸收了前人的思想，明确将性情规定为体用，称："性是体，情是用，心字只一个字母，故性情字皆从心。"④ 在动静关系上，性为静，情为动，"一心之中，自有动静，静者性也，动者情也"⑤。同时，朱熹继承张载的"心统性情"，认为"性者，理也。性是体，情是用，性情皆出于心，故心能统之"⑥。他认为，性是心之体，情是心之用，心是贯统性情的总体。在性情关系上，朱熹认为情之未发为性，"情之未发者性也，是乃所谓中也，天下之大本也。性之已发者情也，其皆中节则

---

① 《论语·八佾》。
② （唐）韩愈：《原性》，《韩昌黎全集》卷十一，世界书局民国二十四年版。
③ （宋）张载：《语录》中，《张载集》。
④ （宋）朱熹：《朱子语类》卷五。
⑤ （宋）朱熹：《朱子语类》卷九十八。
⑥ 同上。

所谓和也，天下之达道也"①。

关于性情关系，黄道周认为，性和情是统一、不可分离的。他称："情是性之所分，情自归万，性自归一，性是情之所合。"②情是来自于性的，情表现为多样性；性是情的统合和整合，其表现为一，是根本和根据。在黄道周看来，情也是"此物"的表征之一，他称："（此物）指明出来则直曰性，细贴出来则为心、为意、为才、为情。"③从根源上讲，情是出自于性的，自然情也是善的，但是情容易受到外界的影响和外物的牵引，所以有善有恶。

他从身心关系来剖析性情关系，称：

> 身心原无两物，着物便是妄意。意之与识，识之与情，情之与欲，此数者，附身而起，误认为心，则心无正面，亦无正位，都为意识情欲诱向外去。孟子所云"操则存，舍则亡"，又云"物交物则引而去"，正是此话。若论格致原头，要晓得意识情欲，俱是物上精魄，不是性地灵光也。有所是江北人常谈，未必是齐鲁雅语，如晓得忿懥恐惧好乐忧患，俱是物感，从身而起，不从心生，则定静中间，自然安虑。人到安虑，始识此心真正面目，不然只是自弄精魄。④

黄道周认为，身心在最初状态是一体的，但由于身容易受到外物的牵引和陷溺，而产生意识情欲，造成身心分离。意识情欲是身心分离后附身而起的产物，与心没有关系，所以黄道周称其不是性地灵光。正因为身心处于分离状态，他称："意识情欲，总之非心，事物纠缠，所以不止。"⑤但应该看到，由于身和心在原初未被物所感的状态下是一体的，所以他认为"意识情欲是心边物，初不是心"⑥。既然情的产生来自于外物的诱惑，如无外物，则情也会消失，黄道周称："如是情者，则菀枯开落，与物同尽矣。"⑦

---

① （宋）朱熹：《太极说》，《晦庵先生朱文公文集》卷六十七。
② （明）黄道周：《榕坛问业》卷十。
③ 同上书，卷一。
④ 同上书，卷十二。
⑤ 同上。
⑥ 同上。
⑦ （明）黄道周：《榕坛问业》卷十。

　　黄道周严格区分了性和情的关系，认为意识情欲由于感物而产生，待其产生形成，就和性毫无关系，不能将之认为是从心体而产生的。这和黄道周坚定的性善一元论的立场是一致的。

　　虽然黄道周从身心关系谈论情的产生时，将情欲并提，认为两者都是身心分离之后的产物，但是他对情和欲的规定和关系有明确的认识，他认为情是"喜怒哀乐"，欲是"忿懥恐惧好乐忧患"，两者性质不同。当门人问喜怒哀乐与忿懥恐惧好乐忧患的分别时，黄道周答道："雨旸燠寒风只别时恒，不争气候。乾坤之中，七纬五行俱是正面，到有变乱，才成灾沴。忿懥恐惧好乐忧患已是乱行，难说犹是喜怒哀乐之性。"① 他认为喜怒哀乐是性的正面，而忿懥恐惧好乐忧患已经变乱，是乱行后的产物，与性没有关系。情不仅和欲有着严格的区分，而且情和一般的需要之间也存在分离，他称："喜怒哀乐是主人分上，视听饮食是僮仆分上。主人体简，僮仆事烦。人到卧时，便无视听饮食之用，却当卧后认得喜怒哀乐之性。"②

　　进一步探析，黄道周称"喜怒哀乐之性"，简称"情之性"，这里有两层释义：一是，认为性是情的根本之性，即情背后以性为根本；二是，性可以用情来规定，即喜怒哀乐就是性。黄道周前面称"性是情之所合"，从这个角度理解，则喜怒哀乐就是性，他这个看法和刘宗周对"喜怒哀乐"的看法有相似之处。③

　　既然情即性，黄道周肯定情而否定欲，对于情，他称："喜怒哀乐是庸常有的，直做到天地位、万物育，亦是寻常事业，无甚光怪。"④认为人之喜怒哀乐是庸常有的，其发而中节，无所乖戾，所以能够与天地万物并立。既然喜怒哀乐是庸常之有，所以"人生如无喜怒哀乐便与木石同体，合下便说无怒无过亦与佛门一般"⑤，认为人不能无情。

　　在情的善恶上，黄道周的观点有含糊混杂之处。一方面他认为情和性是不分的，情是性所分，按照此推理，至善的性所分出的情，自然是善的；他同时又认为，情是由于外物的牵引和外界因素的感应而产生的，因

----

① （明）黄道周：《榕坛问业》卷十二。
② 同上。
③ 参见刘宗周《刘子全书》卷十《学言》上："喜怒哀乐即天命之性也。"
④ （明）黄道周：《榕坛问业》卷二。
⑤ 同上书，卷七。

而情可能有善有恶。这种性善情恶的观点需要借助未发和已发的解释，黄道周认为当情和性合一，未被外界所影响时即未发时候，是善的，当情由于感物而产生时，就有善有恶，是已发状态。这样看来，性情皆为体，性由于受到外界的习染而出现恶，也可以说是由于情之感物而产生的恶，亦是性善一元论的贯彻。

因为情属于已发以后，受到外界的影响而有善有恶，"情有所好，亦有所恶"①，所以要"治情"，达到"好恶以贞，性命乃固"②的结果。他称："人生而有视听，……视听者，亦性之所露也，其不屏淫声、挥艳色者，则情之所及而性所不注也。……人有情，物有气，皆佐性而为用。圣人之缘饰，匪以治性，而以治情也。圣人即情以为性，贤人葆性以驭情。"③他认为，人对好色的喜爱和对淫声的喜爱都是情发的缘故，情发后而有善恶，所以圣人要治情。情和性虽然统合，黄道周还是两分而看，且以性主宰情。他认为，性情合一是对圣人来讲的，由于其性纯然，无有杂染，所以能够"即情以为性"，而对于平常人来说，情容易感物而有动发，所以要"葆性以驭情"。通过对情的控制和修治，复见天性，他称："君子见性，以御其情，黜情竭才，复归于性。情黜则诚，才竭则明，诚明相生，以根于心，风雨晦冥，不移寸阴。"④

三　人三品说

黄道周根据其性善一元论将人分为三类，即圣人、中人和中人以下，或者说是以中人为分界，分为中人以上、中人、中人以下。他提出"人都是此中人"⑤，"圣门上七十二贤，个个是个中人"⑥，"夫子看人俱从中起"⑦，"夫子一生竭力只在子臣弟友分上看得老老实实，只如中人一般"⑧。中人是其人三品说的前提条件，在这个前提下，他认为人由于不同的抉择和努力而发生变化，或居于中人以上，或居于中人以下。

---

① （明）黄道周：《孔图序》，《黄漳浦集》卷二十。
② 同上。
③ （明）黄道周：《拟子顺辨性》，《黄漳浦集》卷三十一。
④ （明）黄道周：《乐性堂记》，《黄漳浦集》卷二十四。
⑤ （明）黄道周：《榕坛问业》卷十一。
⑥ 同上。
⑦ 同上。
⑧ 同上。

首先他解释了"中人"之"中"字的含义。以夜半之中的中为例，他称："如夜半为中，此中在亥子之间，如天地定针千转不变者。虽十二时俱在子半方位，然从此子半上走亦是白边，下走亦是黑色边也，上清下浊，上白下黑。人在平地以上皆天，鬼在平地以下皆地，自平地上皆见精光，自平地下才无景曜。夫子说'中人以下，不可以语上也'，明是鸡鸣而起孳孳为利之徒。"① 黄道周认为，人的不同类别基于中人为准，向上走则谓中人以上，向下走则谓中人以下，而且，他具体指出中人以下即是"鸡鸣而起孳孳为利之徒"。可以看出，黄道周以为道和求利来区分人品。

正因为他以道和利来区分人品，所以人品的变化成为可能，孜孜于求道者则是上人，反之，汲汲于求利者则谓下人。他借张载水中之珠来说明珠子作为人的先天人性是没有差别的，但由于不同选择而使人居于不同的品位。他称：

> 既然有珠，何愁不说？平水自有升沈，人都是此中人，登峰造巅亦是此路，坠渊入谷亦是此路。趣兴高者如平地自到泰山，趣兴卑者如平地自沦深岸。坠珠径尺尚有宝光入海沦波，岂是象冈离朱之所能瞩？圣门上七十二贤，个个是个中人耳，除是彼妲诿人，才不与谈礼乐之务，其余诸子各各成就，何曾见圣门三尺，犹有鱼盐之业？②

黄道周以中人为界，认为人若孜孜不倦而求仁道，则谓中人以上，即是上人。若自甘堕落而不求仁道，则谓中人以下，中人以下之类不能体会到上语。黄道周称："'中人以上'此语便可语上了。孟子说'人所异禽兽者几希'，几希两字，上下多少？如在几希中间，隐然见得人禽分关、圣狂异路，岂是声臭毛伦之所得至？《中庸》说'道不远人'，夫子一生竭力只在子臣弟友分上看得老老实实，只如中人一般，末路才说'上天之载，无声无臭'，至矣！其所谓无声无臭者与不闻不睹岂有分别？"③

虽然圣人是上人，但黄道周认为圣人不是天生而来就是上人，圣人亦是中人浸浸而上的结果，就如孔子也是只如中人一般，一生竭力，克复践

---

① （明）黄道周：《榕坛问业》卷十一。
② 同上。
③ 同上。

仁，他称："天地斗争，玄黄俱伤，人以其中，血类未离，洗濯而出之，聪明犹是也，耳目犹是也。其可以利诱，可以威劫，可以名动，可以义死，可以耻去，可以闷止，则犹然中人耳。且不独中人，即使圣人者，其道业未就，功庸未立，旅进旅退，若闷若耻，亦犹然中人耳。"①

黄道周认为："中人认得上语，便是上人。"② 他举例说："胡宪、刘勉之同入太学，闻涪陵谯定得易诣于伊川。遂至涪陵受业，久未有得，以问谯定，定曰'心为物渍，不见本性，唯学可明耳'。胡刘乃归，一意克复，遂为晦翁之师。罗从彦见杨时，三日惊汗浃背，曰'不如是几虚过一生'，似此三人都是中人以上。"③ 他认为胡宪、刘勉之和罗从彦三人识得天道性命之语，闻得高深幽微之道，且浸浸向上，所以是中人之上。黄道周虽然认为人都是中人，只要在求道方面"一息在平地，双眼悬青天，死而后已，不亦远乎"④，则可以成为中人以上。成为中人以上就是上人了，黄道周称："自中人以上皆上也。"⑤ 既然是中人以上，便可以语上了。看来，黄道周肯定学习和后天的努力，可以使人达到上人乃至圣人的境地。

黄道周认为中人流落到中人以下有三种原因：一是受到外界的诱惑和蛊惑，他称："自有乡愿以来，鼓动中人沦胥汩没到下流，一般孳孳为利，无复出头日子，虽道斯世只是中人，其实是中人以下了，如此才无上达之路。……今日皆中人，无足敬者，则亦曰皆中人，无足应者。"⑥ 二是人自安而不求闻得天道性命而成为中人以下，他称："人以中人自安，亦渐到下流路上，提撕不得耳。"⑦ 三是人不仅自安而且自甘堕落，所以居于中人以下而不能闻得天道性命，他称："只是中人以下，便自堕落，既自堕落，便说地上不来，何况上天之载?"⑧

黄道周的人品说并没有将人固定在某一个品位上，而是认为，圣人、中人和中人以下的三类人所居位置的不同，原因在于人是否能够不断地涵

---

① （明）黄道周：《榕坛问业》卷十一。
② 同上。
③ 同上。
④ 同上。
⑤ 同上。
⑥ 同上。
⑦ 同上。
⑧ 同上。

养修持自身，而体求天道性命。基于此，他不同意程颢的观点，称："切勿如程伯子所云气质不同，变化未易也。"[1] 他在肯定人具有善性的同时，亦肯定"人有好善恶恶"的本性和内在需求，所以他注重人自我完善的需求和后天努力，而不是先验地将人分为三品。

第三节　对三种人性论的批判

中国古代人性论随着历史的发展而不断丰富。春秋战国时期，性善论、性无善恶论、性恶论都已出现，体现了古代思想家们对人的本质的不同思索。汉代的人性论主要以气来解释人性，到宋代，则以性二元论为主，到明清，则又回归到性善一元论。关于人性的界定，概括而言有以下几类规定：一、生而自然者，用人的自然属性来规定人的本质，如告子的人性论、阳明后学的观点；二、人之所以为人者，用道德理性来规定人的本质，如孟子、陆九渊、王阳明等人的观点；三、用宇宙根源或者"理"来规定人性，如张载、二程、朱熹等人的观点。在人性论上，黄道周坚持性善一元论，对不同的人性论进行了批判。

一　对"生之谓性"的批判

"生之谓性"在儒家人性论中占有一席之地，最早告子提出"生之谓性"的命题，与孟子的性善论相辩论。从告子的论述来看，他主要以"食色"[2]等自然生理需求来规定性的本质，所以，他的"生之谓性"可以表述为"生之然之谓性"。继后的荀子称"生之所以然者谓之性"，认为性是一生物之所以如此生长的内在规定。董仲舒也从生之自然上言性，他称："性之名，非生与？如其生之自然之资谓之。性者，质也。"[3]此质指的是自然之资质。总体看来，此时期的"生"主要从自然生命层面来理解"性"。

到了宋代，二程对"生之谓性"做出了新的诠释。程颢认为："生之

---

① （明）黄道周：《榕坛问业》卷五。

② 参见《孟子·告子上》中告子曰："生之谓性。""食色，性也。""性无善无不善也。……性犹湍水也，决诸东方则东流，决诸西方则西流。人性之无分于善不善也，犹水之无分东西也。"

③ （汉）董仲舒：《深察明号第三十五》，《春秋繁露》卷十。

谓性，性即气，气即性，生之谓也。人生气禀，理有善恶，然不是性中元有此两物相对而生也。有自幼而善，有自幼而恶，是气禀有然也。善固性也，然恶亦不可不谓之性也。"① "盖'生之谓性'，'人生而静'以上不容说，才说性时，便已不是性也。"② 程颢认为，人性是由气禀决定的，气禀有善恶，则人受之，亦有善恶，因而恶也是先天的。程颢以生言性，但程颢所言的"生"的内涵已经不同于告子等所指的自然的生命。他言"生"取义于《易传》中"天地之大德曰生"，"天地纲缊，万物化醇"，"生生之谓易"等，是从天道的生生之德而来，所以他认为可以用生来规定性。

黄道周对此"生"的解释并不否定，肯定天地之性有生生之德，但与程颢不同的是，他认为"生生之德"是至善的，而不是二气交感的有善有恶的气禀之性，这样，他就否定了程颢的先天之恶也是性的提法。他称：

> 生字只是就字起义也，如何便指为性？"天地之大德曰生"，生是天地之性，是就理上看来，故曰"天生蒸民，有物有则，民之秉彝，好是懿德"，不曾以二气交感者称性也。以生谓性，自然以食色为性，以食色为性，便与鸟兽异类无别耳。《记》曰："别声被色而生。"只是说他活路，岂是所以生之理也？就生上可拆到几希所在，犹王伯安少年拆竹木，要求理所在也。水之润下，火之炎上，金之从革，木之曲直，人之仁义礼智信，岂可拆其形体而求之？③

黄道周认为，用生来形容性之"生生不息"的特性，此"生"来规定天地之性，是从理上，而不是从气上规定。从理上看，此"生"的落脚点为物则、秉彝、好德等至善之性，从气上看，阴阳二气交感化生、造就万物只是此"生"之德、之理的外在表现。黄道周亦指出，如果以生论性，则必然导致以食色为性，食色是人的生理本能，如果以人的生理本能为性，则人性与鸟兽之性就没有差别，无异于告子对"生"的理解。

---

① （宋）程颢、程颐：《二程遗书》卷一，《二程集》。
② 同上。
③ （明）黄道周：《榕坛问业》卷十七。

由于性是一物之所以为此物的根据和内在规定，所以不能从"生"的角度来寻求性，以"生"求性，就是从一物的外在特征和形态上寻找性，如缘木求鱼，徒劳无功，黄道周称之为"拆竹求理"。

虽然不能以生论性，但"生"和"性"之间仍有关系。针对门人提出的"性为生者乎"① 的问题，黄道周指出"性与生来，不从生生"②。黄道周认为性与"生"不是完全没有联系，性要借助人之生来实现，没有人，自然也无从谈性。但是，性不是从生中产生出来的，性是独立于生的，两者是并列关系，而不是相生关系。性和生两者有不同的规定内容，"性是天命，生是物质，物质虽凋，天命不死"③，性是超越于人之生理的，是亘古而恒久的，而生命形体则有一个存在和消亡的过程，所以，"君子之性也，非为生之谓也。天之所命，道之所立，天下之所法，后世之所颂。畎亩而享南面，韦布而配上帝。孟子曰：'君子所性，仁义礼智根于心'"④，即是言个体之生，是物质生命萌发、成长、结束乃至消亡的过程，而个体之性则使一个人成为人的根据，是天之所命，作为个体要向上秉承于天，向下彰显于世，以实现"天之所命"，体现性的流行和发用。

从生的角度，黄道周亦谈论了"性灭"问题。他认为："性不可灭，爱敬之道灭而性灭；性不资生，爱敬之道生而性生。故曰：'父子之道，天性也。'以毁而灭性，使父失其慈，子失其孝，州闾乡党失其仁，则谓之灭性。灭性之非伤生，犹伤生之非灭性也。然而生伤则其性亦浸灭矣。故毁之与伤，圣贤所同戒也。"⑤他肯定性体本身恒久不变，性体的流行发用而成为爱敬之道，爱敬之道体现了天道人性，其如损减或爱敬之道不行，则是灭性。灭性不等于伤生，就如生命遭到损害也不是性灭，但是，如果有伤生则会出现性灭的情况。黄道周亦强调，"仁孝之义存，爱敬之理得，虽死而不灭；仁孝之义亏，爱敬之理失，虽生而已伤"⑥。保全生命肢体并不是保全性体的根本，保全性体的根本是存仁孝爱敬之理。不存

---

① （明）黄道周：《孝经集传·丧亲章第十八》。
② 同上。
③ （明）黄道周：《榕坛问业》卷十。
④ （明）黄道周：《孝经集传·丧亲章第十八》。
⑤ 同上。
⑥ 同上。

仁孝爱敬之理，虽保全身体，则亦已灭性。黄道周亦针对名与性的毁减关系做了分析，认为"性不灭，名亦不灭"①。性主名从，自身有其性，本性而得其名，性名相称，故性体不灭，君子不恶名；亲之名不与自身相生，所以尊之，尊敬即是不恶名。但是主动求名和近名，则意味着灭性。"灭性，近名者也；伤肤，近刑者也。名者，性之残刑者，性之贼也。"②他认为名是外在的文饰，性是本于天道，其质素朴，求名或者近名则是危于性体。

二 对宋儒二元之性的批判

黄道周立足于自己的性善一元论，对宋儒的二元之性多次进行指责。他认为孔孟以下，历代诸儒对人性的认识都有偏差，尤其指出到宋代以后，这种误解更为鲜明。他称："古今唯有周、孔、思、孟识性字，杨、荀、周、程只识得质字，告子亦错认质字耳。"③ "自孟子后，无有知性者。董、贾尚不错，至周、程便错耳。"④他从古到今历数众位儒家的人性观，认为只有周公、孔子、子思、孟子等人对人性有深入的理解，孟子以降，汉代的董仲舒、贾谊的观点尚可接受，而其他人如杨朱、荀子、告子及至宋代的周敦颐、二程的人性观都存在偏差，算是不知性者。

针对宋儒来说，周敦颐、张载、二程在人性问题上的观点都被黄道周所指责，这种指责亦延伸到明代的王阳明和王畿等人身上，批评他们对人性认识和理解有误。当然，朱熹没有被黄道周点名批评，但是他对周敦颐、张载、二程的批评也算是间接批评了朱熹的人性论观点。他称：

> 自濂溪以来，都说性是虚空，人受以生耳。⑤
>
> 宋儒于"性"字不十分理会，所理会者止是孟子"口之于味"一章，误入食色云雾，所以明道亦谓气质之性，濂溪亦分善恶刚柔，皆于此中看得混杂。⑥

① （明）黄道周：《孝经集传·丧亲章第十八》。
② 同上。
③ （明）黄道周：《榕坛问业》卷十。
④ 同上书，卷十七。
⑤ 同上书，卷七。
⑥ （明）黄道周：《儒脉》，《黄漳浦集》卷三十。

濂溪以至静为性，善恶为几。伯淳以本善为性，善而有恶者为质。姚江、龙溪皆宗是旨，源流漫汗，只是继成注脚耳，何关立教上事？伯淳云"才说性，便已不是性也"，岂有圣贤作是言义？荀卿才说性恶，便开李氏牵犬之路。伯淳径云"善固是性，恶亦未尝不是性"，如此则是天亦有善恶也。儒者回护伯淳甚于夫子，亦是当时未有思量耳。①

有宋诸儒，初皆泛滥内典，于性命上事看不分明。《易》称继善成性，《学》《庸》止善明善，孟夫子直接思曾，更无半语差错。濂溪便说性上有刚善柔善，刚恶柔恶，此皆错认二五以为太极，错认气质以为天性也。伯淳原本濂溪，便说有气质之性、义理之性，与孔孟何其异旨？张横渠聪明在诸贤上，又说"由太虚有天之名，由气化有道之名，合虚与气有性之名，合性与知觉有心之名"，不知虚、气更是何物？如此等议论，岂可令孔孟见之乎？②

由以上几则材料可见，黄道周对宋代的周敦颐、张载、二程，到明朝的王阳明、王畿等人的人性观都进行了点评，指出了其错误所在。

黄道周对周敦颐的批评集中在两点：一是批评周敦颐以动静论性，在善恶问题上没有具体阐述清楚，指出"濂溪以至静为性，善恶为几"的错误；二是批评周敦颐对性的刚柔善恶的区分，批评其以阴阳五行为太极，以气质为天性，认为"濂溪便说性上有刚善柔善，刚恶柔恶，此皆错认二五以为太极，错认气质以为天性也"。

作为宋明理学的开山之人，周敦颐以"诚"论性，认为诚是人的本性，诚是"纯粹至善者也"③。诚之所以是至善，是因为诚作为本体是寂然不动的、无所作为的，"诚，无为"④。而善恶则是"几"的结果，他称："几，善恶。"⑤朱熹注："几者，动之微，善恶之所由分也。"周敦颐从伦理的角度说明诚无为而静，所以善，几动而有为，则有善有恶。至于诚作为至善的性体，为何动而能产生善恶来这个问题，周敦颐并没有明

---

① （明）黄道周：《榕坛问业》卷七。
② （明）黄道周：《儒脉》，《黄漳浦集》卷三十。
③ （宋）周敦颐：《通书·诚上第一》，《周敦颐集》卷二。
④ （宋）周敦颐：《通书·诚几德章第三》，《周敦颐集》卷二。
⑤ 同上。

确说明，而后人对此理解也各不一致。就黄道周而言，他认为周敦颐以"至静为性"，其实是对周敦颐对于"性"的规定的误解，但是，从他的立场出发，既然性以至善为根本规定，"至静为性"的观点当然是错误的。至于将善恶的来源归为"几"，更有悖于黄道周的看法。

其次，黄道周认为周敦颐以刚柔善恶来论性亦有不足之处。在《通书·师第七》中，周敦颐称："性者，刚柔、善恶、中而已矣。"如果以诚来论性体，则应该没有刚柔善恶中的差异，而周敦颐提出这样的差别之论，明显为二程乃至朱熹留下了将人性区分为气质之性和义理之性的线索。黄道周则本于至善的性体立场，认为刚柔善恶是气质，不是性，因而称周敦颐错将气质当成了天性。

对于张载，黄道周主要批评他以气论性。黄道周认为，虽然张载否定了气质之性，但他在人性的问题上仍然有含糊之处。就张载"太虚即气"的理论来看，他认为"太虚"是性的渊源，其称"太虚无形，气之本体。其聚其散，变化之客形尔。至静无感，性之渊源"①，指出太虚是无形的、至静的、无感的，是性的渊源，太虚的本性即是天地之性。同时，他又称"太虚为清，清则无碍，无碍故神。反清为浊，浊则碍，碍则形"②，其"散殊而可象为气，清通而不可象为神"③，"合虚与气，有性之名"④，这样就有了太虚和清通、浊碍之气相结合的可能，就会产生"天地之性"和"气质之性"。人禀受阴阳二气，又有清浊、形体的影响，如此所具有的气质之性是恶的来源，而人先天具有的太虚之性，即天地之性是善的来源。但是，作为存在本体的、没有价值规定的气，如何能引导出有价值底蕴和价值判断的人性？张载没有解释这种转折，黄道周则看到这个漏洞，所以称："不知虚、气更是何物？"

对二程的批评，黄道周主要分为两个方面：一是"伯淳以本善为性，善而有恶者为质"，批评二程以善恶论性；二是"伯淳原本濂溪，便说有气质之性、义理之性，与孔孟何其异旨"。他批评二程将性分为气质之性和义理之性，也间接批评了朱熹的人性论。

在人性论上，二程把"气"的观念引入人性论，提出："论性不论

---

① （宋）张载：《正蒙·太和》，《张载集》。
② 同上。
③ 同上。
④ 同上。

气，不备，论气不论性，不明。"① 据此把性区分为"生之谓性"与"天命之谓性"。程颐称："'生之谓性'与'天命之谓性'同乎？性字不可一概论。'生之谓性'，止训所禀受也。'天命之谓性'，此言性之理也。今人言天性柔缓，天性刚急，俗言天成，皆生来如此，此训所禀受也。若性之理也，则无不善，曰天者，自然之理也。"②"生之谓性"指的是气质的禀受，也叫"气质之性"；"天命之谓性"，或称"天命之性""本源之性"，指性之理，是指个体生之前就已有的至善之性，是天理在人性中的呈现，是"自尧舜至于涂人，一也"③的存有。二程认为作为天命之性的人性是至纯至善的，而作为气质之性的人性则是有柔缓刚急之别、有善有恶之分，因此，每个个体先天的人性都是善的，但由于出生时所禀受的气有清浊偏正的分别，后天的人性则有善恶的不同。虽然二程通过气禀说很好地解释了为什么人性有善恶的问题，但是他们认为恶也是性，这就与性善出现了矛盾，所以黄道周称："如此则是天亦有善恶也。"指出了其逻辑上的矛盾之处。

二程评论孔孟的人性思想，认为："性相近也，此言所禀之性，不是性之本。孟子所言，便言性之本。"④ 在他们看来，孔子的"性相近"是指气质之性，并未提及天命之性，孟子所说的性善指的是天命之性，孔、孟各谈及了人性的一个方面，都有不完备之处，要全面地谈论人性，必须兼备性、气两个方面，即"生之谓性"和"天命之谓性"，二者要相提并论。针对此观点，坚持性善一元论的黄道周认为，孔孟所谓的性就是至善的性，没有二性，更不能称气质为性，二程的说法则有悖于孔孟的原旨。其门人认为孔子说"性相近"，已经含有周、程的意思，黄道周反驳道："不然。譬如桀纣无群小青蓝，其初亦近于尧舜，此处便是性善。决说不得尧舜无禹皋护持，必至于桀纣也。继善成性，是天命合人的道理；继志述事，是人道合天的道理。譬如祖父遗下产业，此都是极好意思，到其间田土佳恶，物产精粗，便是肥硗气质上事，如何说祖父意思有善恶也？"⑤黄道周着眼于性端，或者说性的本初状态，认为在本初阶段，桀纣、尧舜

①　（宋）程颢、程颐：《二程遗书》卷六，《二程集》。
②　同上书，卷二十四。
③　同上书，卷十八。
④　同上书，卷十九。
⑤　（明）黄道周：《子静直指》，《黄漳浦集》卷三十。

没有差别，都是性善。此善和气质没有关系，就如祖父遗留下田地的心意与此田地的佳恶，物产的精粗、肥硗无关一般，本善的性和气质不杂且相离。

黄道周对宋儒的二元之性的批判之波也荡漾到了王阳明和王畿身上，称："姚江、龙溪皆宗是旨，源流漫汗，只是继成注脚耳，何关立教上事？"认为他们两人以程颢的观点为宗旨，亦离开了性善论的根本。分析看来，王阳明提出"无善无恶心之体"的本体论观点，在善恶问题上，他继承了程颢"天下善恶皆天理"[①]，"善固性也，然恶亦不可不谓之性也"[②] 的思想，承认恶的存在，认为恶是从性体发用和流弊上讲的，他称："性之本体，原是无善无恶的，发用上也原是可以为善，可以为不善的；其流弊也原是一定善一定恶的。"[③] 又称"至善者，心之本体。本体上才过当此子，便是恶了。不是有一个善，却又有一个恶来相对也。故善恶只是一物"[④]，以是否过当来分善恶，将善恶统一于一物。此种种看法，无论是"无善无恶心之体"，还是"善恶只是一物"，与黄道周的性善一元论有差，所以黄道周批评王阳明性善论不彻底。对于王畿的批评，亦针对其"无善无恶心之体"的主张。王畿认为心体无善无恶，随之的意、知、物亦无善无恶，就等于赋予了包括心灵在内的所有思虑感觉活动的合理性，而这种全盘的合理性给心灵的自由和放纵提供了理论根据，此正是黄道周所强烈指责和批判的对象。

三　对阳明后学自然人性论的批判

从南宋后期到明初，程朱理学逐渐占据了学术界乃至整个思想界的重要位置，成为学术界的主导力量。思想界的局面皆以"先师子朱子为归。凡六经传注、诸子百家之书，非经朱子论定者，父兄不以为教，子弟不以为学"[⑤]。不仅学术思想奉程朱理学为圭臬，社会日常伦理规范也以程朱理学为准，如"言不合朱子，率鸣鼓而攻之"[⑥]。程朱理学独占话语权，

---

① （宋）程颢、程颐：《二程遗书》卷二上，《二程集》。
② （宋）程颢、程颐：《二程遗书》卷一，《二程集》。
③ （明）王阳明：《传习录》下，《王阳明全集》卷三。
④ 同上。
⑤ （清）何应松：《（道光）休宁县志·风俗》卷一。
⑥ （清）朱彝尊：《道传录序》。

处于垄断地位，成为政治权力和官方意识形态的诠释文本。这种思想意识制度化的结果使程朱理学失去了作为一种学术思想所具有的独立性和批判能力，成为一种空洞苍白的道德文本和教条之言，继而出现僵滞和衰退的趋势。因此，迨至明中期，程朱理学开始由盛而衰，并受到其他学术的冲击。其中，明后期，王阳明遥承孟子之学，顺着陆九渊的心学思路，采摘佛道思想，构建了阳明心学。王阳明之后，其门人弟子对此学术从不同的视角进行补充和深化，再加上当时私学的兴起和讲学风气的普遍流行，王学以其简洁明快的理想主义在很短的时间内就吸引了很多士人，在隆庆、万历年间，宣讲阳明心学的书院比比皆是，"缙绅之士，遗佚之老，联讲会，立书院，相望于远近"①。

阳明后学虽然在心学的传播和广为接受上起到了很大的作用，但在人性论上，由于阳明后学本体派过分凸显了心灵的自觉和自由，不仅消解了儒家对社会所承担的责任，导致了对修养工夫的鄙视和对世俗生活中情欲的放浪无拘，导致了伦理道德约束能力趋于薄弱甚至瓦解。其对传统礼教的蔑视，对传统价值观的背叛，对理学所代表的儒学精神的颠覆，对社会秩序稳定的冲荡和破坏，此种种是当时传统儒者对其进行批判和官方制度对其加以钳制的深层原因。

就王阳明本人来说，黄道周十分推崇，肯定阳明之学在弘扬儒学方面的地位，他称："文成当宋人之后，辞章训诂，汩没人心，虽贤者犹安于帖括，故明陆氏之学，易简觉悟，以使人知所返本。"②肯定阳明之学是对朱熹理学的一种救正，它撤除了程朱理学高悬在外的理，直指人的本心或者良知，认为个体无须依靠外在伦理道德规则的约束，也无须依赖外在的天理的临鉴，就可以"知所返本"。

对于阳明后学，黄道周则持批判态度，他称："今其学（阳明之学）被于天下，高者嗣鹅湖，卑者溷鹿苑，天下争辨又四五十年，要于文成原本所以得此，未之或知也。"③黄道周认为阳明后学已经超出了阳明心学的范围，高谈者辩于心性之微，阔论者倾向于佛老，两种倾向都已经偏离了阳明之学的根本。阳明后学中，王畿认为："天命之性粹然至善，神感神

---

① 张廷玉等：《儒林传》，《明史》，吉林人民出版社1995年版。

② （明）黄道周：《王文成公集序》，《黄漳浦集》卷二十一。

③ （明）黄道周：《王文成公碑》，《黄漳浦集》卷二十五。

应，其机自不容已，无善可名，恶固本无，善亦不可得而有也。是谓无善无恶。若有善有恶，则意动于物，非自然之流行，着于有矣。自性流行者，动而无动；着于有者，动而动也。意是心之所发。若是有善有恶之意，则知与物一齐皆有，心亦不可谓之无矣。"①认为良知本体是"见在一念，无将迎，无住着，天机常活，便是了当千百年事业，更无剩欠"②，被指责为流于虚玄之谈而生荡越，其"无善无恶心之体"有明显的自然人性论倾向；王艮提倡乐学，亦强调良知现成，不假工夫，自然流行，胡瀚谓"汝止以自然为宗"③，由于不辨良知情识，刘宗周批评谓"猖狂者参之以情识"④。王畿之说流荡于虚玄之形上体悟，无切实之工夫，以致将良知教等同佛氏之学；泰州学派之弊在于将情识混杂于良知之流行，认为凡自然流行必发于良知，以致满街皆圣人。

不仅阳明后学背离了阳明之学的意旨，对于其在当时社会上造成的巨大影响，黄道周甚为担忧，称：

> 今之君子，为利以考文，为文以饰行。苟取习俗，以诬圣贤，以愚黔首，以诳天子。其稍有意义者，选妙征隽自命而已。其平易通晓，则里巷之所周臂，揆于古今治忽善败，则蒙然末视。见之而喜，去之不思，自是而学问之道可废也。夫苟有令捐圣贤，塞道德，则止犹是制也，而显弃其教，以仁义为迂衰，高坚为僻昧，则闾巷白望者皆可皋比，自命粉饰而耀先王之业。即使天子一旦顾盼，询治忽之故、善败之纪，亦将嗫咿举所熟习，丘盖聊且以对，则是圣贤所教人仁义文行，为权利贸市者逋薮也。且无论圣贤旒冕在上，但使其妻子董之，见是良人者，脱冠带，弛灶下。其情态言说，具僮妪之所料得，而出巍冠，坐高堂，衡量天下，无敢难者；退而私怪，此其方法岂可使儿孙复习之乎？⑤

---

① （明）王畿：《天泉证道记》，《龙溪王先生全集》卷一，明万历四十三年（1615）张汝霖校刊本。
② （明）王畿：《郎中王龙溪先生畿》，《浙中王门学案二》，《明儒学案》卷十二。
③ （明）黄宗羲：《教喻胡今山先生瀚》，《浙中王门学案五》，《明儒学案》卷十五。
④ （明）刘宗周：《证学杂解》，《刘子全书》卷六。
⑤ （明）黄道周：《冰天小草自序》，《黄漳浦集》卷二十一。

　　他批评阳明后学的流弊，如重利、从欲、不尊圣贤、虚玄、荡越、不学等，认为种种取向不仅造成了对传统礼教和道德的冲击和破坏，而且对圣学的传承也极为不利。

　　具体分析，黄道周对阳明后学的批判主要集中在对龙溪之学和泰州之学的批判上，这和晚明思想界对阳明后学的尖锐批评是一致的，批评的重点即落在王学后学所造成的种种背叛和破坏上。①

　　顾炎武在其《日知录》"朱子晚年定论"一条中称："王门高弟，为泰州（王艮）、龙溪（王畿）二人。泰州之学一传为颜山农（钧），再传为罗近溪（汝芳）、赵大洲（贞吉）；龙溪之学，一传为何心隐（梁汝元），再传为李卓吾（贽）、陶石篑（望龄）。"②按照顾氏的划分，黄道周对龙溪之学的批判，主要针对的是王畿、李贽；对泰州学派的批评，主要针对罗汝芳。洪思在《冰天小草自序》的"按语"中说："时天下将乱，王畿、李贽之言满天下，世之治制举义者不归王则归李。归王之言多幻，归李之言多荡，凡不则不洁之言皆形于文章。子忧之，谓谢焜曰：'为王汝中、李宏甫则乱天下无疑矣。吾将救之以六经。'辛未四、五月乃伏枕为之，皆自意向以自道其怀，与世之为制举义者异。倪文正公见之喜甚，为之论列示海内，大江左右为之一变，士之以六经为文章，盖自冰天小草始也。"③洪思上番言语出自黄道周在《谢光彝制义序》中所言："王汝中、李宏甫之言始复重于天下。归王之言幻，归李之言荡，于是勃豀溲溺、不则不洁之言皆形于文章，而文人才士始不复能束修以自师于天下。……然知为王汝中、李宏甫则乱天下无疑矣。"④黄道周认为王畿之言以"玄"为主，其谈玄说悟，流于空寂，无别于佛老之说。当时的刘宗周亦批评王畿之言，称："超洁者荡之以玄虚，而夷良于贼。"⑤相比较，李贽之言则"荡"，指其说任由人的自然情欲流泻而不加约束。王李二人之说

---

①　参见程志华《困境与转型—黄宗羲哲学文本的一种解读》一书。程志华认为，阳明后学本体派对于阳明心学的推拓主要集中于人性论上。就人性论来看，阳明后学本体派的理论主要表现为虚玄和荡越两个方面。所谓的虚玄是指由阳明心学无善无恶心之体的本体之无引发了儒学性善论传统的否定；所谓的荡越是指对阳明心学主体精神进行无限的推拓而引起的对传统礼教的冲击。

②　（明）顾炎武：《日知录集释》，岳麓书社 1994 年版，第 666 页。

③　（明）黄道周：《冰天小草自序》，《黄漳浦集》卷二十一。

④　（明）黄道周：《谢光彝制义序》，《黄漳浦集》卷二十三。

⑤　（明）刘宗周：《证学杂解》，《刘子全书》卷六。

不仅使文章出现非圣无法之说，不以圣贤之说为尊，而且使士人思想混乱，没有取舍标准，且对孔孟之学的传承也是一种摧毁。

鉴于此，黄道周对王畿、李贽持一种全然的批判态度，称："天下人各有心眼，那个不知龙溪、温陵（李贽）说吃不得？"①但是，对于罗汝芳、周汝登的态度则相应要缓和一些，称："如罗近溪、周海门近来诸公，引人入悟，初亦不离仁义礼乐，只要自家卓尔高坚，虽造屡空，不坠空界。"②肯定罗汝芳和周汝登等仍然立足于仁义礼乐，而没有完全脱离孔孟之学的根茎。对于罗汝芳的关于乐的观点，黄道周称："近日罗近溪先生亦于乐字上探得八分，只有乐字，便不厌不倦，外内圆成了。"③"罗近溪先生少年颖悟，谓孔颜只是个乐，如此看荣启期、林类，岂不贤于闵冉耶？"④ 罗汝芳认为"孔颜之乐"是一种自自然然、天机活泼的境界，不需要计较和寻觅，不需要理性思考，要"不追心之既往，不逆心之将来，任他宽洪活泼，真是水流物生，充天机之自然"⑤，如同赤子之心一般顺适自然、天机活泼。罗汝芳的"孔颜之乐"显示了乐的自然感性的一面⑥，而这种乐的观点立足于他的自然人性论。黄道周大体赞同罗汝芳对"乐"的看法，称其在"乐字上探得八分"，但仍含有不赞同的意味，既然是八分，还剩下两分的缺憾，就黄道周的观点来看，"乐"不仅仅是一种自然之乐，更是道德之乐。只有体会到本体具有道德性，是至善，才能到达"孔颜乐处"。正是看到罗汝芳的自然人性的取向，他明确地表达了不赞同，指出如果罗汝芳认为孔颜只是个乐，则这种乐和荣启期、林类等道家人物所表达的乐就有混淆的可能，而儒家所称的道德境界的乐和道家

---

① （明）黄道周：《榕坛问业》卷一。
② 同上。
③ 同上书，卷三。
④ 同上书，卷五。
⑤ （明）黄宗羲：《泰州学案三》，《明儒学案》卷三十四。
⑥ 《明儒学案》中引有罗汝芳对"孔颜乐处"做出的一段完整解释，这段释义来得相当明晰。问："孔颜乐处？"罗子曰："所谓乐者，窃意只是个快活而已。岂快活之外复有所谓乐哉？生意活泼，了无滞碍，即是圣贤之所谓乐，却是圣贤之所谓仁。盖此仁字，其本源根柢于天地之大德，其脉络分明于品汇之心元，故赤子初生，孩儿弄之，则欣笑不休，乳而育之，则欢爱无尽。盖人之出世，本由造物之主机，故人之为生，自有天然之乐趣，故曰：'仁则人也。'此则明白开示学者以心体之真，亦指引学者以人道之要。后世不省仁是人之胚胎，人是仁之萌蘖，生化浑融，纯一无二，故只思于孔、颜乐处，竭力追寻，顾却忘于自己身中讨求着落，诚知仁本不远，方识乐不假寻。"

所谓的自然之乐有明显的区别。

概括而言，黄道周从孟子的性善论出发，坚持性善一元论，认为只有至善的义理之性才是人性的根据，恶的出现是由于至善之性在展开和形成的过程中受到后天习染和杂糅的结果。另外，他亦通过性情关系来解释恶的原委，认为性情合一，情是由于感物而形成，有善有恶。正是因为恶是后天习染和感物的结果，所以黄道周强调后天的努力，认为人都是中人，只要中人汲汲而上求道则是中人以上，而中人营营而下求利、不求仁道则是中人以下。站在性善立场上，他对三种流行的人性论进行批判，反对宋儒的性二元论，否认气质之性，反对阳明后学的自然人性论，反对以生论性。

第五章　工夫论

本体与工夫是宋明理学的核心论题之一，其中，工夫论是关于主体修养的学问，它是中国传统哲学的有机组成部分和特色所在。理学工夫论涉及的内容非常广泛，诸如穷理尽性、格物致知、下学上达、涵养察识、读书静坐、洒扫应对，等等，皆在其列。概括而言，工夫论可以归纳为本体工夫、工夫次第、具体修养方法三个方面的内容。每一个学派、每一个思想家由于为学宗旨不同，其本体工夫、工夫次第与具体修养方法也各有不同。

黄道周极为重视工夫，他认为，要明本体，要体认本体，即使是圣人，也需要工夫，他称："圣人言诚，要与天地合德；言明，要与日月合明。此理实是探讨不得。周公于此仰思，颜回于此竭才，难道仲尼撒手拾得？圣人于此，都有一番呕心黜体工夫，难为大家诵说耳。做圣贤人，不吃便饭。"① 黄道周认为，不仅周公、孔子、颜回都不离工夫，就如二程拜见周敦颐特领无欲真静之体，李侗教门人探寻未发气象，也须实实下手，认得造次颠沛之间不违仁，认得终食之间不违仁，认得颜回三月不违仁，皆须下一番呕心黜体的工夫，而不能单单借助于静思和静坐来体认本体、天道。

黄道周的工夫论思想主要包括如下三方面内容：在认知论上，注重格物致知，亲和程朱，兼采陆王；在修养论上，主张敬诚，收敛人心；在知行观上，主张知行一事，具体来讲，他在知上主张力学，在行上主张行素。

---

① （明）黄道周：《黄漳浦集》卷首。

第一节 对阳明后学工夫论的批判

明代中后期，随着王学的兴盛，学风日益走向空疏玄虚，特别是阳明后学，轻视修持工夫，专以"明心见性"相标榜，"以明心见性之空言，代修己治人之实学"①。这种轻视工夫的空疏学风给明末社会造成严重破坏。针对阳明后学不重工夫的学风，黄道周进行了严厉批判。他认为：

> 圣贤相引，只是无尽工夫，大禹不自满假，求仁无怨，欲仁不贪，如就克伐怨欲上消磨光净，去仁何远？只怕他执煞认着，谓招降杀贼，便是天下太平也。……参看今人都说不行四者②，还有四者根在。又说在外面打迭，不在里面磨砻，难道四者根株尚在外面乎？又道不行底象，如壅水，如截疟，难道壅水截疟，夫子还说是难事也？正如禹周驱逐鸟兽，益稷粒食生民，一段仁心，还须千年与舜文合证，且勿说杀贼招降，便是盗息民安，即使比户可封，难说圣心便了也。③

他批评阳明后学本体派的放弃学，放弃工夫，尊崇自然的主张。黄道周称：

> 《易》曰"穷理尽性以至于命"，又曰"乐天知命故不忧"，乐天不从好学，此乐竟从何来？如良知不由致知，此良究竟何至？良有三训，良言善也，言常也，言小顷也。言善者，从继善来，所称柔顺利贞者是；言常者，犹称良常，所谓厥有恒性者是；言小顷者，犹称良久良已，所谓乍见夜气者是。其言自然者，不过不学不虑一段而已，亦是不学不虑而良，不是不学不虑才训作良也。人读书都要读其易者，难处放过，如生成潇洒者，顽皮无碍，问他所知所好所乐，中间开放果是何物，亦复茫然。晋人道解饮者自知饮趣，如不解饮者闻

---

① （清）顾炎武：《夫子之言性与天道》，《日知录集释》卷七。

② 参见《论语·宪问》"不行四者"："克、伐、怨、欲不行焉，可以为仁矣。子曰：可以为难矣，仁则吾不知也。"

③ （明）黄道周：《榕坛问业》卷二。

酒辄醉，岂亦复领醉妙耶？①

黄道周指出三点：一、乐从好学而来；二、主张良知由致知；三、不学不虑不等同于良。黄道周所称其实是对阳明后学流弊的一些救正。关于乐和学，黄道周显然在批评王艮一派，王艮以学乐为宗旨，其子王襞亦提出学是多余，罗汝芳也主张不学不虑。黄道周指出乐只能是好学的结果，强调"致知"，认为"致知只是学耳"②。不仅要学，而且要关注工夫，他称："程正叔云'学者如登山，平处阔步到峻处，莫不逡巡'。某亦云学者如提灯，灯亮时自谓眼力甚明，灯灭时，虽一身手足，亦不能自信也。要须学得此光，与日月同体，低头内照，不失眉毛。"③黄道周强调通过学才能达到对天道的体悟，只有学才是达到"孔颜乐处"的途径，"自家认得是学，人家认得是道，勿复问人此中是何学何道也"④。第二点是针对泰州学派的良知工夫而言。王艮提出"天然良知"说，认为良知本身就是自自然然的，是现成自在的，不须任何人为的工夫；罗汝芳对于"致良知"也不赞成，他认为，如果致是扩充，则说明良知是不充分的、不完满的，是存在缺憾的，这样良知就不是良知，亦不是良能。黄道周指出，如果放弃致良知的工夫，良知根本无由而至。关于第三点，黄道周批评了泰州学派所谓的"自然"和"不学不虑"。罗汝芳称："圣人之为圣人，只是把自己不虑不学的见在，对同莫为莫致的源头，久久便自然成个不思不勉而从容中道的圣人也。"⑤他认为个体"不虑不学的见在"就是良知良能，不用为也不用致，只要把这种良知良能和天命相贯穿就可以成为一个圣人。黄道周认为，以"不学不虑"来认取良知是对于良知的错误理解。不学不虑是良的性质，但是不学不虑不等同于良。对此，黄道周提出自己的理解，他称：

圣贤原无顿路，只是源本，的的不差。《易》称："乾以易知，坤以简能；易则易知，简则易从；易知则有亲，易从则有功；有亲则

---

① （明）黄道周：《榕坛问业》卷五。
② 同上书，卷七。
③ 同上。
④ 同上书，卷五。
⑤ （明）黄宗羲：《泰州学案三》，《明儒学案》卷三十四。

可久，有功则可大；可久则贤人之德，可大则贤人之业。"此贤人便是圣人君子一流人。……夫子说以约失之者鲜，孟子道不失赤子之心，人能保此赤子之心，到不惑知命，何患不到圣贤田地，赤子无他，亦只是易简，易简只是恒性，今人说良知良能，便要静虚吐灵发许多光焰出耳，何不说易知简能，朴朴实实，无机无械，夫子说圣人可做，我也直地要做圣人，夫子说圣人不可做，我也直地做我不做圣人，简简易易，可知可能。《易》曰"直方大，不习无不利"，有盈泰便是习，直方大便是性。性字既明，天亦可到，圣人则犹是人耳。[①]

总体而言，黄道周强调践履，强调习，反对阳明后学的空疏之为。他在批评阳明后学本体派不重工夫的立场上，提出了自己的工夫论思想。

第二节　论格物致知

"格物致知"出于《大学》"欲诚其意者，先致其知；致知在格物。物格而后知至，知至而后意诚"。但《大学》只是提到"格物""致知"，并未对其作出阐释，此看似空白的地方，使得"格物致知"成为后来儒家不断进行解释和发挥思想的重要领地，正如刘宗周称："格物之说，古今聚讼有七十二家！"[②]

一　宋明理学视野中的"格物致知"

宋代以来，理学家们对"格物致知"的阐释更为精致、多样，朱熹作为理学的集大成者，在继承二程格物致知思想的基础上，提出自己的格物致知论。朱熹所谓的"格物"，简单表达就是"即物穷理且至极"，也就是说朱熹认为格物就是穷究事物之理，且将其理推至极致。又因为理普遍存于一切事物之中，无论大小精粗之物，还是草木禽兽都具有理，因此"格物"之"物"也是上至宇宙本体，下至一草一木统统包括。其所谓的

---

① （明）黄道周：《榕坛问业》卷十四。
② 转引自彭国翔《中晚明阳明学的格物之辩》，《现代哲学》2004 年第 1 期。

"致知"是"穷得物理尽后，我之知识亦无不尽处"①。朱熹的格物强调通过对外在客观事物进行泛观博览和考察后体认到天理，表现出知识论的理路。②虽然朱熹强调"格物致知"最后要达到道德理想的境界，但他的知识主义倾向使得心灵对天理的自觉认知能力逐渐淹没在浩繁、充栋的经典注释中。再者，朱熹认为上到无极而太极，下到一草一木一个小昆虫，都有自己的理，如果"一事不穷，则阙了一事道理，一物不格，则阙了一物道理"③，据此他认为人们应该尽可能地探索、穷尽各种自然知识和书本知识，在观物和读书的过程中，通过学习知识而达到对天理、实体的体认。这种"道问学"的知识主义取向在当时就遭到专主"尊德性"的陆九渊的强烈反对，认为通过追求外在的各种知识而促成对天理的领悟，此途径是枝蔓之举，其反而会阻碍人们体验终极真理和超越境界。

到明代，王阳明更是力主扭转这种外求的方向，转而向内推拓，认为"物"并不是外在的事物，而是"意"之所在，"物"是属于"内"的④，格物就是"格其心之物也，格其意之物"⑤。王阳明将格训为正，是"去其心之不正，以全其本体之正"⑥ 的正，格物就是"正其不正，以归于正"⑦ 的过程。此"正其不正"也是"诚意"，他称："功夫难处，全在格物致知上，此即是诚意之事。"⑧在王阳明这里，"格物""致知""诚意"是一贯的。格物是格内心之物，外部世界的纷纷现象都依赖人的心灵给予其价值和意义，因此无须外求于物，只需内转求得先天存在的良知并把它推至于天地万物即可。

朱熹和陆王在"格物致知"上所体现的认识论的差异，亦贯彻到他

---

① （宋）朱熹：《答黄子耕四》，《晦庵先生朱文公文集》卷五十一。

② 参见彭国翔《中晚明阳明学的格物之辩》，其中称朱熹的"格物"也包括对内心念虑的省察，但此内容在其"格物"中不占主要的地位。朱子的"格物"说恰恰是作为以反观内省解释"格物"的对立主张而提出的。这从朱子对杨时（字中立，称龟山先生，1053—1135）将"格物"解释为"反身而诚"的批评即可见。对朱子格物说的考察，可参考陈来《朱子哲学研究》第十三章，华东师范大学出版社 2000 年版，第 294—314 页。

③ （宋）朱熹：《朱子语类》卷十五。

④ 参见（明）王阳明《大学问》，《王阳明全书》卷二十六。王阳明称："物者，事也，凡意之所发必有其事，意所在之事谓之物。格者，正也，正其不正以归于正之谓也。正其不正者，去恶之谓也。归于正者，为善之谓也。夫是之谓格。"

⑤ （明）王阳明：《答罗整庵少宰书》，《王阳明全书》卷二。

⑥ （明）王阳明：《传习录》上，《王阳明全书》卷二。

⑦ 同上。

⑧ 同上。

们的知行观上。由于朱熹重视对知识的追求，不免将知和行分开，认为需要知，才能行，强调知先行后，称"论先后，知为先"①；而王阳明的"致良知"则主张知行合一，称："一念动处，便是知，亦便是行。"②

王阳明的知行合一观在其门人弟子那里出现了分化：以王畿、王艮等为代表的本体派主张良知现成，人性自足，直指本心即可，无须借助工夫来悟得本体；与此不同地，以钱德洪、聂豹为代表的工夫派则强调由工夫的修持入手来达到对本体的认知和体悟。在黄道周生活的晚明时期，阳明后学本体派所高扬的"悟得本体为功夫"的舍弃工夫的倾向在知识和道德追求层面上引起极大的动荡，很多学人束书不观，游谈无根，主张顺性自然，不务实修。面对王学末流空疏之弊，黄道周"格物致知"思想向朱子之学的靠拢和再次阐发，即是对王学后学不重工夫的流弊的一种反拨。

二　黄道周的格物致知新论

清代单德谟为《榕坛问业》重新刊行时作序，称："夫有明之代，自正统以还，金溪、鹅湖之说，得姚江、江门而遂盛。分歧别帜，与考亭为犄角者，此倡彼和。士大夫几是非互淆，黑白莫辨。先生（道周）起自闽海，辞而辟之，观其函大发端，则以格物致知、格物知至为第一要义③，亦可知其立教之所尚矣。是书也，虽卷帙无多，而崇正黜邪、矫枉归真，谓其为经书功臣、洛闽宗派也可。"他认为黄道周以格物致知、格物知至为第一要义而将其归于洛闽宗派，可见格物致知思想在黄道周学术思想中的重要地位。黄道周重视格物致知，源于其生活的晚明时期，阳明后学本体派所高扬的"悟得本体为功夫"的舍弃工夫的倾向在知识和道德追求层面上引起极大的动荡，很多学人束书不观，游谈无根，主张顺性自然，不务实修。面对王学末流空疏之弊，黄道周的"格物致知"思想向朱子之学靠拢并进行阐发，是对王学后学不求知识、不重工夫等流弊的反拨。

---

① （宋）朱熹：《朱子语类》卷九。

② （明）王阳明：《传习录拾遗》第十九条，《王阳明全集》卷三十二。

③ 《榕坛问业》卷一载："甲戌五月十有六日，榕坛诸友会于芝山之正学堂，坐定发端，便以格物致知、物格知至为第一要义。云：'此义明时，虽仲尼子渊，坐晤非远；此义不明，虽祖朱祢陆，到底不亲。'"

黄道周的格物致知思想概括来讲，可以说是"格物是个明善"①。此"善"是至善，格物的目的是彰显和体认至善的本体。他既肯定至善的本体的客观性，称"宇宙内外有形有声至声臭断处，都是此物贯彻，如南北极，作定盘针，不由人安排得住"②，又肯定至善本体的主观性，是"吾身中，独觉独知，是心是意"③，因而他的格物理路是根据本体的双重性质而展开的。一方面，他主张格物要通过对外在事物的具体之理的认识而达到对天地万物根本之理的认识，是一个从特殊、个别之理到一般、普遍之理的过程，这承袭朱熹的格物致知之思路，如他认为格物就是要穷尽物理，要求门人多识多闻，仰高钻坚，而后能明通贯串，体认天道。另一方面，他强调"明善即是致知，诚身即是格物"④，主张对内心的澄清和涵养就是格物，诚身明善就求得真理，如他在对"峻德格上下""中和成位育"的理解上，肯定格致绝不从事物上寻求的看法。⑤

应该看到，黄道周努力调和程朱和陆王两家之学的分歧之处，这种努力在王学忽视格致工夫的背景下出现亲和朱学的趋势。同时，他的格物论没有完全脱离王学色彩，而是出现一种综合和摇摆的特点，下文将详细论述其格物思想的主要内容。

（一）"物"——格致对象

在格物致知上，黄道周认为，首先要知道何为物，也就是何为格的对象，明确这个问题之后才能进行认识和体察，他称："不晓得物，何由说格？"⑥ 黄道周认为格物之"物"的范围广大，称"宇宙内外有形有声至声臭断处"⑦ 都是格的对象，又称格是"格于上下，格于鬼神、鸟兽、草木、鱼鳖道理"⑧。总体看来，黄道周的"物"包括三个方面的内容：一是客观之物，如黄道周所称的鸟兽、草木、鱼鳖等自然存在，是客观世界

---

① （明）黄道周：《榕坛问业》卷一。

② 同上。

③ 同上。

④ 同上书，卷十七。

⑤ 黄道周《榕坛问业》卷一载："是日唐君璜推拓此义于象山、涑水、近代姚江异同，上下对得甚明，大要宗主紫阳，以穷于物理为有体有用。某但云：'如贤说都是，不须辨折。'未后又问云：'如下章峻德格上下，《中庸》云中和成位育，此格致又决不从事物上寻求？'某亦云：'不须辨折，如贤都说得是。'"

⑥ 同上书，卷十七。

⑦ 同上书，卷一。

⑧ 同上。

内存在的万物；二是精神之物，如鬼神、心、意、情、欲等，他称"若论格致原头，要晓得意识情欲俱是物上精魄"①；三是本体，指"此物"，他称："一部《大学》，格致当头，只是此物。"②黄道周言"此物"，就本体意涵而来，"此物"作为本体，"此物"是至善的，网罗万象，涵摄心、意、知、物、身、家国、天下，所以"此物"即是"一物"，他称："形色之与天性，文章之与性道，总是一物"③，"天下只是一物，更无两物，日月、四时、鬼神、天地，亦只是一物，更无两物"④。"只此一物，通透万物。"⑤《宋明理学史》一书谈到黄道周所指的"物"，称其将"物"局限在天文历象、鸟兽、草木等自然事物上，而不是具有道德精神之类的"物"，不是朱熹所谓的"天理""人伦""圣言""世故"的道德教条⑥，因此黄道周格物的目的旨在寻求客观事物之规律和原则，而不是明道德之"善"。显然这个说法有悖于黄道周本人的观点。

（二）格物与识仁——格致过程

黄道周认为格物致知之义与仁是等同的⑦，所以，格物就是"识仁"的过程。"识仁"才能于颠簸流沛之中而不会偏离，且不改追求。他称："如识仁者，中间岂有欲恶取舍？岂有富贵贫贱？岂有终食造次颠沛？故说'必于是'。是者，与仁同骨，不与仁同髓，如说'必于仁者'，犹于是处看不通透也。"⑧又称："凡人学问处处，要从心性中出，勿从口耳边来。从口耳边来者，如听街谈，闻欢说苦，冷齿搏胸，枉自啼笑。从心性中出者，如向战场，拔父救兄；如在异乡，遇妻怜子。此处看不分明，切勿读书也。"⑨黄道周认为格物首先要识仁，要从心性出发，如此面对富贵、贫贱、生死、颠沛流离才能不为所动，不舍弃道，安仁慕义。反之，即使是不断地读书学习，仍然易于流为贪富贵、怕死之徒，他列举历史上

① （明）黄道周：《榕坛问业》卷十二。
② 同上。
③ （明）黄道周：《格物证》，《黄漳浦集》卷三十。
④ （明）黄道周：《榕坛问业》卷十七。
⑤ 同上。
⑥ 参见侯外庐等主编《宋明理学史》，人民出版社1997年版。
⑦ 黄道周《榕坛问业》卷一载："翼日诸贤又说：'圣门只是论仁，他无要义，格致之义，可是仁不？'某云：'为有此个才看得万物皆备，古今来只有《西铭》极透此意，勿说万物一体是腐生之陋谈。'"
⑧ 同上书，卷七。
⑨ （明）黄道周：《〈诗〉一房制义序》，《黄漳浦集》卷二十二。

的人物为例："如马融就聘于邓骘，中郎应召于董公。两人皆颇知学，但未尝在仁字站足。……如王子明以天书固相死请为僧，张天觉力诋温公舍家奉佛。此两人亦颇知学，却未尝在仁字问途。"①他认为这些人即使有很好的学问，但因为不"识仁"才落得如此下场。

同时，黄道周认为要人于"必于是"处看得分明，虽终食间，亦需要十年学问，所以"识仁"亦要"下学"，称："藏往知来，自是圣神要义。温故知新，自是学人正谛。此处关人灵明亦总须学问耳，岂在言语推来？"②他重视学习，反复强调要读书学习，他称："吾人读书，只管得不寝不食，发愤忘忧。"③ 又称："学问犹天上日月，东西相起，决不是旧岁星辰觉今年风雨，亦不是今岁晦朔觉去岁光明。吾人只此一段精魄，上天下地，无有停期，温故便知千岁，知新便损益百代，切勿为时师故纸蔽此晶光。"④

黄道周一方面强调格物需要识仁，要克己复礼，向内推求；另一方面，他也重视知识的学习和行为的实践，主张将两者结合起来，体现了其综合朱王格物论的倾向。

（三）致知与知止——格致目标

黄道周认为"致知"的目标是要"知止"，此"知"字含名词和动词两义，作为名词，此知即是至善之知，作为动词，此知即是知止。因此，对于"知"，黄道周分为两面而论。他称："致知之知是明明之明，知至之知是本明之明。"⑤ 他做如此区分，来自于其对格物两个过程即"格物致知，物格知至"的认识。就"格物致知"阶段来说，"致知"是一个明明德的过程，此"知"是对"明德"或者说对本体不断澄明和彰显的过程，具有动词义；"物格知至"则是明德已明的阶段，此"知"即是"至善"之知，本体已经明晃晃地自存和通透，所以黄道周称其为本体之明。

就"致知"一阶段而言，首先，黄道周认为"知"就是"知止""知至善"。他从《大学》出发，认为致知的"知"是"知止"，"止"是

---

① （明）黄道周：《榕坛问业》卷七。
② 同上。
③ 同上书，卷三。
④ 同上书，卷一。
⑤ 同上书，卷十六。

止于"至善"，因此，"知"就是"知至善"，他称："千古圣贤学问，只是致知，此知字只是知止，试问止字的是何物？象山诸家说向空去，从不闻空中有个止宿；考亭诸家说逐物去，从不见即事即物止宿得来。此止字只是至善。"①黄道周认为"知至善"就是格物的目的，致知就是体认至善的本体，实现天道性命合一的境界。他批评陆王之学在格物上有向空的走向，有流于佛老之嫌；亦批评朱子之学偏向于逐物，集中于细节末端的体会。就"致知"来说，黄道周将其作为"格物"的目的和结果，认为"致知"就是"知止"，就是明明德，从而达到万物同原。

对于"知止"，他亦从其与定、静、安、虑的关系来解释。②黄道周认为定静安虑四个字表达了知止之"止"的含义，即"止"是一个动态概念，是一个止于至善的过程，而不是一个静态、不动的结果，"止"包含了定、静、安、虑四个概念，他称："定静安虑是止的意思。"③ 同时，对于"知止"，黄道周认为其是定静安虑的前提，称"知止是定针上事"④，知止即是知至善，有了这个前提，定静安虑才能发动，亦不会落入佛门，他称："圣门说安止，直从至善入手。佛门说定静，直从无善不善入手。至善者如水就下，百折皆东。无善不善者，直待海枯泉竭，闭门安坐。"⑤黄道周认为儒家和佛家由于前提和入手不同，所以儒家起于至善则能够参赞天地，而佛家从无善不善着手，只是一味安坐。因而他批评佛家只求定静而没有知止，虽有定静的状态，却与天地相隔，不能贯通，他称："他（佛家）是面壁瞪眼看石墙，一缕云生，眼帘垂放，何处讨有星汉回环？"⑥他不仅立足于至善来区分儒释的区别，亦强调学者必须先认至善，认得至善，自然知止。如果颠倒了知止和定静安虑的关系，是先定静下手，先认定静，在定静上下工夫，则定静亦不能得。

其次，在"知"的获得上，黄道周承袭朱熹的思路，强调"知"是通过格物得来的。朱熹称："若不格物，何缘得知？"⑦黄道周亦称："未能

---

① （明）黄道周：《榕坛问业》卷一。
② 参见《大学》"知止而后有定，定而后有静，静而后能安，安而后能虑，虑而后能得"。
③ （明）黄道周：《榕坛问业》卷十六。
④ 同上。
⑤ 同上。
⑥ 同上。
⑦ （宋）朱熹：《朱子语类》卷十五。

格物，知字消息如何相探得来？"① 重视主体对外界事物物理原则的探究和对精神道德原则的追寻，认为致知的过程就是不断学的过程，他称："程伯子云涵养须用敬，进学则在致知，致知只是学耳。"②黄道周强调学，认为致知就是学，但他所认为的学不仅仅局限于知识的获得，更主要是在道德践履中实现价值，强调道德主体的德性本质和行动践履。他称："此学岂有须臾可断？造次颠沛正是学问大关。只此知字，不是识想所造耳。如夫子居平说修身，一正心便了，才说三近出来，觉正心尚有不了处。我辈不实实用工，岂知好学、力行、知耻，此六个字，于吾身上一毫糊涂不去。如有一毫糊涂，又那得造次颠沛之用？"③黄道周将致知看成是学，同时又将学和行统合起来，从而达到知行合一，缓解了朱熹从知识的获得到价值体验之间的紧张。

简言之，黄道周以"知止"为"致知"的目标，"知止"就是"知至善"。同时，黄道周认为"知"的获得要通过"格物"，且"格物"与"识仁"兼行。

（四）万物同原——格致的最终境界

体验到万物同原是黄道周格物论最终要达到的境界，此境界是格透时的体验，他称："家国天下与吾一身，可是一物，可是两物？又问吾身有心、有意、有知、梦、觉，形神可是一物两物？自然谻然，摸索未明，只此是万物同原推格不透处。格得透时，麟凤虫鱼，一齐拜舞；格不透时，四面墙壁，无处藏身。"④如何达到万物同原的境界，黄道周提出，首先要在多识的基础上而达到"一贯"，"一贯如大法树，万叶千枝，不离此树；学识如花叶，随风映日，不离初根。即此是本末条贯，不为鸟语蝉啼所乱"⑤。学识要以一贯为根本和目的，体会到"一贯"，即体会到了"万物同原"。他称："圣人'一贯'，只是养得灵湛，看得无限名象从此归休，首尾中间同是此路。"⑥他继而解释道："此事某常讲贯，无人会者。凡天地贞观，此是气象凝成，在学识中做，体干自在；日月贞明，此是精

① （明）黄道周：《榕坛问业》卷一。
② 同上书，卷七。
③ 同上。
④ 同上书，卷一。
⑤ 同上书，卷四。
⑥ 同上。

神所结，在学识中做，意思回环。有此两样，理义万千，费千古圣贤多少言论。唯晓得两极贯串，贞一而动，天地日月，东西循环，总此一条，走闪不得。四顾星河，烟云草木，都是性道，都是文章，至此便有要约，何消重疑？"①黄道周认为在学识中达到明通贯穿，性道文章合一，即是体认到本体，体会到万物一物、万物一体，不会被林林总总的外物所累。其次，黄道周认为要达到万物一体的境界需要体认到本体，即他所称的"此物"。他认为体认到"此物"，则知道日月星辰、山川树木、飞禽走兽、人类都没有分别。当时人们纷纷议论朱陆异同，黄道周批评说"都是胸中有物不透，看得东西大小白黑耳"②，若将"此物"格透，则晓得朱陆一家。他认为人们之所以看物物有别、人物有别，皆是对"此物"没有格透，称："今日只管看得此物透与不透。如透者，宓羲神农与今日天下了无分别；如不透者，呼韩稽首，屠耆接踵，犹是隋朝世界，天下未平也。"③落到实践层面上，黄道周称不明"此物"则不能经纶世界，拘泥于事物的特殊性上，达不到通透照耀的境界。

黄道周认为立足于"此物"来看人身、心性与家国、天下，它们之间的外在差异就会泯然消失而成为一物。"此物"在更深层次上取消了内外之别、物我之差，使得客观世界与主观世界、形而下世界与形而上世界、道与器贯通为一体，即黄道周所称的"万物同原"。本体论上的"万物同原"，此"原"即是"此物"，是万物的根本和所以然。黄道周注重"万物同原"的境界，认为人若格透"此物"，则与万物同体而一齐拜舞，无内外之别，无物我对峙，与大化同流。

三　对朱王格物思想的综合与超越

王阳明指出朱熹格物论的内在矛盾，认为："先儒解格物为格天下之物，天下之物如何格？且谓一草一木亦皆有理，今如何去格？纵格得草木来，如何反来诚得自家意。"④ 王阳明批评朱熹的格物论借助"格天下之物"的知识性途径以期达到"诚得自家意"的价值性结果，认为通过知识性的途径去实现价值性的目的的努力是徒劳的。虽然这种通过把知识的

---

① （明）黄道周：《榕坛问业》卷一。
② 同上。
③ 同上。
④ （明）王阳明：《传习录》下，《王阳明全集》卷三。

客观性转变为道德的理性和价值性的方式在个体和天理之间设置了一个途径，但由于程朱理学的发展而出现过度追求知识的积累和细节的体会，以至于内在心灵对天理的体认和主体的实践性被吞噬在浩繁的经典注释中，所以出现王阳明对其矛盾之处的指责。黄道周在格物的思路上亲和朱学的思想，主张"即物穷理"，要求去观物，察识事物内在之理。这种穷究事物之理的取向不可避免地带有知性色彩，这种知识论的倾向如何转化为价值性的需求和目标的问题也相应凸显出来，也就是说，如何化解朱子格物论之中的内在矛盾？在这个问题上，黄道周又倾向于借助王学来消除这种内在扞格。这种援入表现在他借助《中庸》《周易》《孟子》中的明善、诚身、尽心、尽性等来与《大学》的格物致知相诠释，从而，他的格物论不仅综合了朱王两家思想，亦有其超越之处，表现在以下五个方面。

第一，在格物的对象上，黄道周认为外在的客观之物和内在的精神之物都是格的对象，主张两者并重。就本原来讲，对"物"的界定上，他认为外在的客观之物和内在的精神之物同为一物。在格物的起点上，一方面，黄道周认为格物要对外在客观事物进行穷究而达到体认至善，因此他主张读书学习，称："天下长人神智者惟有读书，吃紧要法只把前贤精义汇录一番，常置目前，不出岁月，更有进处。"① 另一方面，他认为格物的开端是身心，称："譬如格物，须看得自家身心，是一是二，是离是合，生死人鬼了无异义，然后通得天下家国、幽明神祇。"② "欲谈格物，且辨身心。"③ 既然身心是格物的前提和开端，不知道和理解身心，格物则会有所偏失，立足于此，他称："程子读书亦不错，致知格物，此最大事。经文但以'治乱厚薄'四字了之，四字只解本末，本末只系一身，可见身备万物，亦可见物备当身。程子不思，疑有漏义耳。"④ 他认为，程颐没有看到本末只是从一身出发，而从一身之所以能够发出是因为身备万物，物被当身，即孟子所称"万物皆备于我"之意。综合来看，黄道周认为格物不能只是从外在事物来探究，亦要从自身内在的道德理性出发来探求天理，达到对天理体认，从此出发才能通得家国天下，看得万物同原，万物一体。

---

① （明）黄道周：《格言从自书轴幅增》，《黄漳浦文集》卷三十。
② （明）黄道周：《榕坛问业》卷一。
③ 同上书，卷十二。
④ 同上书，卷十六。

第二，在格物过程中，黄道周强调"知止""知至""察识"三者结合起来，最后达到超脱具体"事物"的结果。因为存在有可能偏离方向和目的的格物，黄道周叮嘱说："知止是定针上事，知至是定向上事，察识是学问上事。先儒研究都不差池，但勿为事物所倒。"① 他认为知止是定盘针，是格物的目的和结果，知至是定向的保证，从而不会有所歧出和游离，而察识观物则是学问上的进取之为，三者要统一起来。在三者之中，他重视察识、泛观博览，但又强调不为事物所倒所困，不仅要超越脱离具体事事物物而达到对普遍之理的体认，更重要的是在这个过程中知止、知至。这样，在黄道周这里，虽然经验的知识与先验的价值并存，但他更强调先验价值的第一性，称："学者须先认至善，认得至善，自然知止。"② 又称："是吾道中人，只要知至。知至者，物不役心，任是不辨豹鼠毕方，不识藻廉贰负，亦是学问中人。知不至者，以心役物，任是识得萍实楛矢，辨得土狗商羊，亦未是一贯先生也。"③

第三，黄道周的格物理路是朱王两家的综合，即"即物穷理"和"尽心知性"的两路结合。黄道周赞同朱子之格物论的外求方向，他称："凡意不诚，总由他不格物，不格物所以不明理。"④另一方面，由于注意到其所存在的矛盾，即表面的知识目的与实际想要达到的价值目的之间的冲突，使他转向于内部理路来缓和这种矛盾。他称："所云尽心者，大要明善而已。明善即是致知，诚身即是格物。物格知至，即是至命。孟子云知命者，不立于岩墙之下。此即格物的大意。"⑤就朱子的"即物穷理"，他为其增加了内格色彩，称："即物穷理，亦只是无妄上真积加功。周公之驱虎豹犀象与后夔之舞凤凰百兽，只是真诚，更无方术，论他学问亦无精粗之别。"⑥可见，黄道周强调从道德和价值的角度来丰盈格物致知的内涵，即"诚身明善"。诚身的过程是格物的过程，在道德践履中达到明善的结果，就是致知。

黄道周统合朱王两家格物之思路的特点屡屡表现在他的观点中，如他

---

① （明）黄道周：《榕坛问业》卷十六。
② 同上。
③ 同上书，卷四。
④ 同上书，卷九。
⑤ 同上书，卷十七。
⑥ 同上书，卷十。

称："岂有不格一物能明万物，不尽己性能尽物性的道理？如是一路扫除，便成透亮，试看日月星辰，岂是扫除透亮得来？"① "不格物，不致知，如何说是能尽其性？尽性亦止是诚，诚便物格，物格便知至。致知格物是明诚之义，物格知至是诚明之旨。"② 这些既强调要去格物，又指出格物亦是尽心诚意的过程。

第四，认为朱王两家虽工夫理路不同，但学者必须兼两家工夫，不可偏废。他称：

> 刘器之尝说格物，反覆其手，曰："止是此处看不透，故须格物。"此是从克己处入手，于形色看到天性上，是直捷路头。邵伯温亦说格物云："先子内外篇止是万物皆备于我。学者格物，止看《易》《诗》《书》《春秋》。"此是从博文处入手，于理义看到至命上，是渐次路头。古今学者，止是此两路。颜子喟然之物，才情未竭，夫子诱它于文礼上作功夫，及至才情竭后，钻仰莫从，仁义礼乐，渐成墮黜，看一身聪明都无著处，此是复见天心时候。学者须兼此两路工夫，莫作南顿北渐，误墮禅门也。③

黄道周认为程朱对外物的观察和陆王对内心的格正其实是一致的，只是理路不同而已，一个是直截模式，另一个是渐次模式，不能因为模式的不同而认为根本目的有差异，而且，他认为这两个工夫模式应该是统一的，学者明至善、见天心必须两样着手而行。基于统合的尊德性和道问学的观点，黄道周批评世儒将两者分开，称："诸儒所说尊德性者，皆看性，不看德；诸儒所说道问学者，皆看学，不看问字也。"④他立足于万物同原，认为德性和学问不能两分，尊之和道之亦是一事，"物既不分，事又何别？如说德性无物，便使学问无事，既有源澜，正好观看。尊是至善宝座，道是格致威仪"⑤。尊和道是并重的，没有尊之的前提，则至善之知可能流于普通之知，而没有道之的工夫，则格致的努力可能懈怠。

---

① （明）黄道周：《榕坛问业》卷二。
② 同上书，卷十。
③ （明）黄道周：《格物证》，《黄漳浦集》卷三十。
④ 同上。
⑤ （明）黄道周：《榕坛问业》卷一。

第五，从总体上看，黄道周的格致思想呈现出以朱子格致思想为起点、以阳明格致思想为终点的脉络。黄道周这种力图糅合朱王两家格致思想的努力表现在两方面：一方面，他主张泛观博览而求一贯，此取向亲和朱子。朱熹认为格物是即物穷理，"至于用力之久，而一旦豁然贯通焉，则众物之表里精粗无不到，而吾心之全体大用无不明"①，又称："物理皆尽，则吾之知识廓然贯通，无有蔽碍，而意无不诚，心无不正矣。"②朱熹强调穷究之后的"贯通"而达到对先验之理的体验。黄道周的格物论亦强调在对事物穷究的基础上实现天道性命的"一贯"，并认为"一贯"立足于多识，并不是凭空而来，他称："千个圣贤都是一心，如推广得去，千万种书都可了彻。然亦须实想，五经诸史掀在目前落一恕字，贯串何处？此处亦勿胡涂也。……试问诸贤，周公仰思待旦，夫子发愤忘食，此岂谓恕字拟议不透耶？"③黄道周肯定读书学习、博闻强记，强调由博到约，认为读书人"若初入手便求要约，如行道人不睹宫墙，妄意室中，是亦穿窬之类也"④。他强调对文字材料的学习后超越文字而达到对天道性命的体认，他称："不说言语文字，安得到无言语文字上去？譬如一性，便有二五氤氲，健顺保合，千圣万贤诠译不透，莫说无妄两字空空贯串，便与天命相通也。"⑤

另一方面，他认为格致的最后目标是体认到至善的本体，从而体验到天地万物同原，达到无人己、无内外，与大化同流的圆善境界，此与王学同归。王阳明认为格物的结果是体认本心，即致良知，"复其天地万物一体之本然"⑥。黄道周的格物亦是要格本体，即"此物"，"认得此物，天下何物分别"⑦？他认为通过格透此物则知道万物同原，明白万物在本质、根源上没有区别，从而消弭主客体的界限。其门人问："格物、物格，止是此物，于此处得无异同？"他称："巨灵壁上亦是此掌，五指峰头别无岱华。渐次看去，都作琉璃；突兀当前，止成芥草。且看一物有根有节，

① （宋）朱熹：《大学章句·格物致知补传》。
② （宋）朱熹：《答江德功》二，《晦庵先生朱文公文集》卷四十四。
③ （明）黄道周：《榕坛问业》卷四。
④ 同上。
⑤ 同上。
⑥ （明）王阳明：《大学问》，《王阳明全集》卷二十六。
⑦ （明）黄道周：《榕坛问业》卷一。

便知万象无我无它。"①认为体认到"此物",则物我无隔,互通不塞,化而不滞。可见,黄道周格物论的最终结果是要达到与万物为一体的境界,立足于此,他称:"格物工夫从此造起,明体渐露,渐渐光明,渐到日月霜露之外,渐到天地万物为一,所谓知至,所谓意诚也。"②

综上所述,黄道周的格物致知思想力图综合朱王两家思路,体现出折中、调和、交融的特征。他既肯定朱子学中"即物穷理"的外求理路,又重视王阳明"格其心之物"的内省理路,并力图通过两者兼重、互为支撑来建构一个统一的知识论和修养论体系。

第三节　论敬、诚、静、和

针对阳明后学中"言复不言克,言藏密不言洗心"③ 等轻疏于工夫的流弊,黄道周言工夫大多顺承了程朱的理路,强调克己主敬,修己以敬。

一　敬

黄道周对"敬"非常重视,认为"自有宋以来学问造诣皆以敬为入手,于居处恭,执事敬,与人忠之义,亲切惇至也"④。而且,他将"修己以敬"作为一个专题和门人进行讨论。"修己以敬"来自于《论语·宪问》中:"子路问君子。子曰:'修己以敬。'曰:'如斯而已乎?'曰:'修己以安人。'曰:'如斯而已乎?'曰:'修己以安百姓。修己以安百姓,尧舜其犹病诸?'"

第一,他认为,"敬"为本体工夫的前提和根本。他称:"以敬修己,才有本体工夫,是圣贤将法作身。"⑤ 黄道周将"敬"看成是所有工夫中的根本,认为在"敬"的前提下,才能谈本体工夫,才能谈中和、礼乐,反之,没有这样一个前提,所谈所论则容易变形走样。他把敬看成各种修己工夫的根本,"一个敬字,了得百样修己,百样修己,了不得一个敬字

---

① （明）黄道周：《格物证》,《黄漳浦文集》卷三十。
② （明）黄道周：《榕坛问业》卷九。
③ （明）刘宗周：《与以建二》,《刘子全书》卷十九。
④ （明）黄道周：《备豫章第四》,《儒行集传》,文渊阁《四库全书》本。
⑤ （明）黄道周：《榕坛问业》卷十五。

也"①。有了敬，修己工夫才能不走空、不走偏，不从敬处着手，不以敬为前提，则各种修己工夫零散、无主。

黄道周非常重视内心的整肃庄敬，并用敬来贯穿体用，认为一敬则全体俱敬，由体达用，由用达体，称："静处敬便见天德，动处敬便见王道。"② 他以君王为例，称：

> 人主着敬，敬则心体明清，与天同道。敬庶民与敬士大夫，敬天地祖宗与敬身，岂有分别？人主一息不敬，便有侮慢自贤，反道败德的事。敷文德，舞干羽，放殛诛窜，亦是敬上作来，岂徒知人官人而已？皋陶云"日宣三德，夙夜浚明，有家日严，祗敬六德，亮采有邦"，此是敬上知人之实绩。"平章百姓，敦叙九族"，此是敬上安民之要领也。③

第二，赋予敬以本体蕴涵。不仅"敬"是本体工夫，而且，"敬"亦具有本体含义，他称："以敬为建极之本，盖万物之生，非敬不聚，敬而后静，静而后一，一而后变化不测，故福虽有五，极一而已，畴虽有九，敬一而已。"④在其《孝经集传》中，黄道周亦是这样的取向，不仅认为一部《孝经》从头到尾贯穿着"敬"，认为敬是孝的本质，"孝根于敬"⑤，"语孝必本敬"⑥，而且，在"诚"的天道根据上，赋予"敬"以本体蕴涵，称"敬以成始，敬以成终"⑦，"不敬则无终始，无终始则无物，无物则无亲，无亲则无天"⑧。人通过"敬"而参赞天地，将天道和人道贯通，达到"成物则成亲，成亲则成天，成天则成身"⑨的结果。

第三，主张处处要敬。黄道周提倡敬，不仅内心要主敬，而且在日常生活中亦要处处持敬，即使不敬之处亦应主敬。《榕坛问业》中载了一小

---

① （明）黄道周：《榕坛问业》卷十五。
② 同上。
③ 同上。
④ （明）黄道周：《洪范明义·皇极章第七》。
⑤ （明）黄道周：《孝经集传·开宗明义章第一》。
⑥ （明）黄道周：《孝经集传·孝经集传原序》。
⑦ （明）黄道周：《孝经集传·开宗明义章第一》。
⑧ 同上。
⑨ 同上。

段黄道周和门人关于敬处的问答。

> 与莲云："敬是何处最难？"
> 某云："敬妻子僮仆难。"
> "又在何处？"
> 某云："敬乡里愚不肖难。"
> "又在何处？"
> 某云："敬巧猾奸雄难。"
> 与莲云："程伯淳于此处说飨亲飨帝。"
> 某云："伯淳意思极远，某意思凡近。且看飨亲飨帝，果亦难于三者不耳？"①

相比较看，黄道周"敬"的对象无所不在，且于不敬之处仍注重敬的工夫；程颢则在该敬之处提倡敬，显然黄道周所称的敬更为贴近日常行为，所以黄道周称："伯淳意思极远，某意思凡近。"②

第四，认为修己以敬才能安人、安百姓。黄道周认为，把持于敬，以敬修己，则能安天下。首先，他从"己"出发，把"己"作为开端，认为："己本体上有人有百姓，己修得安，人亦安，百姓亦安。"③立足于"己"，看天下疾苦病痛都是自身的罪过，反观自身，碌碌营营而为，遮蔽仁心，就是自身病痛，如此，则修己以敬，敬而己安，己安而人安，人安而百姓安，他称："凡就己身看出，天下痌瘝不获皆是己身罪过；就天下看出己身营窟为巢，皆是己身病痛。尧舜授受之际，无端说出'四海困穷，天禄永终'，此八字便是古今君臣所断舌才知它。看敬字极精，看己字极一。"④从"己"着手，己安和安天下一路而开来，实际上只是一个工夫，所以黄道周认为竖天立地，安世安身，只一个敬字就可以经纶世界，"领得敬字，自然到此。不领得敬字，虽知人安民，亦无一处着落"⑤。若不能以敬修己，则无法有外在的建功立业的可能，他称："性情

---

① （明）黄道周：《榕坛问业》卷十五。
② 同上。
③ 同上。
④ 同上。
⑤ 同上。

不调，忿欲乖张，自家鼻眼，无安顿处，何况齐家治国上事？"①

　　既然修己才能开出外王，所以，他批评异教虽然提倡敬，却不曾以"修己可以安人，修己可以安百姓"为目的，亦批评释家将外界事事物物看作石火电光，并没有真实地将敬的情感灌注其中。

　　关于"敬"和"己"的关系，黄道周亦看得更深一层，他认为"敬"可以超越"己"。他称："己如一间屋子，人、百姓如屋子事件。敬如主人翁提匙照钥，主翁精神无有损失，屋子中事事不失，何关屋子事？"② 他以屋子喻己，以敬喻主人，认为就如主人精心管照屋子则屋子里的事物自会整齐条理一样，以敬来修己则自然会使自己、他人和百姓安定居业，如到此地步，则是无己③，"尧舜此心，亦只是无己，无己处，亦只是不安"④。黄道周认为"己"只是敬的修省对象，修省的目的是体认本心，体认本心而后通万物，与万物一体，到此地步则"己"亦消融在万物之中，无我物之隔，亦无小我之体。

　　二　敬与诚、静、和

　　其门人根据明道的"诚然后能敬，未及诚却须敬而后能诚"⑤问敬诚关系，黄道周回答道："明道亦自《中庸》看来。诚是天道，敬是人道，修己便要修到诚处，诚便与天地同体，事亲事天，飨亲飨帝，只是此一意，极于上下鬼神草木鸟兽，亦只此一意。"⑥ 在诚敬关系上，诚是本体，是天道，敬是工夫，是人道，以敬修达到诚的境界，通过"敬"而参赞天地，将天道和人道贯通，使客观和主观圆融，达到万物同原、物我无间的境界。黄道周以敬通诚，敬为诚而设，由敬而体会到天道之诚，因而明体明用，没有杂漏，亦无纷扰，所以他称："诚则明矣。人心自敬恭而

　　① （明）黄道周：《榕坛问业》卷十一。
　　② 同上书，卷十五。
　　③ 参见《榕坛问业》卷十五。黄道周门人洪尊光称："想安人安百姓亦是愿力，则然要实实做到如此，真是尧舜犹病。圣贤事业做未出手，已出手未到头，都是存留此愿，使天下后世想见圣贤心力，正是君子无己之思。"对洪尊光提出"无己"的说法，黄道周表示赞同，认为："如此才是读书。"
　　④ 同上书，卷十七。
　　⑤ （宋）程颢、程颐：《二程遗书》卷六，《二程集》。
　　⑥ （明）黄道周：《榕坛问业》卷十五。

后，自然万虑不扰，处事精详。"①

黄道周将诚敬等同，称"诚者，敬也"②，着眼工夫和本体上的统一。诚是天道，是自体上认取，敬是人道，是对天道、本体的把握和体会的工夫，敬则诚，诚则通，通而合一。敬上一路直指诚体、天理，而敬能成为认取天理的途径，在于人时时操持、防检而不敢有怠慢、放逸之思，因此，诚即是敬，敬即是诚，工夫本体相统一。所以他称："不是敬了，那看得出上下鸟兽、虫鱼草木，个个是诚，个个与鬼神同体"③，"主敬行恕，虽有敬恕之分，不过诚之一字"④。

在工夫上，黄道周认为，宋儒达到敬诚同归，他称："濂溪所言诚与伊川所言敬，其致一也。故居处齐难，坐起敬，则尹张诸贤亦皆有焉。宋时汲郡吕氏、金溪陆氏，如大防微仲、大钧和叔、大临与叔兄弟四五人皆信言正行为、修身克己之学；九龄子寿、九韶子美、九渊子静皆端本正原，与诚明同归。"⑤

在敬与静的关系上，黄道周认为："敬者，天地所以存性；静者，阴阳所以复命也。能敬以静，则祸福不惊而鬼神顺治，故曰备豫。备豫者，所以致用也，不致用，无以明体，不明体则利害祸福纷投而夺志，故端其居处，正其言行，无竞以与人，有定以与己，不急于事功，而事功从归焉。"⑥ 敬和静互相为用，敬者存性保性，静者复归本体，两者相结合而达到明体致用。

其门人认为，人生而静，以静为体，在工夫主静，则不需要敬字。黄道周称："纯公亦言'静坐独处不难，居广居、应天下为难'。人都于静处着动，天都于动处见静，除是木石才得以静为体。"⑦黄道周赞同程颢的"动修"，认为静坐之类的静修工夫不难，难的是日常生活中的接人、执事、待物时保持恭敬审慎的内心。恭敬的内心不受外物的影响，在人的容貌上表现出温和明静的状态。以这种恭敬之心去行动则是黄道周所称的人都在静处动。就天道流行发用的这个过程来讲是动处见静，只有像木石一

---

① （明）黄道周：《榕坛问业》卷十五。
② （明）黄道周：《孝经集传·开宗明义章第一》。
③ （明）黄道周：《榕坛问业》卷十五。
④ 同上书，卷十二。
⑤ （明）黄道周：《备豫章第四》，《儒行集传》，文渊阁《四库全书》本。
⑥ 同上。
⑦ （明）黄道周：《榕坛问业》卷十五。

类的物质是以静为体，因为木石之类虽能领受天命却不能推拓此性以至于广大精深，而人则有此推拓致远的能动性，既然有此自觉自主，就不应该"以静为体"。

黄道周反对"主静"，认为要体会到天道之诚，从敬入手则看诚看得透彻分明，如果从静入手，则是事倍功半，他称："要就静中看他根胎，只有百分之一。"①由于对于本体的体认要看到其"动极处正是不动所在"②，所以不光要看到静，更要看到静就是动极，他称："此物动极，实是不动，所以随寓能安，入群不乱，不要光光在静处坐寻起生义。"③如果看不到动的一面，只是看到静，认为通过静坐就可以体认天道则是有失偏颇的。

在敬与和的关系上，黄道周认为敬为根本，是和的基础，没有敬则没有中和。他称："和是中之作用，中是敬字养成得来，无敬做中和不出。"④他赞成二程对"敬"与"和"关系的阐发。《榕坛问业》载：

> 某云："程伯淳称'中心斯须不和不乐，则鄙诈之心入之'。此与'敬以直内'同意，谓敬为和乐则不可，然敬则自然和乐耳。"伯淳之意亦以和是敬字养成也。"
>
> 而德又云："正叔亦云'敬而无失，便是未发之谓中，敬不可谓之中，但敬而无失，即所以中也'，此与前语相发，大意亦谓中和是敬养成耳，然其语意得无有滞不？"
>
> 某云："语虽踬滞，大意已是分明。"⑤

黄道周将"敬"作为中和、礼乐的根本，称"修己以敬，正是中和之本、礼乐渊源"⑥，"爱敬者，礼乐之本、中和之所由立也"⑦。中和作为内心不偏不倚、中正和乐的境界，礼乐作为外在的仪式和行为规范，敬是两者的根本，是内心精神世界和外在社会关系的根本，"敬"将用心于

----

① （明）黄道周：《榕坛问业》卷十五。
② 同上书，卷十四。
③ 同上。
④ 同上书，卷十五。
⑤ 同上。
⑥ 同上。
⑦ （明）黄道周：《孝经集传·天子章第一》。

内和表现于外的工夫贯穿于一体，是内外两者的统合。

第四节　论学与行

在知行观上，黄道周强调力学、行素，认为："知行即是一事，进一步者，色色俱新，停一步者尘尘成故。岁成明生，虽同此日月，亦自有进德修业底意思。"① 在这里，将知、行分开来谈，以探讨他对学和行两者的看法。

一　论学

对于阳明后学不学而求上达，黄道周批评说："他们尝自梦说，口可言便有不可言处，力可致便有不可致处，心思可及便有不可及处，其可处皆人，其不可处皆天也。如此只说得上下，亦如何说得学达？如云口所可言，以达于不可言，力所可致以达于不可致，心思所可及以达于不可及，如此则逾玄逾微了，如何说真切学问？"②他认为王龙溪之辈忽视下学而求上达的理路是玄微之途，"阴坠于佛，以显争于禅"③，对晚明玄虚空疏学风的批评可谓一语中的。

（一）读书

黄道周重视读书，反对当时"束书不观"的风气。他称："古人常问何物最益人神智，云但有读书耳。"④ "吾人本来是本精微而来，不是本浑沌而来。如本浑沌而来，只是一块血肉，岂有聪明关窍；如本精微而来，任是死去生还，也要穷理读书。"⑤在他看来，穷理和读书两者关联、并重，而且是学人一生都要做的事情。他赞扬前人的读书态度，称："前辈读书，虽有偏全，终无卤莽。"⑥ "圣贤读书如看卦，一正一反，原始要终，自死而生，自生而死。"⑦ "古人常问何物最益人神智，云但有读书耳。"⑧

---

① （明）黄道周：《孝经集传·天子章第一》卷七。
② 同上书，卷十三。
③ （明）黄道周：《万历四十有六年乡试策·正学第二》，《黄漳浦集》卷九。
④ 同上书，卷十一。
⑤ （明）黄道周：《榕坛问业》卷五。
⑥ 同上。
⑦ 同上书，卷八。
⑧ 同上书，卷十三。

对于当时的学风，黄道周颇为指摘，称："今人读书，不知贾王马郑是何贯籍，真可一叹也。"①"今人读书只要应世，应世则锥刀皆动其中，何况生死名位？某谓今人最怕说一道字，说一道字，如犯祖宗之讳，泛泛读书，只是唇吻，既从得丧利害，读书便就得丧利害结局，何时跳出这个圈子？"②"后人读书所不及古者，只是掇皮便止耳。圣贤著述皆无浅义，引类不伸，精微不出，如何得有知新崇礼学问？"③

为了扭转鄙薄读书的风气，黄道周力倡读书，他回忆小时候读书，称："某少时初读《论语》，问先生云：头一叶书孔子只教人读书，有子如何教人孝弟？孔子只教人老实，曾子如何教人省事？闻者大笑。某今老来所见第一件犹是读书，第二件犹是老实耳。凡人人自是圣贤，自有意思，才说开示导引者，不是长傲，便是导谀。只是读书，大家劝勉，似不为过。"④他主张读书，肯定从读书中能得圣贤之意、明圣贤之道。

在读书方面，首先，黄道周提出要明道立志。他引用李延平的话说："延平云古之学者读书，只要明道，道明则生死不动其中，何况得失荣辱。"⑤他认为，"明道"是读书的目标也是结果。"凡读书须洞见本原，知羲文，所以因理明象，因象明数，有毫发不可挪易之处，非为方局随人下手也。"⑥读书若不是为了明道，则易坠于浑浑噩噩之境，他称李斯和扬雄都属于此种情况。⑦在黄道周看来，读书和明道是同一的，他称："笃信好学，守死善道，此是几层事，几层学问？危邦不入，乱邦不居，有道则见，无道则隐，此是何等人？有道贫贱，无道富贵，耻也，此是何等心事？此处勘得透者，才见读书有用，不然到有求死不得去处。"⑧正因为以明道为目标，所以才会看透功名利禄，向上求道，所以他指出"莫以学道读书判为两事"⑨。同时，读书以明道为目的，则心有志向而不会为流

---

① （明）黄道周：《榕坛问业》卷九。
② 同上书，卷六。
③ 同上书，卷十。
④ 同上书，卷八。
⑤ 同上书，卷六。
⑥ 同上书，卷十七。
⑦ 参见上书卷七。伯玉云："李斯学于荀卿，扬雄友于仲元，如何不曾读书？"某云："两公说性字不明，便无读书资质，所以流浪，渐与仁远。"
⑧ 同上书，卷七。
⑨ 同上书，卷九。

俗所迷惑，且能通悉书中奥义，他称："凡人立志，要定趋向，要真不为流俗所惑耳，不畏异端也。制举义原本四书，以圣门之微言，导才人之弘致，苟能真切究心，虽渊骞接手，何必以是自薄乎？张子韶少时能默诵六经，通其奥旨，常对客问经义，如流客曰'纸上圣贤，尽在是矣'。子韶置卷敛衽曰：'精粗本末，原无二致。'某不敢谓此是纸上之语人，能如此读书，何患文辞之靡，训诂之滞？"①黄道周认为，先立志后读书则会消除死读书的弊端，不会溺于文辞，不会牵于训诂，不会惑于异端。

其次，黄道周提出读书要谨慎求实。他反复称："凡人读书于无根据处，最要根据。"②"读书要有凭据，不可专以意断之。"③"读书尚论最要实，安得如此矍括？"④黄道周主张认真踏实的求知态度，强调读书要以求实谨慎为主，反对胡乱猜测，他称："真读书人目光常出纸背，往复循环都有放光所在，若初入手便求要约，如行道人不睹宫墙，妄意室中，是亦穿窬之类也。"⑤黄道周反对没有根据的胡乱猜测，但并不反对对文本的多义进行诠释，他称："凡读书由人，剪裁由己，他别有意，不相非也。"⑥可见他鼓励在读书中要有思想的发散和碰撞。

最后，黄道周强调读书人要心态平和，不为尘务所窘迫，他称："读书人，莫苦纷嚣，莫喜空寂，只是不骄不谄，不淫不滥，如驾安车导坎过桥，常觉六辔在手，鸡犬放时亦在家园，何须建敌？如为圣贤，何妨松些，直放此心太虚之表，六合内外。看夫子对颜渊时何等空阔，岂是颜渊亦有郑声在旁、佞人侍侧耶？"⑦又称："读书人只管读书，想着应世便是欺世，岁月甚长，工夫无尽，何曾见人逼切下工，便济得去。温公曰万事只要缓图，只须无助无忘，得其先后耳。"⑧

（二）力学

黄道周不仅主张要立志读书，而且提出要"力学"，学不厌倦，称：

①　（明）黄道周：《榕坛问业》卷八。
②　同上。
③　同上书，卷十七。
④　同上。
⑤　同上。
⑥　同上书，卷十三。
⑦　同上书，卷三。
⑧　同上。

"性命之源，不废学问；学问不废，乃得其贯。"①他认为，通过学习人可以减少自己的过错，"人寡过最难，唯有力学，可以自勉。颜渊不贰，即三十不以为夭；彭祖多欲，即八百不以为寿"②。黄道周将废寝忘食、乐以忘忧、不知老之将至三者作为儒门大旨，主张力学，但反对学习求偏僻、求奇文，称："不习无不利，只是不消向险阻上推求，学聚问辨到是在各正上加功耳。"③ 要端正学习态度和目的。

就学问本身来说，黄道周认为论学，圣人和君子，亦无两样学问。既然学问无二，如果知学，则孝悌仁义诚敬亦是贯穿得来，他称："圣门体道，在鄙夫面前说孝说弟，说敬说诚，说仁说义，得了一个，个个贯得。只是学便不同也，如要学孝学弟，学敬学诚，学仁学义，亦何处贯串不得？"④ 但应看到，个体下手工夫不同，则学上会出现差异，"论学则圣人学得天地，中人学不得圣人耳"⑤。由于此差异只是工夫上的差异，所以他强调后天工夫的重要性，"性自天命，学自人修"⑥。力学久则自然见到天道，"道字且不须谈，只要好学，好学力久，此理自见"⑦，又指出"只管读书，自然理会"⑧。

他批评佛家不学，认为"吾道之与禅门，只是有学、无学之别"⑨。认为佛老两家因为不学，不尊道，所以流入虚幻，称："释老只是不学，无尊道功夫，便使后来诬张为幻，如当时肯学，践迹入室，岂能贻害至于今日？"⑩

（三）思虑

黄道周不仅注重学习，而且注重思考和复习，即告往知来、温故知新。他称："藏往知来，自是圣神要义。温故知新，自是学人正谛。此处关人灵明，亦总须学问耳，岂在言语推来？……夫子生平只把新故往来四

---

① （明）黄道周：《易象正·损益》。

② 同上书，卷十八。

③ 同上书，卷十一。

④ 同上书，卷四。

⑤ 同上书，卷十一。

⑥ 同上。

⑦ 同上书，卷九。

⑧ 同上。

⑨ 同上书，卷六。

⑩ 同上书，卷十四。

隅启发，当作振天之铎。"①读书人如果读书没有思虑在其中的话，则如长年啖土，不得美泉。

黄道周强调"虑"，或者说思虑，他称："虑与思邻，同功异位，意与物斗，同罪异功，定静之余，心学始见，为此一章开天下玄素异同之路。"②能虑则是圣门之工夫，不能虑则是佛门之主张。他称"虑是知之照耀"③，虑是人的主观性、能动性的表现，能虑则能得，能得则能知止、知善，称："人怕不能虑，既得则，何所不得。周公之仰思待旦，仲尼之忘食忘寝，不是知止中人，哪有此段意虑？无此段意虑，哪得许大学问出来？"④ 又称："阴阳、刚柔、仁义三才之正应乘于二五，在在着思。孟老云'思则得之，不思则不得也'。只一思字，是正在尽存之要法。艮不出位，亦是此意。于此参透，才见曾孟同源。"⑤ 既然"虑"如此重要，黄道周反对称圣人无思无虑，称：

> 谁说圣人无思？明生岁成了无思虑，此是日月寒暑上事。圣人有虑，要经静安而出。艮言止也，止后才得静安，静安后才得虑，所以圣人于艮卦大象，说思不出位。艮是成卦，万物所成始成终，无此思虑，成得甚么？九思浩烦，不出一身，明聪温恭，不过此身，各得其所。岂有一身千手，各执一器，随眼所照，不碍自然耶？⑥

黄道周认为知止而能定静，在定静中间，自能安虑，人到安虑，能够认识到心的真正面目，能够认识本心，则能尽其性而尽物性，可参赞天地化育，这是个体修身的方向；另一方面，思虑的方向则是向外，如大禹思到天下有溺者，稷思到天下有饥者，伊尹思天下之民不被尧舜之泽者，这种思虑是安人安民之取向和工夫。而不论是个体之安止，还是群体之安止，都不能离开思虑。故黄道周称："民便是民，物便是物，如何看得有一体之亲，有明新之盛？《易》曰'唯深也，故能通天下之志，唯几也，

---

① （明）黄道周：《易象正·损益》卷七。
② 同上。
③ 同上书，卷一。
④ 同上书，卷十六。
⑤ 同上书，卷十二。
⑥ 同上书，卷四。

故能成天下之务，唯神也，故不疾而速，不行而至'。唯几唯深唯神，总是一个能虑。"①

门人将定静安作为未发，虑得作为已发，黄道周认为，就已发未发来讲，"已发未发是家常寝兴，能虑能得是争天夺国"，他讲虑、得，更为强调人的主观能动性，且认为定静状态，亦要依靠思虑才能达到，他称："如要实做，须就梦寐中间，认出神之非形，情之非识。情形动处，其实非心；神识静中，未必是性。再破神识以纳心端，重合形情以归性始。如此十年，洞见天地日月星辰，才有定静田地。"②

（四）"屡空"

黄道周认为学习的过程亦是一个"屡空"的过程。他谈"屡空"和"屡中"，依据《论语·先进篇》中"子曰：回也其庶乎，屡空。赐不受命，而货殖焉，亿则屡中"此段文献而来。关于"空"，黄道周把它看作是本体的一种状态，将"屡空"和"屡中"看成是学习、格物达到"空"的工夫。

其门人就孔子说颜回是"屡空"，说子贡"亿则屡中"发问，黄道周解释道：

> 贤看颜子屡空，是屡不殖，故空，屡不亿，故空耶？夫子生平未尝言命，只此一章言命。命中不着一物，本来自足，初无空殖可言，无空殖，故无得失，无得失，故无亿无忘，只是清虚澹薄，则与命较亲，卜度经营则与货较亲耳。世人言命都在得失一边，所以有殖有亿，有气数人事之差；哲人言命，在清虚一边，所以无殖无亿，无得失当否之虑，日往月来，寒往暑来，明生岁成，此即见天之命，说空不得，说殖不得，说亿不得，说中不得，说不亿不中不得，说屡不亿中自然亿中不得，如能尽空此等，游于虚无，亦与道合体。大约受天之命，便有心有性，有意有知，有物难格，有知难至，物理未穷，性知难致。定后之虑，去亿一丈，去空一尺，空是物格无物，天命以前上事，亿是因意生知，人生以后下事，屡空是天人隔照之间，屡中是物理隔照之间。譬如一事当前，有是有非，有得有失，屡空人只说我

---

① （明）黄道周：《易象正·损益》卷十七。
② 同上书，卷十二。

生以来与物平等，初无是非，初无得失。屡中人便说某处是非，某处得失。至人看来安虑之中，万物毕现，空亦不空，中有不中，是非得失，如天命然，一丝一毫，洞然难逃，如此便说屡字不得，说无不中不得，无不空不得，所以说"空空"，又说"竭"字，竭字是夫子下得极谦极呆字，如泉竭自中之竭，圣人于空下说竭，犹于无能下说何有，何有下说未能，亦只是对照作无了藏，非奥义也，如此屡中屡空，便成奥义矣。①

黄道周以"空"论命，亦针对当时阳明后学和佛老等言"空"而发。他认为天命的最初状态是一种自足完满的状态，清虚淡泊，没有所谓的"空"和"殖"的差别。世人看命都从得失来看，所以产生了殖、亿、气数、人事的差异；而哲人看命则执其清虚淡泊一面，所以没有殖、亿、得失之别，长期如此，则见天命，体天道，达到天人合一的境界。

从工夫论角度来讲，屡空是达到"空"的境界，是物格无物，天命以前的事，达到此境界，则物我平等，没有是非得失的差异，是天人合一的状态；屡中则是"亿"，是因意生知，是人生以后的事，是面对事事物物把握其物理规律，但有"亿"则有不中，所以有得失。黄道周认为，无论是屡空还是屡中，其所要达到的最高境界则是"空空""竭"，是中亦非中，空亦不空，万事万物纤毫必现，顺命而不违、承命而不逃的状态。所以，对于颜回的"屡空"，他认为"颜子于元无路上见得八九，已是物格，与知至为邻"②，认为颜回已经达到物格的地步，能体会到天道之空；子贡的"屡中"则是"于万有路上，见得七八，只是格物，物还未格"③，认为子贡还在穷理格物之地，仍未接近天道。虽然黄道周认为屡空之空和屡中之亿虽有差别，但肯定两者终是同一个工夫，他以射箭比拟，称："箭开时，万里同观；箭到时，只一镞地。巧箭不射，高棋莫着。射是巧力所生，亿是明聪隙现。难道静观动照，不是一样神灵？只是静观无碍，动照易穷耳。"④

黄道周肯定屡空，将屡空看作是克己复礼的关键，认为克复归仁是反

---

① （明）黄道周：《易象正·损益》卷八。
② 同上。
③ 同上。
④ 同上。

约一路，屡空近道则是至命一路。此至命一路是指《易》中"穷理尽性以至于命"一路，理穷而后性尽，性尽而后命至，"命至是造物之始，不着一物，以生诸物。反约是穷理之后，不遗一物，以至无物也"①。屡空则能达到天命状态，而反约亦是要屡空。

黄道周将屡空作为向天道超拔的工夫所在，立足于此，他批评佛老和阳明后学对"空"的看法。他称：

> 外道说空字极大，如空洞之空，所谓洞见垣一方者，无墙壁河岳，都看空洞，即此透彼，如琉璃瓶样。譬如人在家乡，看得长安胡衕，明明朗朗，在宫墙之外，看得人家房舍，一一分明，皆是身尝到彼，识光所射，亦是心力所届，如亲到一般，所以豫处五脏，直破症结，不须剖割，立效神方，所谓仁也。其实圣人无此要妙，只是才力智识皆常用过，不留纤毫。如富家翁发财施舍，造桥兴梁，救饥拯溺，待下礼贤，敬神奉公，将巨万金钱，累年用尽，只留得只身，衣食粗足，福亦不生，祸亦不至，但有儿郎不名富子，只道是某家遗孩，人人要看，此便是屡空货殖对照模样。②

他认为，外道所说的"空"是空洞之空，空空无有之空，将客观世界称之为空无，如一个玻璃瓶。这里他是指向佛家的所谓"空"而言；接着，他指责阳明后学所谓的"空"，其主张直下承当，现成立见，不需剖割，扫空见性，将仁看成是自然自得，否认工夫的修持。黄道周认为，儒家所认为"空"就如富翁长年累月实地实行地施舍之后只留己身的结果，而不是虚妄之空和即下之空。

黄道周以仁义礼智为宝，以"空"来看孔子、颜渊、子贡③，认为，孔子仁义礼智自在其身，虽然众宝咸归，而行囊若空，所以称为"竭"；

---

① （明）黄道周：《易象正·损益》卷八。

② 同上。

③ 《榕坛问业》卷八载："孔子不曾发财，原来无物，众宝咸归，叩其囊橐，依旧萧然，所以直说'无知'，直说'竭'字。颜子已曾发财，私下所藏，一朝费尽，无高无坚，无前无后，搬运几回，欲罢不得，所以既说'才竭'，又说'如有'。子贡未尝发财，只是治家，暂发大愿，欲俟满车满籝，博施某方，广济某众，只存誓愿，未曾施舍。所以孔名'空空'，自呼云'竭'；颜称'既竭'，仅得'屡空'；子贡多财，从空立愿；季路车裘，无复舍处。圣门学问，不过如此，外道不解，掇拾影响，便以施舍立论，称仁称礼，皆是依傍孔颜，误尝他药也。"

颜渊求仁义礼智，且克己复礼而有望达到空，所以是"才竭"；子贡和子路还未有空，不知道顺天散财，所以与孔子、颜渊尚有差距。黄道周的"空"是立足于"自足之命"而发，所以他称"空竭"之说"是万宝船中，琼林库里，发此大义"①。既然以财谈空，所以"财少用大，去竭愈蹙；财少用少，去竭愈迟。有财遮蔽，不见自身，不见天命，所以悬空想亿，愈去愈差"②。其门人认为黄道周此说法同于王畿以"日减"言工夫，黄道周表示不同，且讽刺说，如果称颜回是减担，则孔子就是扔掉担子了。对于王畿认为减尽便是圣人，复得本体，不需要闻见之识的看法，黄道周认为"多闻多见，是吾用财时候；寡悔寡尤，是吾散财时候；不见不闻，是吾财竭时候；无悔元吉，是吾合财归命时候。财少穷身，财多穷命，财空命复，财竭智全，只关工夫，不关本体上事"③。

　　黄道周将学和财看作是一个积累的过程，将穷理和格物看作同一个过程，认为此四者都是一个"聚而使空"④的过程，目的都是达到天道之万物皆备之"空"，与道合体，他称："才力竭时，钻仰瞻忽，一无所用。博约尽头，前后高坚，当前合并。此时宇宙上下，无万精神凝结一处，似太空中一物现成，非我非夫子，与天地参并。"⑤既然学习上要"聚而使空"，所以黄道周提倡学习要从博入手，从博反约，"约到不贰，约到不迁，便把一生博文工夫纳于无文上去"⑥，无文即是空。由于一般人都容易走向浩博一路，知识堆积，反而收拾不下，如果能"从博反约，从转得定，约定中间，又无站处，以此见得圣贤精神力量，终古无穷"⑦。

---

　　① 《榕坛问业》卷八载："孔子不曾发财，原来无物，众宝咸归，叩其囊橐，依旧萧然，所以直说'无知'，直说'竭'字。颜子已曾发财，私下所藏，一朝费尽，无高无坚，无前无后，搬舍几回，欲罢不得，所以既说'才竭'，又说'如有'。子贡未尝发财，只是治家，誓发大愿，欲俟满车满簏，博施某方，广济某众，只存誓愿，未曾施舍。所以孔名'空空'，自呼云'竭'；颜称'既竭'，仅供'屡空'；子贡多财，从空立愿；季路车裘，无复舍处。圣门学问，不过如此，外道不解，掇拾影响，便以施舍立论，称仁称礼，皆是依傍孔颜，误尝他药也。"

　　② 同上。

　　③ 同上。

　　④ 《榕坛问业》卷八载："蓄学与殖财，同是一样聚敛；穷理与格物，同是一样发身。聚而使空，则微云不滓；空而使聚，则射覆徒劳。夫子明假此言，开人痼癖，学者勿分两路，自取纠缠。"

　　⑤ 同上书，卷七。

　　⑥ 同上。

　　⑦ 同上。

二　论行

（一）行素

在行上，黄道周主张行素。他根据《论语·八佾》中"子夏问曰：'巧笑倩兮，美目盼兮，素以为绚兮。'何谓也？子曰：'绘事后素'"一段文献，来与《中庸》中"君子素其位而行"互相解释。对于"行素"，他解释道：

> 正如夫子所云绘事后素也，天下事物稍稍着色，便行不去。只是白地受采、受裁，如水一般，色味声文，一毫不着，随地行去，无复险阻、江河之碍。富贵贫贱，患难夷狄，一毫着心，便自不素，便行不去。素字只是平常，戒慎恐惧，喜怒哀乐，一切安和，常有处澹处简之意，如林类、荣期拾穗而行歌，黄霸、夏胜雍容而讲道，管宁荷锸于辽东，子卿啖毡于雪窖，此景岂是现前做得？亦岂是只行现前之事？人都为数个行乎？要作行事看，所以差耳。譬如富贵便行富贵之事，如何去得？书生开口便说三重九经，袗衣鼓琴，此如网大海鱼，岂有尽理？要知山川自绘，乾坤自素，神禹之菲恶，黄帝之创造，一般意思。帝舜一日正想要五采五音，大禹便比之丹朱傲慢。小小人家得一科第，便思科第行仪，所以行之不可终日。苟识得个素字，夏行负阳，冬行就阴，冷饭残羹，备当法乘。谚云"小心去得，喜粥自在"。释道两门，正于此下自注奴仆耳。①

黄道周认为，在心理上戒慎恐惧而不放纵，在情绪上喜怒哀乐发而不偏，人能够安心平和，简淡自然，不做作而为，此就是"素"。行素的人，不为外物所遮蔽，不去追逐外物，顺性而为，不张狂夸张，安于自得。而且，行素的人即使居高位，如周公制礼作乐，享祖配天，亦可以成为"素"，原因在于行素的人"原他心地，洁白精微，岂有玉帛钟鼓罣在里面"②。心地纯纯不已所以能"一路清明，声华平静，诸千种愿一齐扫

---

① （明）黄道周：《榕坛问业》卷九。
② 同上。

落，所以天格神通，鸟兽率舞，自在行去，不动风波"①。

据此，黄道周批评"素隐行怪"的人，认为素隐的人，把"隐深当本色看，遁世以无闷，独立以不惧，断荦以斋戒，秘泄以洗心。此等人乱德作怪，要使天下后世顶礼称师，又自家安稳，不入富贵、贫贱、夷狄、患难簿中，自谓能转移富贵、贫贱、夷狄、患难四大簿子，所以后世翕然宗之。多少贤豪垂老，半生懒心苦俗，便堕他窖中。显看是素，隐看是怪素，原不居怪，又自行了。如以正道律之，岂曾行上半途？以隐当素，如暗黑漆纸；以现在当素，如未染布；以易当素，如明月自明，白日自白，海水自咸，江水自澹也"。又称："如未染布，却不是如当铺上现取裤衫耳。"② 他认为"素隐行怪"的人，主张隐深，看起来是安于境遇，心态平和，其实是索深钩远，以素求名，以言称转移富贵、贫贱、夷狄、患难等欲望来满足世人的需求，这种"素隐行怪"与儒家正道相异。儒家所称的"行素"只是中庸，"如舜之耕稼，周公之继述，只是本地风光，再无神通变化，常于暗然处，看得文章成功，自然巍焕难名耳。《中庸》一书，都说诚字，诚是素之精髓，素是诚之质地，素如玄酒太羹茧栗藁本，诚如七日致斋视听无形，再无两样道理"③。

黄道周在强调行素的同时亦强调"为"，他谈"为"立足于诚，认为"为仁""为圣"是人之本分事，诚在其中，诚而为之，则尧舜同人。个体行事为且诚，即是行素。

在"为"上，黄道周强调学人要"为仁""为圣"，既然圣人和常人同是此性此心，有志于为，则离尧舜不远。他称：

> 仁圣是到头食报之名，为海是三冬穮蓘之务，如富翁长者，如何敢居？下粪耕田是吾本分，说出此话，岂有含糊？书生只为圣字喝倒，如怕虎人说食虎肉，便怪惊谓无此理，不知是猎家常脯耳。颜渊曰舜何人也，予何人也，有为者亦若是。孟子曰尧舜与人同耳。又云亦为之而已。两为字都从此出，颜孟以下，于此为字，都不体贴。经师谈到为仁圣，便咋舌。且说是空，空为本分事，无为仁圣理，不知

---

① （明）黄道周：《榕坛问业》卷九。
② 同上。
③ 同上。

仁圣当日，亦只为得本分事，譬如尧舜当日，兢业终年，岂曾标个尧舜终年去为尧舜耶？①

他认为，尧舜不自为尧舜，只是就本分事做开来，不违其心，就如老农不分寒暑早晚地在地里劳作，没有怨言和咨嗟，"只此就是圣人心事，圣人样子"②。而常人总是被仁圣两字所喝倒，不知道为仁圣亦只是本分事而已。他认为常人只要为，且为之要诚，不止不息，自然朝仁圣而去，但是现实中常人总是"凡事只是不为，为又不诚，所以厌斁出来"③。"孟子每每说为人君，为人臣，为人子，为人弟，又说鸡鸣而起，日夜之所息，舍此便无作圣功夫，亦无做人地位。"④ 黄道周强调，无论是做人工夫，还是做圣工夫，都需要无厌倦，没有厌倦，有此精神心力，则做人、做圣没有差别。

（二）"尽心""尽性"

在行上，黄道周亦主张"尽心"和"尽性"的工夫，是顺承孟子"尽其心者，知其性也；知其性，则知天"⑤ 和《中庸》中"唯天下至诚，为能尽其性；能尽其性，则能尽人之性"的理路而来，他称：

> 《中庸》说尽性，孟子说尽心，工夫都在此尽字。程正叔、张横渠于此处看得明白。或问正叔："要尽心者，此心得有限量不？"正叔云："人限以形气，不通以道，安能无限量？苟通以道，天下岂有限心之物？"又云："若谓有限，除是性外有物始得"，似此数语，于心性天上看得极分明。张横渠云："天之明莫大于日，以无目累，见得有数万里之高；天之声莫大于雷霆，以无耳累，听得有数千里之响。中间寥廓，自然如此，人为耳目闻见所累，中间填实，便不明通，如要尽其心，须知心之所由来始。"得此数语，不如正叔直捷，然大意是看得到了。⑥

---

① （明）黄道周：《榕坛问业》卷三。
② 同上。
③ 同上。
④ 同上。
⑤ 《孟子·尽心下》。
⑥ （明）黄道周：《榕坛问业》卷七。

他从程颐、张载的说法出发，借以说明"尽心""尽性"，一方面是依据日常践履活动把内在的"心"推拓、发挥到极致之处，把道德的善现实地彰显出来，是其经验层面的取义；另一方面是向上超拔而体会到天道性命，达到仁、诚的境界，是尽性、知天，是其形上层面的取义。无论是尽性还是尽心，都需要"尽"的工夫，即扩充和充分体现的工夫，要在不断的践履中完成和彰显其性、天的本原存在和价值，可以说"心—性—天"其实就是"尽"的努力的一以贯之。对此，黄道周称："性天亦如石火，如要完全，只看尽心，心尽而后，如登高山，四顾青苍，穹窿罩野。"① 充分尽其本心，则知其性，知到其性，则知天，心、性、天三者通而为一。"看得尽处，便自通珑。"② 三者通珑无间，人则达到仁、诚的境界，此境界亦是天人合一、万物一体的境界，此境界是"尽处"，天、性、心在"尽处则无分别。若不尽者，勺水海性，隙照天光，终难说得分明也"③。

牟宗三先生认为从"天命不已"的意义上说，《易传》中"穷理尽性以至于命"和《孟子》中"尽心知性知天"是一个意思，此观点亦可以套用在黄道周对两者的认识上。黄道周指出，《易传》中的命即是"上天之载，无声无臭，至矣"之命，亦是"维天之命，于穆不已"之命，既然命和天相通，则穷理和尽心、尽性亦是相通，所以当其门人举朱熹的"知性即穷理之事"而提出外求之穷理和内寻尽性、知命的内外两道如何贯通之问题时，黄道周以"尽心"来连通，他称："紫阳始于此处讨出二五合撰，事事物物皆从此出。如晓得事事物物皆禀于天，自然尽得心量，尽得心量，自然性灵无遗。当时诸贤皆为禅门所误，唐仲友便说朱某尚未解字义，如何说性命上事。看《系辞》上'穷理尽性以至于命'，此语极是分明。"④

同时，应该看到，"尽心"和"穷理"作为不同取向的工夫能够合一的原因在于两者作为一种理想的追求，都以天理、天命为最终的理想之源，且在现实层面则是对人不断地提撕和鞭策而希冀达到完善和超越的目的的过程，两者目的一致、要求一致，所以无论是向内还是向外，无论是

---

① （明）黄道周：《榕坛问业》卷七。
② 同上。
③ 同上。
④ 同上。

自我完善的尽心活动，还是穷尽其理的经验活动，在这个层面上是互通的，即尽心是穷其理的尽心，穷理是尽心的穷理，两者无差，则同时向天道超拔。既然两者相通，所以，尽心上事亦是穷理，黄道周称："所云尽心者，大要明善而已。明善即是致知，诚身即是格物。物格知至，即是至命。"①且穷理亦是尽心、尽性，是达到与天地万物一体的至诚的境界，他称："看天下山川草木飞潜动植无一不与吾身相似。此从穷理格物来。"②

关于尽心和尽性，黄道周对两者尚有区分，他称：

> 尽性是万物同原，尽心是圣贤独着。强恕而行，是明诚工夫；反身而诚，是诚明田地。此处合并只是一理，归结只是一命。命在各正之原，理在分殊之内。贞观则各正同原，贞明则分殊不别。所以《易》说穷理尽性以至于命，难说贞观是悟，贞明是修，尽性是知，尽心是行也。若说尽性是明诚本体，尽心是诚明工夫，则语意渊然可会。③

分析看来，黄道周认为"尽性"是达到万物同原、万物一体的境界，是承接《中庸》中"尽性"的理路而来，尽性之"性"，是万物一本之性；"尽心"则是从孟子之路而来，是圣贤扩充其心，达到知性知命的境界，尽心之"心"，是主体具有的仁义礼智之心。个体通过"尽心"扩充其四端之心，使得本体得到彰显和扩充，从而能够达到"尽性"，达到"尽性"则万物同原，物我无别，物我无间。所以，尽性即是"明诚本体"。其门人见此说法，认为这和朱熹所称的"尽性"和"尽心"的提法相仿，黄道周表示朱熹的见解不错。④且不论黄道周是否真实地认为他的"尽心""尽性"的理解就是和朱熹相同，但是，黄道周对"心"的理解和朱熹的形而下之"心"是不同的，虽然说"尽心"是诚明工夫，但是由诚到明的工夫，是由本体之端到本体之全成的过程，仅仅从由诚到明来看，其"心"应该为本心，四端之心。再者，人性或者说性体是于穆不

---

① （明）黄道周：《榕坛问业》卷十七。
② 同上。
③ 同上。
④ 《榕坛问业》卷十七载："赓穆云：'如是则依晦翁所云，尽性是尽真实本然之体，尽心是尽虚灵觉知之用也。'某云：'晦翁老成，自是不错。'"

已的天命流行于人所得，性体的客观内容和意义要人用其心去尽之，成之，此当然为"尽心"的工夫。以此看来，虽然此处黄道周笼统赞同其门人的说法，其实内部蕴涵则有不同之处，而这种不同，在他统合两者时的回答中，就显示了出来。他称："'穷理尽性以至于命'，此是圣贤奥诣，一生愤乐，于此总萃，时止时行，不过是此中影子耳。孟子说'尽心知性知天'，又说'事天立命'，又说'成性存存，道义之门'，皆与合节，更无复言说去处。"①

　　针对阳明后学中本体派不重工夫的流弊，黄道周转向程朱理学，重视工夫，主张格物致知，重视内心的修持和主敬，重视读书、学习和践履；但黄道周的工夫论思想仍带有王学的色彩，其格物致知思想力求以王学的内格来修正朱子之学流于逐物的倾向。总之，黄道周在兼采朱学、王学的基础上，提出了自己独具特色的工夫论思想。

---

① （明）黄道周：《榕坛问业》卷八。

第六章　圣人观

在儒家文化中，圣人是最重要的人格形象，其内涵极为丰富。一方面，圣人不仅是"人伦之至"，而且是天道的化身，上承天道，下启人伦；另一方面，圣人不仅是道德典范，还是政治领袖，肩负着建构理想社会秩序、开创太平盛世的伟大使命。在圣人身上，寄托了儒家最高的人格追求、道德境界和社会理想。因此，历代众多儒家学者都对圣人观念进行了深入思考和阐发。

第一节　传统儒家的圣人观

儒家圣人观的形成与发展与儒家学说的形成与发展相辅相成。早在上古时期就出现了"圣"与"圣人"观念的萌芽；春秋末期，孔子在创立儒家学说的过程中，提出了儒家圣人观。孟荀及其后世学者都对儒家圣人观念进行了丰富和发展，涉及圣人内涵、圣人功能、圣人境界、为圣之方等诸多论域。儒家圣人观的流变体现了历代儒家学者对道德与政治、现实与理想之间矛盾冲突的整合与融通。

一　"圣"与"圣人"

考察"圣"字的文字学渊源，可以更好地了解"圣人"观念的历时性。目前，"聖"字在殷代卜辞中还未被发现，对其本义的研究则须借助于金文。金文中"聖"为"耳口"。在《说文解字》中，"聖"即是"通"，"从耳，呈声"。应劭的《风俗通》认为："圣者，声也，言闻声知情，故曰圣。"郭沫若在《两周金文辞大系》中提出"聖"是古"聲"

字，后来"圣""聲"分化。顾颉刚认为"圣"与"聽"相通，两字相同。① 日本学者白川静、窪田忍等认为"圣"字中的"口"与上古祭祀有关，代表古代巫师收纳祝祷的器皿，因而认为"圣"的本义应是祝祷于神，并聆听神的应答。②

从"圣"字的渊源可以看出，"圣"的原初义是一种与巫术有关的通天能力，在《国语·楚语》中载："古者民神不杂。民之精爽不携贰者，而又能齐肃衷正，其智能上下比义，其圣能光远宣朗，其明能光照之，其聪能听彻之，如是则明神降之，在男曰觋，在女曰巫。"在殷文化中，"圣"的含义主要是通达上天命令和意志的一种能力，而与人的品格无关。相比较，周文化中，对"德"的重视使得这一时期的"圣"的内涵转移到个体的人格品质上，出现了"圣人"观念，如《诗经·大雅·桑柔》中"人亦有言：进退维谷；维此圣人，瞻言百里"。春秋阶段，思想文化突出了客观的理性精神特质，而非理性思想逐渐淡化。此阶段"圣人"的内涵也更加丰富，"圣人"可以指代有高度智慧、美好品德的人，制定和维护人类生活规范的人，德福统一的人，还可以指代有德有位的统治者等。但是，"圣"所具有的"神圣""神秘""崇高"等含义则是先秦儒家思想所赋予的。

二　先秦两汉儒学圣人观

由孔子所开创的儒家学派的圣人观随着历史的发展，义理和论题也表现得更为丰富和多样。

《论语》作为孔子思想的记录，其书中多举如尧、舜、禹等古代圣人，但是明确提到"圣人"并不多，其"圣"字共出现过八次。孔子声言"圣人，吾不得而见之矣，得见君子者斯可矣"③。孔子认为一般人见不到圣人，即使如尧、舜等人也不能算是真正的圣人。在孔子这里，"圣""圣人"已经具有理性人格的特点。正因为圣人神圣，所以孔子不

① 参见顾颉刚《"圣""贤"观念和字义的演变》，《中国哲学》第一辑，生活·读书·新知三联书店1979年版，第81页。

② 参阅白川静《字统》，平凡社1984年版；参阅窪田忍《中国哲学思想史上的"圣"的起源》，《学人》第一辑，江苏文艺出版社1991年版。

③ 《论语·述而》。

敢自居"圣人"，称："若圣与仁，则吾岂敢？"①

孟子在吸收孔子圣人观的基础上，更为推进一步，不但指出圣人具有不同于凡人的特质，如"大而化之之谓圣，圣而不可知之谓神"②，称古代贤王如舜、文王等为圣人，同时他还提出圣的分类，如"圣之清者"伯夷、"圣之任者"伊尹、"圣之和者"柳下惠、"圣之时者"孔子，并称孔子为"集大成者，金声玉振"。孟子推崇孔子为最高理想人格的代表。同时，孟子也提出个体具有成圣的潜在性，称"人皆可以为尧舜"③，认为"圣人与我同类者"④，"尧舜与人同耳"⑤，所以人人都可以成圣。孟子一方面将圣人作为至高的人格理想，另一方面认为个体都有实现圣人这一理想人格的可能，将两者相结合，既标识出方向，又提供了途径。孟子的圣人观不仅为儒家的圣人观增添了新的思想，更为重要的是，他为后来的圣人之学厘清了基本脉络。

荀子尊崇的圣人具有道德层面和政治层面两层含义，圣人是道德至高者，也是社会制度的制定者，两者相统和，所以荀子所推崇的圣人显示出"圣王"的色彩。他称："圣人者，人道之极也。"⑥"圣人，备道全美者也，是县天下之权称也。"⑦"圣也者，尽伦者也；王也者，尽制者也。两尽者，足为天下极矣。"⑧在成圣方面，荀子称"涂之人可以为禹"⑨，与孟子的"人皆可以为尧舜"命题相近，荀子认为个体可以通过行善的积累工夫而最终实现成圣的目标，"涂之人百姓，积善而全尽谓之圣人。……故圣人也者，人之所积也"⑩。

在汉代，汉儒如董仲舒、扬雄、王充等的圣人观继承了先秦的圣人观，肯定圣人道德至高、人格完美，圣人的言行为世之楷模，同时圣人也是人间社会文明和伦理制度的创立者和设定者。这个时期，圣人有一个重

---

① 《论语·述而》。
② 《孟子·尽心下》。
③ 《孟子·告子下》。
④ 《孟子·告子上》。
⑤ 《孟子·离娄下》。
⑥ 《荀子·礼论》。
⑦ 《荀子·正论》。
⑧ 《荀子·解蔽》。
⑨ 《荀子·性恶》。
⑩ 《荀子·儒效》。

要的变化，即脱离人性而具有单一的神性，如圣人与天相通，圣王乃是天子，"圣王生则称天子，崩迁则存为三王，绌灭则为五帝，下至附庸，绌为九皇，下极其为民，有一谓之三代，故虽绝地，庙位祝牲，犹列于郊号，宗于代宗"①。圣人知晓天地之意，所以其能"尽人之变，合之天"②，能够匹配上天，即"圣人配天"③。扬雄也肯定圣人的神性，称："圣人。曰：'神。'"④圣人通天，所以能够承受天意，动天地、化四时，与天为一，实现天下大治之道。汉代将圣人请入神坛，这种神圣化带来的一个消极影响是导致圣人作为儒家的最高人格理想只可膜拜而不可修为，所以有人认为"圣人"不可学而致，如唐代皮日休，认为圣人不能通过修养而达到，称："圣人，天也，非修而至者也。……若圣人者，天资也，非修而至也。"⑤

三　宋明新儒学的圣人观

至宋代，宋儒接续孟子提出的圣人观并加以阐释和发挥，其圣人观的一个突出观点是"圣人可学论"。在宋代，"成圣""为圣"成为儒家的强烈诉求，"圣贤气象""孔颜之乐"成为儒家思想中的一个主要论题。理学之祖周敦颐提出"圣可学"⑥，个体要"希贤""希圣"。此外，他对圣人的人格特质做了多方面的规定，如"诚者，圣人之本"⑦，"圣，诚而已"⑧，以"诚"来规定圣人的特质。就圣人之道来讲，他认为："圣人之道，仁义中正而已。"⑨"圣人之道，至公而已矣。"⑩圣人境界是与天相通，变化无方，称"诚、神、几，曰圣人"⑪，"圣同天，不亦深乎"⑫。

---

① （汉）董仲舒：《三代改制质文第二十三》，《春秋繁露》卷七。
② （汉）董仲舒：《官制象天第二十四》，《春秋繁露》卷七。
③ （汉）董仲舒：《威德所生第七十九》，《春秋繁露》卷十七。
④ （汉）扬雄：《法言·修身》，汪荣宝撰，陈仲夫点校：《法言义疏》，中华书局1987年版。
⑤ （唐）皮日休：《鹿门隐书六十篇》，《皮子文薮》卷九，上海古籍出版社1981年版。
⑥ 周敦颐《通书·圣学》载："'圣可学乎？'曰：'可。'"
⑦ （宋）周敦颐：《通书·诚上第一》。
⑧ （宋）周敦颐：《通书·诚下第二》。
⑨ （宋）周敦颐：《通书·道第六》。
⑩ （宋）周敦颐：《通书·公第三十七》。
⑪ （宋）周敦颐：《通书·圣第四》。
⑫ （宋）周敦颐：《通书·圣蕴第二十九》。

　　此后二程特别是程颐继承了"圣人可学"的思想，在《颜子所好何学论》中，程颐提出"学以至圣人之道"和"圣人可学而至"两个命题，之后他也反复强调"圣可学"，例如："人与圣人，形质无异，岂学之不可至耶？"①"人皆可以至圣人，而君子之学必至于圣人而后已。"②"又况人与圣人同类者，大抵须是自强不息，将来涵养成就到圣人田地，自然气貌改变。"③他从圣人与人无异的角度出发，强调学习的重要性，认为学习的目的就是成圣。

　　朱熹对圣人问题也十分关注。浑然天理、道大德全、圣无不通、大而化之是朱子对圣人高明处的典型概括，如称"圣人则表里精粗无不昭彻，其形骸虽是人，其实只是一团天理"④，认为圣人是天理、天道之化身，为道体之呈现。圣人道大德全，在一切行为事物上皆体现出理之完善，没有疏漏和瑕疵。"圣人道大德全，无可不可。"⑤ 认为圣人神明不测、大而化之，称"圣人，神明不测之号"⑥，"圣者，大而化之"⑦。但朱熹并没有拔高、神化圣人，又强调圣人具有常人世俗性的一面。他称："圣贤禀性与常人一同。既与常人一同，又安得不以圣贤为己任！"⑧圣人在本质上与普通人一样，因此"学之至则可以为圣人"⑨。总之，程朱一派认为，"圣人"是至高的道德理想人格和道德境界的标识。基于圣人和常人禀性无异，所以常人有成为圣人的可能性。但是，程朱理学的圣人是一种外在的理想目标，需要通过后天的格物穷理才能达至。圣人外在化是程朱理学圣人观的一个重要特点，而相对应的心学则反求诸心，表现出注重自我、向内寻求的倾向。

　　虽然理学家提出"学以至圣"，打通了由凡到圣的道路，但是其成圣的手段和方法却非常繁冗和复杂，对于此种状况，以陆九渊为代表的心学家开始简化程朱成圣的繁冗方法和手段。

―――――――――――

① （宋）程颢、程颐：《二程集》卷十八。
② 同上，卷二十五。
③ 同上，卷二十三。
④ （宋）朱熹：（宋）朱熹《朱子语类》卷二十九。
⑤ 《论语集注·雍也》。
⑥ 《论语集注·述而》。
⑦ 同上。
⑧ （宋）朱熹：《朱子语类》卷八。
⑨ 《论语集注·公冶长》。

陆九渊提出"心即理",以"心"为宇宙实体,即是理,从而将程朱理学高悬在外的"理"内置在"心"上,把烦琐的穷理之学扭转为对本心的发明、存养。他称:"圣人与我同类,此心此理谁能异之?"①"道未有外乎其心者。自可欲之善至于大而化之之圣,圣而不可知之神,皆吾心也。"②圣人既然与我同类无异,则"圣人可学而至"。王阳明继承发展了陆九渊的"心即理"的学说,进一步提出了"心之良知之谓圣",认为"圣人之学,致此良知而已"③。由于良知在圣人和常人身上无异,个体彰明"心"和"理",就是"致良知"。因而,王阳明称"故虽凡人,而肯为学,使此心纯乎天理,则亦可为圣人"④,从而肯定人皆能成圣。而且,他提出"心纯乎天理"是成圣的关键,知识多寡、才能大小、学问高低并不是衡量标准。他用黄金的成色与重量的关系来比喻圣凡同质性,认为凡人只要使己心纯乎天理,便可以成为圣人。可见,相对于程朱理学的繁冗方法,王阳明在一定程度上降低了成圣标准,简化了至圣手段,为众人提供了简易直接的成圣方法。至其弟子王艮提出"满街人都是圣人"的思想也就不足为奇了。

第二节　圣人之名

晚明阶段,王学思想泛滥,"他们把俗人与圣人、日常生活与理性境界、世俗情欲与心灵本体彼此打通,肯定日常生活与世俗情欲的合理性,把心灵的自然状态当成了终极的理想状态,也把世俗民众当称圣贤,肯定人的存在价值和生活意义"⑤,如"圣人之道无异于百姓日常"⑥,儒者之间彼此互称圣人。圣人的平民化和世俗化使得圣人的神圣性消失,这种变化带来的一个直接的消极后果是圣人作为一个理想人格所具有的超越性减弱,其所具有的向上振拔、奋发提携的精神力量相对弱化,这对于传统儒家学说的圣人观不能不说是一个冲击。

---

① (宋)陆九渊:《与郭邦逸》,《陆九渊集》卷十三。
② (宋)陆九渊:《敬斋记》,《陆九渊集》卷十九。
③ (明)王阳明:《书魏师孟卷》,《王阳明全集》卷八。
④ (明)王阳明:《传习录》上,《王阳明全集》卷一。
⑤ 葛兆光:《中国思想史》(第二卷),复旦大学出版社2001年版,第317页。
⑥ (明)王艮:《王心斋全集》,陈祝生等校点,江苏教育出版社2001年版,第10页。

处于晚明的黄道周一方面重申圣人超越性的一面，但又不忽略其世俗性的一面，肯定"圣人"作为儒家的理想人格，其特质含有超凡和入俗两个层面。在黄道周看来，圣人是连接上天和世俗社会的媒介，圣人是上天的代表，在人间行使着上天赋予的权力，将上天之德实施于天下，"嘿操其柄，品骘于上谓之帝天；精明其道，叙布于天下谓之圣人"①，可见，圣人可以称作是人类社会制度和文明的创立者。同时，他认为"圣人亦人也"②，肯定圣人具有常人世俗性、普通性的一面。

一 圣人与天地

在黄道周看来，圣人与天地的关系，可以从以下四个方面来说明。

（一） 与天地同原

黄道周认为，圣人之"圣"体现在其与天地同原，"圣人之于天地，则无异体也"③。与天地同原，与万物同原，如天地之创生流行，无有停息；如时序之循环运转，流转不已。圣人与天地无异体，所以圣人能效仿天地之道而能神、能几、能化，因而黄道周赞同其门人对圣人的诠释，称："如尔载说圣人性地明通，万物同原，自然随地映现，于此处较自亲切也。"④

圣人与本原同体，能够仰观俯察而明天道，圣人与天道两者之间的关系是："圣人之于天道，若土之含气；天道之于圣人，若水之别味也。"⑤正因为圣人是天道之人格化，所以能够通晓天人合一之境，能够呈现道体之幽渺精义，黄道周称："圣人看得世上只是一物，极明极亲，无一毫障碍。以此心意澈地光明，才有动处，更无邪曲，如日月一般，故曰明明德于天下。"⑥ 圣人心意光明纯粹，能够体悟天道、地道，进而参验人道，所以"圣人者，必通于三才之原，尊神以事人，尊人以事天地"⑦。

同时，黄道周指出，圣人与天地同原还表现在圣人要受天地的制约而不能超越于天地，他称："夫圣人之与天地通贯同原，天地所不能主，圣

①　（明）黄道周：《访箕章第一》，《洪范明义》卷上。
②　（明）黄道周：《三代之学皆以明人伦论》，《黄漳浦集》卷十四。
③　（明）黄道周：《贞图经》上，《三易洞玑》。
④　（明）黄道周：《榕坛问业》卷四。
⑤　（明）黄道周：《贞图经》上，《三易洞玑》。
⑥　（明）黄道周：《榕坛问业》卷一。
⑦　（明）黄道周：《式士策·求才第一》，《黄漳浦集》卷十。

人盖亦不能自主也。……圣人不自为才而才生，犹天地不自为运而运成。"① "圣人之智足以齐天地而不敢以天地齐其绳嚮，故易十八变而左右殊贯，要其不变则天地为岸。"② 在黄道周看来，圣人与天地同原，虽然有天地规律的限制，但却无违天地之规律，而且具有裁成辅相天地之功，顺应万物之自然，大化贯通，没有丝毫的人为之力，就如天地无心而化育万物一般。

（二）与天地合德

黄道周认为圣人之"圣"还体现在能够"合德于天地"，他称："大人者，与天地合德；与天地合德则与阴阳合序，乾乾终日，万物所以资始也。万物资始则能载地，载地则能载物，能载物则厚德归之矣。"③ 圣人与天地合德，所以能够掌握天道运行规律，成就天地之用，万物亦依附于圣人。黄道周指出，圣人能够合德于天地是因为圣人之心本于上天，"圣人以天为心，所好惟德，德之所在，茕独可尊"④，圣人以天为心，其举手投足，动静语默，皆合乎天理，中乎法度，无须勉强，是天道精义之自然显现。

圣人合德于天地，所以能够明天地之道，言行都体现出天道之完美，天地之大德在圣人身上发用而形成人间的人伦道德，"嗟古圣人，咸达天德。天授之智，锡以仁勇。纯粹体精，物感不侵"⑤。圣人之德与天德合，这种天授的圣人之德，具体在圣人身上则表现为智、仁、勇等品性。同时，因为本于天德，所以圣人的好恶都是自然流行，是圣人与天地化育相通的天地气象之自然展露，没有丝毫隐藏和歪曲，所以圣人正直而荡平，黄道周称："圣人之好恶，本于天德，好而知恶，恶而知美，利之所在，以义裁之，故正直而荡平。"⑥ 此外，天作为道德和价值源泉，圣人合德于天地，在人间社会中则表现为义、信、仁、宽等人伦形态，"古之圣人，去知而考德。本之于元而要之以贞，曰苟足以长人利物则足为智矣，故以利而和义，以信而和智，行之以仁，居之以宽，是大人所合德于天地

---

① （明）黄道周：《式士策·求才第一》，《黄漳浦集》卷十。

② （明）黄道周：《贞图经》上，《三易洞玑》。

③ （明）黄道周：《易象正》卷终下。

④ （明）黄道周：《洪范明义·皇极章第七》。

⑤ （明）黄道周：《三近堂记》，《黄漳浦集》卷二十四。

⑥ （明）黄道周：《洪范明义·皇极章第七》。

也"①。

不仅圣人能够合德于天地而无违背，且圣人与天地相通，如太极之一体浑然备阴阳正气，能够"合德天地以命阴阳"，"命"体现出圣人主体的自主性。也就是说，这种与天地息息相通的能力赋予了圣人建构人间道德、伦理秩序的权力。

可见，圣人之"圣"体现在圣人合德于天地，其是天人合一的真实存在和体现，其道德达到至高之境，其行为达到自由之境。

（三）天地之心、手

黄道周认为，圣人之"圣"还表现在圣人是道成肉身，是客观天道的主体化，因而圣人在天地之间具有独特的价值、地位和作用，他称："圣人者，天地之心、手也。圣人出而草木以为蓂箕，鸟兽以为龟龙；圣人不出而紫蓍以为污草，麟角以为疴虫。"② 他认为圣人是宇宙世界价值和意义的赋予者，将宇宙世界的潜在意义和价值揭示并彰显出来，使之成为和谐一体的意义世界。黄道周强调圣人是天地的心和手，包括两层含义：一、圣人是天地之心。他以人的身体比喻天地，心对身体的重要作用不言而喻。就个体来讲，"心"具有知觉灵明和理性思维能力，有心，身体的其他功能才能正常活动，才能认识和把握周围世界。黄道周以心喻圣人，说明圣人在天地之间具有主宰和支配作用。二、圣人是天地之手。他用手在身体中的功能来比喻圣人在天地化育中的能动性和主体性——承受天命而构建和谐的社会伦理道德、政治秩序。也就是说，作为天地之手，圣人将天地"生生之德"的价值转化为人性根本，建构完美的人间伦理社会秩序；同时，圣人将天地"生生之德"在人间实现并完成，表现为维护完美的伦理社会秩序的和谐运行。可见，圣人在天地间具有创造的作用和主宰的地位。

另外，黄道周认为，圣人将天地有机地联系成为一个整体，参赞天地的同时率领和治理百姓，起到统领和协调作用，"圣人者，天地之心师也。使天地不用其心师，则五行与五官藐不相涉，即圣人之耳目四肢亦各自为治。耳目四肢各自为治，则犹之庶民耳"③。

① （明）黄道周：《易象正·乾坤》。
② （明）黄道周：《式士策·求才第一》，《黄漳浦集》卷十。
③ （明）黄道周：《洪范明义·福威章第十一》。

由于圣人独特的地位，所以"圣人之在天地，犹羲阳之在六虚，无可配者。月受其光以为精魄，星受其采以为光耀，气受其序以为远近。寒暑融结霜露，嘘噏风雷，无非日也，圣人亦犹之日也"①，圣人如日高悬，照亮天地、顺应四时。

（四）达天地之志事

圣人独特的地位决定了其独特的作用，黄道周认为圣人之"圣"还表现在圣人能够实现天地之志事，他称："圣人者，天地之孝子，修其道业，以达天地之志事也。"② 这种"达天地之志事"表现在三个方面：首先，圣人能举正天地之命，"天地之命，非圣人则莫之举正也。圣人之正天地，如天地之自正，因其上下，以为损益。益之不敢损，损之不敢益，特为命辞焉，以播其命。或乱或治，或庸或圣，在于际会，使知勉焉，则亦有定也。故曰天人者，贞胜者也"③。圣人能体天道、正天地，不违背天道而行人事。

其次，圣人能顺天地之体数正人间秩序，黄道周认为：

> 天地之体数，一内而一外，一远而一近，一赢而一乏，一生而一死，生死赢乏，相为远近，相为内外。生赢之数，注于远外，则死乏之数，注于近内；死乏之数注于远外，则生赢之数注于近内。庆赏刑威，食货宾旅，相代为候，以审其处，故律度之变，金木之沴，礼乐之坏，刑兵之乱，彼此相蔽，至不可诘，而其大率，必倒其远近，覆其内外。圣人为正其权度，明其规矩，以天地之体数，引其指臂，导其脏腑，相配则已矣。④

圣人根据天道而治理人间，目的是要达到和谐相配，所以当天地有灾难动乱出现的时候，圣人行使其权度，明其规矩，达到天地相配安和。另外，在人间的伦理、纲常由于灾殃出现而发生变乱时，由于天地不能自正，要托寄于圣人，其行使天地之权而正人间之事，黄道周称："六索三男之皆称乾，六索三女之皆称坤，何也？曰是阴阳之府也，天地之所授

---

① （明）黄道周：《孝经集传·圣德章第九》。
② （明）黄道周：《式士策·道业第五》，《黄漳浦集》卷十。
③ （明）黄道周：《贞图经》上，《三易洞玑》。
④ （明）黄道周：《式士策·体数第三》，《黄漳浦集》卷十。

也，男女交而后五伦立，五伦立而后变化出，变化出而后庆殃生，庆殃生而后乱贼见，乱贼见而后天地之权不得不托于圣人，是《诗》《书》《春秋》所继《易》而作也。"①

最后，圣人能"齐天下"。黄道周称："圣人体道以总群后，以日月为道，不以星为好恶，五德积差，孰仇孰亲。或好之以亡，或恶之以存，召好去恶，因仇与亲，夫非圣人则寇媾争邻，故圣人者易轨以为御，日月以为驾，土以为轸，岁以为轼，疾速迟久，以服群后，以齐天下。"② 圣人体道，对事物客观规律和演进态势有着准确把握，能够以天地日月为准而达到治理天下的结果。

概括而言，黄道周认为圣人之"圣"表现在圣人与天地同原，能够合德于天地，进而参赞天地，融汇于阴阳摩荡之中，体天地之变化而与万物为一体。同时，由于圣人与天地同原，所以能感天地，能命阴阳，仿效天地建立起人间秩序，达天地之志事，将宇宙世界的潜在价值和意义彰显出来，整合成统一有机的生命整体。

二　圣人与常人

在黄道周看来，圣人除了拥有圣明高远难以企及的特质外，也有和常人相同的一面，他反复称"圣人亦人也"。

（一）圣人亦人

黄道周提出"圣人亦人"，这个命题有两层含义。第一，从人性层面分析，在黄道周看来，因为天命之谓性，所以"论性则天地、圣人与人都是一般"③。天命流行至人，圣人和常人都承受了天命，所以两者形质相同，没有差异。从本原上讲，圣人和常人都是禀赋天命，因而"性"是平等的，所以常人有成圣的可能性。当然，这只是一种潜存的可能性，将可能性变为现实性则需要明"性"，"性"明之后则成圣的努力不至于偏差，黄道周称："圣贤原无顿路，只是源本的的不差。《易》称'乾以易知，坤以简能；易则易知，简则易从；易知则有亲，易从则有功；有亲则可久，有功则可大；可久则贤人之德，可大则贤人之业'。此贤人便是

①　（明）黄道周：《易象正·乾坤》。
②　（明）黄道周：《贞图经》上，《三易洞玑》。
③　（明）黄道周：《榕坛问业》卷十一。

圣人君子一流人……《易》曰'直方大，不习无不利'，有盈泰便是习，直方大便是性。性字既明，天亦可到，圣人则犹是人耳。"① 可见，黄道周强调圣人亦人，一方面，强调两者在人性禀赋上完全一致，为常人成圣提供理论根据，打通由凡而圣的通路；另一方面，也应该看到，由于圣人亦人，常人和其禀性无异，所以圣人作为一种道德理想人格，有其世俗性的土壤，成圣的追求和道德教化可以在普通民众中施行、普及。

第二，从属类概念上来探讨，人作为自然界的一类物种，秉承阴阳五行之秀气，成为万物之灵长。从这个角度来讲，圣人与常人形质同类，所以，圣人行事也只是常人的样子，他称："圣人亦人也，不以天道责券于数百年之后，亦曰夫妇、父子、兄弟相继为治云耳。"② 圣人上达天文而明天道，下晓地理而知地道，在世俗间是通人事而行人道。既然圣人只是人类中的出类拔萃者，不是人格神，所以要受到作为"人"的局限，如智慧、才能等方面的缺陷，他称："天下精微之会，细不可揣，虽圣人亦有所费力也。"③ "其（易）动颐则尽于是也，显道神德行，酬酢变化，则虽圣人有所不知也。"④ "天道之依游，虽圣人亦不能定也。"⑤

可见，圣人有"圣"的一面，如其作为沟通天道和人道的中介者，有能力感通天人，但是，圣人也有"常"的一面，如在天人关系的构建上，亦隐晦不明之处，"圣人亦人也。圣人者以人而溯天，多有所未明于天；以天而治人，多有所未明于人"⑥。

黄道周从人性根据和人的类属上来谈论"圣人亦人"，是"圣凡平等"的另外一种论述，为常人学圣、成圣提供了理论支持，亦提供了学圣、成圣的信心。他认为，成圣之事与老农耕耘是一个道理，"如老农夫祁寒暑雨，晨夕田畔，不着一声咨嗟，勿论膏粱子弟勉强不来，即伊家粗顽汉子，亦赶不上了，只此就是圣人心事，圣人样子"⑦。认为只要常人能够尽性尽其人道，平平常常，自然就可以成圣。

---

① （明）黄道周：《榕坛问业》卷十四。
② （明）黄道周：《易象正·屯蒙》。
③ （明）黄道周：《精一执中论》，《黄漳浦集》卷十三。
④ （明）黄道周：《易象正》卷终下。
⑤ 同上。
⑥ （明）黄道周：《三代之学皆以明人伦论》，《黄漳浦集》卷十四。
⑦ （明）黄道周：《榕坛问业》卷三。

（二）圣人亦有人心

黄道周在阐释圣人之常的观点时，特别强调圣人亦有"人心"。人心和道心相对，作为一对哲学范畴，最初出现在《尚书·大禹谟》中，后由程颐进一步阐发，成为理学心性论的重要范畴。程颐认为作为道德理性的道心和作为感性私欲的人心两者对立，个体要灭人心、存道心。朱熹认为，道心来自于义理之性，人心来自于气质之性，两者可以共存，但道心主宰人心。在人心和道心上，黄道周认为"人心之与道心，皆天也"①，两者本原一致，道心是道德理念，人心是情感意识，肯定圣人有道心的同时，"人心"也是圣人的一部分，他称："舜禹穷神，亦有人心；桀跖穷愚，亦有道心。执之于微则无不存，失之于微则无不亡。"②像尧舜般的圣人亦有人的感性物欲，桀跖般的不善之人也有道德理性，只是由于执与弃的选择而造成不同的结果。对于圣人来说，"虽圣人，有淫佚之心，风动亦成波靡耳"③，可见圣人和常人一样，亦有淫佚之心，欲望遇到了诱惑，也会泛滥起来，为世俗所裹挟。

黄道周亦从君子日常的举止言行、情感角度说明圣人与常人的相似之处，他称："君子居常不失战栗，临事不失整暇，宴至如斋，豫来如敌。先震而后笑，毋亦有众人之心乎？曰：圣人亦犹之众人之心也。"④应该看到，黄道周提出"圣人亦有人心"的命题是从情性上识别圣人，从常人之性情入手见出圣人之真实。在某种程度上，达到了去圣人之神秘化和神圣化的作用。

（三）圣人犹然中人

黄道周根据道、利将人分为圣人和中人，认为"人都是此中人"⑤，就连圣人孔子，其"一生竭力只在子臣弟友分上看得老老实实，只如中人一般"⑥。进而，"圣门上七十二贤，个个是个中人"⑦。"中人"可以说是人类普遍群体的指称。上文论述过"圣人亦人"，所以，圣人处于人类群体之中，其"犹然中人"，黄道周称："天地斗争，玄黄俱伤，人以其

---

① （明）黄道周：《易象正·乾坤》。
② （明）黄道周：《精一执中论》，《黄漳浦集》卷十三。
③ （明）黄道周：《榕坛问业》卷十。
④ （明）黄道周：《易象正·震艮》。
⑤ （明）黄道周：《榕坛问业》卷十一。
⑥ 同上。
⑦ 同上。

中，血类未离，洗濯而出之，聪明犹是也，耳目犹是也。其可以利诱，可以威劫，可以名动，可以义死，可以耻去，可以闷止，则犹然中人耳。且不独中人，即使圣人者，其道业未就，功庸未立，旅进旅退，若闷若耻，亦犹然中人耳。"①

圣人和中人的关系是"中人有圣人之性，圣人有中人之命"②。中人有圣人之性，所以中人在求道方面"一息在平地，双眼悬青天，死而后已"③，则可以至圣，成为圣人。圣人有中人之命，就如孔子生前也只是竭力做事，而后达天道。

总之，在圣人之常方面，圣人的世俗性减弱了其神圣性和神秘性，为现实生活中由凡转圣和由圣转凡提供了理论依据，这种思想体现了在晚明阶段儒家圣学的世俗化、平民化和普及化趋势。从孟子"人皆可以为尧舜"的儒家圣人观到程朱理学的"圣可学而至"，到王阳明的"人胸中各有个圣人"以及王艮等人的"满街人都是圣人"，再到黄道周提出"圣人亦有人心"，是儒家圣人观的内涵不断演变和丰富的过程，也是儒家圣人观从神到人、从至高到世俗的一个过程。在晚明阶段，圣人之常的一面得到王学过度肯定，虽然其肯定人性而降低神性，使得人性得以彰显，但导致常人对圣人敬畏心理弱化，而这种削弱精神权威的行为有可能减弱其对人性的遏制作用。

在黄道周这里，他将圣人之圣凸显出来，将圣常并提，形成均衡的圣人人格形象，力图扭转晚明阶段对圣人神圣性的淡化和漠视，肯定圣人的神圣性和超越性。

三　圣人与豪杰、君子

（一）豪杰可为圣人

儒家的豪杰理论最早出现在《孟子》中，孟子曰："待文王而后兴者，凡民也。若夫豪杰之士，虽无文王犹兴。"④朱熹注："豪杰，有过人之才智者也。盖降衷秉彝，人所同得，惟上智之资无物欲之蔽，为能无待

---

① （明）黄道周：《式士策·求才第一》，《黄漳浦集》卷十。
② （明）黄道周：《宓图经》下，《三易洞玑》。
③ （明）黄道周：《榕坛问业》卷十一。
④ 《孟子·尽心上》。

于教，而自能感发以有为也。"① 豪杰和凡民的重点之别在于"是否自兴"，也就是朱熹所称的是否能"自能感发以有为"。个体道德心自我觉醒，不假借外力，能自我抉择，超乎流俗而奋发向善，就可以称为"豪杰"。豪杰和圣人的关系，朱熹认为，"豪杰而不圣人者有之，未有圣人而不豪杰者也"②，也就是说，豪杰是通往圣人之路，对此，陆九渊也深以为然。③ 其后王阳明也称："吾越多豪杰之士，其特然无所待而兴者，为不少矣，而亦容有蔽于旧习者乎？"④"日乎出乎流俗，殆孟子所谓'豪杰之士'者矣。"⑤ 可见"无所待而兴""出乎流俗"是儒家对豪杰性质的重要规定。

在豪杰观上，黄道周认为，"豪杰之与儒者，均之可为圣人"⑥，重视历史上豪杰的地位和作用，并且认为其可以入圣人之列而承接圣学之统绪。鉴于此，他批判宋儒的道统说，认为："有宋诸儒自濂溪始以为直接洙泗，遂扫古之所尚，以归之豪杰，谓未窥圣人之道。"⑦

他认为宋儒将周敦颐推为直承孔孟圣学之人，而将从先秦至宋之前的儒者定位为豪杰的举动有失公允。在他看来："圣学精微，则虽回、赐有所未逮；论其遗绪单传，虽田何、盰弓、公穀之流犹有所得，何况扬雄！"⑧而且，有一段材料很能体现黄道周的立场，据《孔子家语》载，卫国的将军文子向子贡询问孔子弟子的品行如何，子贡列举十二人。其后，子贡将文子的问题告诉孔子，孔子列举了范文子、桐提伯华、士会、晏婴、伯夷、叔齐、柳下惠七人。黄道周认为："夫子贡与夫子之论人若此矣，卒未有剖之为道德与豪杰者，而性、道、命、仁又夫子所罕言，乃取所罕言者日夕而研之，以为入室为升堂，岂不异哉？"⑨ 他认为孔子和子贡论人不依据性、道、命、仁等来将人分类，而宋儒则自取此标准来清本

① 《孟子集注·尽心上》。
② （宋）陆九渊：《语录下》，《陆九渊集》卷三十五。
③ 陆九渊："后生自立最难，一人力抵当流俗不去，须是高着眼看破流俗方可。要之，此岂小廉曲谨所能为哉？必也豪杰之士。胡丈因举晦翁语云：'豪杰而不圣人者有之，未有圣人而不豪杰者也。'先生曰：'是。'"《陆九渊集》卷三十五，《语录下》。
④ （明）王阳明：《重修山阴县学记》，《王阳明全集》卷七。
⑤ （明）王阳明：《别梁日孚序》，《王阳明全集》卷七。
⑥ （明）黄道周：《万历四十有六年乡试策·正学第二》，《黄漳浦集》卷九。
⑦ 同上。
⑧ （明）黄道周：《太玄》《元经》原本，《黄漳浦集》卷三十。
⑨ （明）黄道周：《万历四十有六年乡试策·正学第二》，《黄漳浦集》卷九。

正源、立门户之别，此种行为不可取。对此，他持反对意见，认为："有宋诸君子既不得于时，则退修其身，若孟子所谓穷居见于世，是亦圣人之徒矣；而必以为圣人之统必自此而开，则将何所置彼宋前诸君子也哉?"①

黄道周认为，宋儒的道统说有偏颇狭隘之嫌，所执的选择标准不符合儒家本旨。在他看来，"圣人之道，则曰博文而已，约礼而已矣"②。他认为"博文约礼"是儒家之道的旨归，只要个体以礼为立身之本，不随世俗迁流佚荡，并且不断地克修学习，提升道德人格达到至化之境，立于天地之间，是体明圣人之道，就可以成圣。根据这个标准，他称："荀卿没，而贾谊、董仲舒、申培、韩婴、刘向、郑玄、应劭、贾逵，吾犹有取焉。若夫广六经之意，发自杼轴，适值其穷，近于仲尼之遭者，其惟王通乎?"③ 他列出荀子、贾谊、董仲舒、申培、韩婴、刘向、郑玄、应劭、贾逵、王通等人，认为这些历史人物都传续了儒家思想，在儒家思想的传承上都是阐扬者，不应该忽视。

正是立足于"广六经之意"的标准，黄道周从古到今列举不同的历史人物，建构了一套自己的儒学谱系。他称：

> 盖自季札没，而仲尼之徒始盛，卜子夏、田子方辈相继，强学以为人师，盖五百余年而刘向、扬雄之学兴，向雄之学不醇于董仲舒。仲舒为博士，下帷讲诵，弟子以久次相传授，莫见其面，盖三年不窥园。江都王从问三仁之义，河间献王从问《孝经》，故强学待问，董仲舒有焉。又五百余年而王通者出。王通生于隋时，受书于东海李育，学诗于会稽夏琠，问礼于河东关子明，正乐于北平顾汲，考易于族父仲华。不解衣者，六岁学成，献策于隋廷，文帝大悦，恨得之晚，公卿杨素、苏夔、李德林皆从问业。通入而有忧色，或问之，通曰："素与吾言政而不及化，夔与吾言声而不及雅，德林与吾言文而不及理。"门人曰："是何忧乎?"通曰："言政而不及化，是天下无礼也；言声而不及雅，是天下无乐也；言文而不及理，是天下无文也。王道何从而兴乎?"遂隐归于河汾。故强学以待问，则王通有

---

① （明）黄道周：《万历四十有六年乡试策·正学第二》，《黄漳浦集》卷九。
② 同上。
③ 同上。

焉。又五百余年，有程颢者出，与弟颐、张载同为学，于《表记》中举君子庄敬、日强、安肆、日偷之语，以为学的。虽其天性冲融，不事勉强，而夙夜自警，从事于克复，于尊道之原独得其要，故其造就人才最多，有进于问答淑艾之外，故强学待问，程氏诸儒亦有焉。自是古学渐兴，而力行近仁之说，又大惕于天下，则是元佑诸儒之力也。①

可见，黄道周认为这些历史人物对于圣学的传承都有功，可以入圣学之列。

此外，他对汉儒也很看重，认为："汉宋诸儒，途径稍分，不离博约二路。博不坠于词章，约不入于老释，虽使董、刘俱跻明堂，朱、陆同登道岸，未为过也。"②

总体来看，黄道周认为豪杰与儒者都可以作为圣人，圣人作为理想人格，是一个终极标准，若孔子之"仰之弥高，钻之弥坚，瞻之在前，忽焉在后"，它的美就在于引发和振奋个体不断修为，所以黄道周称："不言而信，存乎德行，是圣人之微也。穷理尽性，以至于命，则虽圣人终其身犹自以为未有焉尔。"③

再进一步分析，虽然黄道周称豪杰与儒者均可为圣人，但是他只是反对豪杰和儒者的分类。从他所列举的历史人物来看，更多地符合了儒家的君子人格标准，而这些人都在儒学历史上闪烁着自己的光芒。

（二）圣人与君子

与圣人一样，君子也是儒家所推崇的人格形象，其地位仅次于圣人人格，更具有现实性。孔子说："圣人，吾不得而见之矣。得见君子者，斯可矣。"④ 所以在孔子看来，君子是现实人格典范，而圣人则是理想人格典范。

在黄道周眼中，君子和圣人两个概念有同有异。他多处描述君子的品格特性，混同于圣人。他又强调君子和圣人之别，如君子自身德性尚不能达到圣人那种全体完美、尽善尽美之境，只是在某一方面达到极致。

---

① （明）黄道周：《儒行集传·自立章第二》，文渊阁《四库全书》本。
② （明）黄道周：《答郑牧仲书》，《黄漳浦集》卷十八。
③ （明）黄道周：《万历四十有六年乡试策·正学第二》，《黄漳浦集》卷九。
④ 《论语·述而》。

1. 君子与圣人无异

黄道周认为两者无异，第一，表现在君子有圣人的作为。

黄道周在解释乾坤时，称："君子观于两极，以得乾之径；观于两[①]陆，以得乾之周；观于揲蓍，以得日月之行；观于晷影，以得寒暑之度。洗心而处，正容而告，非仁无行，非义无为，如是则可以言健矣。履盛而不偷，处满而知惧，教而知绌，学而知不足，过而能改，不足而能勉，早服莫宿，可以言自强矣。故曰，法天者也；君子，法日者也。寝兴明发，体道不息，变化万物，而还守其极。"[②] 其中，"寝兴明发，体道不息，变化万物，而还守其极" 就是圣人的作为，只有圣人才具有过化存神而妙用无边、自然妥帖，与天地化生、陶冶万物的能力。

同时，君子法效天地而与天地通化，黄道周称"君子修人以侔于天，体道以侔于神，侔天与神，绝类而行"[③]，"君子仰观俯察，近取诸身，远取诸物，待时而动，善器而藏，出不为名，处不为身，成大事而无功利之心。《诗》曰：'筑城伊淢，作丰伊匹，匪棘其欲，遹追来孝'，文王也；'颙颙卬卬，如圭如璋，令问令望'，周公、召公也"[④]。这里所称的君子"侔天与神，绝类而行"只有圣人才能达到，而且，"成大事而无功利之心"的人就是古代圣人周公和召公。可见，黄道周所称的君子和圣人是同一的。

黄道周将君子和圣人两个概念同一，认为君子"敦厚至诚"，黄道周称："君子致身以事君，易心以处友，敬而不违，劳而无怨，执之而不鸣，易之而无竞，亦可谓厚矣。难则先之，乐则后之，急病而让夷，绝交而无恶声，亦可谓载物矣。……成己以成物，非夫敦厚至诚而能之乎？至诚敦厚，终始万物，其究也，以自强不息。"[⑤]君子"至诚敦厚，终始万物"无异都是圣人的特质。

另外，君子和圣人都具有超于常人的智慧和能力，"君子之与圣人，宛委相须于竹帛未吐、钟鼎未范之先，夫亦果为谁使哉？且天下之言功，

---

① "两"，郑本作"二"。
② （明）黄道周：《易象正·乾坤》。
③ 同上。
④ （明）黄道周：《易象正·临观》。
⑤ （明）黄道周：《易象正·乾坤》。

出于神明，非圣人君子则固莫之别识也。"① 黄道周也认为，作为君子能知微知彰，知柔知刚，诚中形外，没有悔吝之过错。可见这里所称的君子在智慧、能力方面是等同于圣人的。

第二，两者无差，表现在"君子者，六龙之御"，有圣王的作为。

黄道周认为君子有"龙德"，所以能够"乘龙"且能够御"六龙"，"君子自强，如天与日相环复也。龙虽体阳而有动息，阴阳合德则无动息。无动息则无日夕惕若之厉，君子所致其健也。故君子乘龙者也，乘龙之与履虎，异致而同戒。《书》曰：'无安厥位惟危'，又曰：'凛乎若朽索之御六马'，《诗》曰：'惴惴小心，如临于谷'，君子之惕厉如此也，虽不自谓龙德而龙德交备焉，故君子者，六龙之御也。"② 君子不仅是六龙之御，而且是天下百姓的首领，率领民众。

黄道周认为，君子为龙，其无类无首而能变化无穷，肯定这是圣者的能力，"既知是君子，便有聪明睿知之心，既知是龙，便有风雷搏斗之势，知是凤麟泰山，亦有鸣图封禅之想矣，圣人变化随时，何类之有？无类故无首，无首故不战，不战何悔？故曰唯圣者能之。"③ 不仅君子为龙变化不测，而且君子修身养性，就能够安定天下，他称："君子信以求身，仁以量人，恕己及物，而后天下归之。"④ "君子观于天地、鬼神、阴阳之故，而后知人之贵谦也。炎炎者灭，隆隆者绝。《毕命》曰：'不刚不柔，厥德允修。'《多方》曰：'惟逸惟颇，大远王命。'故观于人道之所终，则知神道之所始者矣。君子为地，不敢为山；为泽，不敢为天。亏益变流，安知何求？及其究也，以辨上下，定民志。"⑤ 在黄道周看来，君子能够让天下的百姓安定。这无异是圣人之为，只有圣人才能达到，所以他接着称："君子济世，不违众志，不违龟筮，夫有卿士与庶民俱逆，而王者犹用之，夫非圣人而能之乎？"⑥

总体来讲，黄道周在圣人和君子两个概念上，有混用之嫌，这种混用也表明他认为圣人和君子有相通相同之处，如他称："古之人有行之者，

---

① （明）黄道周：《万历四十有六年乡试策·言功第四》，《黄漳浦集》卷十。
② （明）黄道周：《易象正·乾坤》。
③ （明）黄道周：《榕坛问业》卷九。
④ （明）黄道周：《易象正·中孚》。
⑤ （明）黄道周：《易象正·谦豫》。
⑥ （明）黄道周：《易象正·既济未济》。

周文公是也。周文公之治，昼不改冠，夜不改舄，可以为正矣……傅伊躬于草野，非耕不食，非凿不饮，涓志一介，镂书于版，粗而读之，可以为正矣……夫此三君子者，天下之大正人也。"① 可见，此处君子概念和圣人概念异名同质。

2. 君子与圣人相异之处

黄道周极力推崇君子，但是他也认为，圣人是一个至高的理想人格，君子和圣人有差别。他以天子为例："天子而为君子，则必明于五德之务，共其天宪，施于象阙，敬授人事，晨夕无懈。天子为大人，则必明于七政之本，揽枢于心，以别人伦，以驭诸侯，礼乐政刑，行若星辰，动若风雷。天子而为圣人，则必明于治乱之故，兴衰之纪，知丧无丧，知败无败，范围曲成，时雨时霜，不用淫威，以除祸殃。"② 可见，黄道周认为君子、大人和圣人在治道上有层次差别。

圣人是人格理想的最高形态，在最高理想下，君子属于次一级别，圣人不出则君子担其责任，"古之圣人，设为礼乐以治方内，设为征伐以治方外。礼乐不足以治其内，始有缲绁缨鍪缠于君子"③。

在黄道周看来，圣人作为一种理想人格，是君子要达到的目标，如果君子不断努力克己养性，就可以成圣。"君子乾乾，则学日月，以夜继晷，宵坐待旦，不学不行……君子学行，不远圣人，一息相远，日失月退，如斃犬马，望麒麟尾。"④

在品性上，黄道周认为君子的品德在某一方面也达到了极致，他称："君子者，不与圣人争能，不与鬼神争功。天地方动，雷雨为政，君子则犹之百果草木也，以大德让之天地，以至仁让之圣人。"⑤ 这里黄道周从赞美的角度，认为君子以谦让为特性，不居其功。君子高尚的品性是成圣的基础，有君子才有圣人，他称："君子惕厉以存其学，戒惧以存其性，和柔平通以存其命，往厉必戒，勿用永贞，圣人于此则必有取之矣。"⑥

---

① （明）黄道周：《大人正己而物正论》，《黄漳浦集》卷十四。
② （明）黄道周：《贞图经》上，《三易洞玑》。
③ （明）黄道周：《求言省刑疏》，《黄漳浦集》卷二。
④ （明）黄道周：《三近堂记》，《黄漳浦集》卷二十四。
⑤ （明）黄道周：《易象正·蹇解》。
⑥ （明）黄道周：《易象正·小过》。

第三节 圣人之道

黄道周认为圣人之道表现为三种形态，首先表现为天道，这是圣人之道的本体形态；其次是易道，这是圣人之道的理论形态；最后是人道，这是圣人之道的实践形态，下文进行详细阐释。

一 天道——圣人之道的本体形态

从先秦儒家开始，"道"就用以指称自然规律或宇宙法则，亦称为"天之道""天之常"，如《荀子·天论》："天有常道矣，地有常数矣。"天道具有绝对性、超越性以及必然性，它主宰着天地万物的变化和发展。天道流行发育而成万物包括人在内，人按照天所禀赋的天性而为，复归于天道，即《中庸》所言"天命之谓性，率性之谓道"。可见，儒家之"道"或者说圣人之道其根本在于天道，具有超越性、恒定性和绝对性。

（一）道即天也

黄道周认为，"道，即天也"①。"圣人以为事至而机生，机动而智起，万变生于道，道生于自然"②。黄道周称道就是天，"道生于自然"，意味着圣人之道源于宇宙之道，后者是前者的终极根据，所以圣人本于宇宙秩序而行事，使得万物能够遵循和彰显天道秩序，以达到彰明天道，"古之为术者，规弦天地，而始于日月。日月者，万物之所相见也。圣人之道，欲使万物皆见之，故昼行而著日月，夜行而著星辰，窥牖而扚太青，俯水而鉴太晶，包阳不见则其道必战。故圣人之相天地，谓与之为明，不与之为冥；万物之贵，圣人亦与其明之，不与其冥之也。"③

黄道周认为圣人之道本于天道，所以圣人能通过仰观于天、俯察于地而体悟天道之规律，从而能够了悟、抽绎人间社会关系的基本原理，达到通晓人道本原从而更好地处理人事问题，他称："圣人以为天下不过方圆平直，而止观于日月晷影、中星、潮汐以制为规矩准绳，以裁天下之器，成百世之务。"④"圣人者灼其大原，故要于和敬以为礼乐之本，见其夫妇

---

① （明）黄道周：《洪范明义·皇极章第七》。
② （明）黄道周：《武试式士策·兵术》，《黄漳浦集》卷十。
③ （明）黄道周：《本治论》，《黄漳浦集》卷十二。
④ （明）黄道周：《大器犹规矩准绳论》，《黄漳浦集》卷十四。

以为天地阴阳、日月宗社，见其臣友以为五岳四渎、鬼神山川，剔擢内外，涓贯而慎采，以澄其耳目，一其心意，故荟蔚之际清则好我之情浃，好我之情浃则顺信之助生，顺信之助生而礼乐可作，王道可举矣。"① 也因为圣人之道合天地之道，"故天地之道，九六相命，参伍以听。因革损益，圣人所正命也。正命则知变，知变则制义"②。圣人能够通过因革损益的方式"正命"，"天地困于灾限，以授圣人；圣人去其沴数，以复天地。以道相苏，而万物不敝"③，圣人能够在天地出现灾乱的时候复正天地，使得万物各得其位而不失调。

一方面，圣人尊天道而行人道；另一方面，圣人之道要上溯天道根本，而达到与天道合一，回归到终极本原。黄道周称：

> 圣人之执之则有三道焉，曰衷也，曰当也，曰宗也。衷者，天执之物有曲折，不衷不得，衷之可执可用也，其说在晷之与表也，在涉海者祀其南指也。当者，人归之事有疑成，约当则平，当之可裁可用也，其说在铨之与权也，在执盖者之重其柄也。夫使圣人者执表以揆日，执指以祀海，执铨以量物，执盖而覆天下，则圣人之手敝于鎚锤而目昏于睨睥矣。圣人知其道之可执而有不执，可用而有不用，将使天下之可执可用、不可执不可用者，皆反于不动而归吾宗……尧舜之道，虚静以正，虚不见两，正不见一，故使两一皆归于宗。④

圣人之道之"宗"或者说本原就是天道。天道运用流行，无穷无尽，本于天道的圣人之道也随阴阳变动而流行发用，"圣人之道，其在明两乎？明两故不息，不息故一"⑤，"圣人之道，贞胜则不负，不负则无咎，无咎乃吉，吉乃不失。故吉者，贞也，贞者一也"⑥。"一"即是本原，圣人之道源于天道，最后还又回归天道，与天道合一。

---

① （明）黄道周：《本治论》，《黄漳浦集》卷十二。

② （明）黄道周：《贞图经》上，《三易洞玑》。

③ 同上。

④ （明）黄道周：《执中用中说》，《黄漳浦集》卷十四。

⑤ 《三易洞玑·贞图经上》载："圣人之道，其在明两乎？明两故不息，不息故一。《易》有阴阳，阳节多阴，阴节多阳，何也？上下之等也。"此处的"两"指阴阳。

⑥ （明）黄道周：《余图总经》，《三易洞玑》。

（二）圣人一贯

圣人之道同时具有贯通性。孔子说："吾道一以贯之。"① 荀子说："百王之无变，足以为道贯。一废一起，应之以贯，理贯不乱。"② 这种"一贯"表现在两个层面：一是超越殊相，以共相贯通；二是在殊相中恒定不变。

黄道周认为，圣人之道表现为"一贯"。首先，"一贯"是超越万物的殊相，存其共相。他称："圣人一贯，只是养得灵湛，看得无限名象，从此归休，首尾中间，同是此路。"③ "圣人看得世上只是一物，极明极亲，无一毫障碍。"④ "《易》曰：'唯深也，故能通天下之志；唯几也，故能成天下之务；唯神也，故不疾而速，不行而至。'唯几、唯深、唯神，总是一个能虑，而蓍龟似不虑得之，圣人于此看得分明，知天下只是一物，更无两物，日月四时鬼神天地，亦只是一物，更无两物。"⑤ "一贯"意味着虽然万事万物的表象不同，但是本质为一，其所贯穿的道为一。在黄道周看来，圣人一贯，即透过了表象世界而扣摸到真相世界，因而天下万事万物、林林总总都是形而上的道的发用流贯，只是一物。

其次，圣人之道的"一贯"是变动中的恒定。黄道周称："凡天地之道，始于易简，究于变赜。易简之道，自一昼十八变为二十六万二千一百四十，参伍错综，成文定象，是圣人所谓一贯者也。变赜之道，自一日一辰，推于千百世之历，自寻丈⑥咫尺，御于数万里之外，开物成务，是圣人所谓大业者也。"⑦ 黄道周认为，天地之道的不测变化都是基于易简，即有一个终极本原，由本原而发用流行而形成天地万有，这个化生发育过程可称为"一贯"。立足于"一贯"之道，而探究变赜之微之渺，开物成务而称为"大业"。可见，圣人之"一贯"是由一自万、由万归一的双向动态过程。

在这个双向动态过程中，天地之道"一贯"发端流行而成万物，所以，天地之道以"有"为特点，圣人之道立足于天地之万物而探求"一

---

① 《论语·里仁》。

② 《荀子·天论》。

③ （明）黄道周：《榕坛问业》卷五。

④ 同上，卷一。

⑤ 同上，卷十七。

⑥ 四库本作"文"，从郑本为"丈"。

⑦ （明）黄道周：《易象正》卷初上。

贯"，因而圣人之道以"无"为旨归，黄道周称："天地之道有物，圣人之道无物。有物者物所游，无物者物所变，六化九变，迺反其贯。天地不变，是以善变，圣人善变，是以复贯。……道无而合，道有而假，神复于所无，知通于所假，原要始终，道与物假。"①在黄道周看来，天地之道的"有"和圣人之道的"无"是对立统一的。这种矛盾是变化的内在动因——天地之道"有"，指其发端万物，所以能够涵括万物，万物亦在天地之间生荣衰败；圣人之道"无"，指其准于天道，本于万物来探究、彰明的天地之道，是抽象存在，所以圣人之道可以说是"物所变"之"无"。天地之道的"有"是圣人之道的"无"的基础，圣人之道的"无"是天地之道的"有"的抽绎。同时，天地之道的"有"和圣人之道的"无"对立还表现在变与不变上。天地之道虽然以万有为表征，但是道却恒一；圣人"唯深、唯几、唯神"所以能够"复贯"即摆脱外在的表象而体察到潜存运行的天道。"有"和"无"及"不变"和"善变"揭示了圣人之道——"一贯"是恒定性和变动性的统一。

二　易道——圣人之道的理论形态

（一）易道本于日月

黄道周称："圣人作《易》，将以顺性命之理，立阴与阳，立刚与柔，立仁与义。三极既立，而后道德和顺，道德和顺而后理穷性尽，理穷性尽而后其命可至也。命出于天，为阴阳、仁义、刚柔之本，已入于卦则气质杂焉，不谓之命。然而情见于爻，才见于象，才情气质存于爻象，则天命之理亦因之以见。"②可见，易道与圣人之道实际上是一种同一、同构的关系，易道就是圣人之道，准确地说，圣人之道是易道的核心和凝聚。

黄道周认为圣人作《易》是"本于自然"，揣摩和仿效天地日月等自然变化，从而推演天道、人事，"凡《易》本于日月，与天地相似。其有不准于天地、本于日月者，非《易》也。天地之用托于日月，日运南北以为寒暑，月行迟疾以为朔望，气周相缠，或盈或虚，各以其节，积久而合，纤毫秒忽，不可废也。……今以历律为端，日月为本，六十四为体，七十二为用，天道为经，人事为纬，义理性命，以为要归。其自孔门而

---

① （明）黄道周：《余图总经》，《三易洞玑》。
② （明）黄道周：《易象正》卷终上。

下，诸儒所谈，一概置之，不复道也。其大要以推明天地，本于自然。其大者，百世可知；其小者，千岁日至。其烦者，更仆难数；其简者，一言可尽。"① 又称："圣人者，作则者也。先天地而后阴阳，四时以次阴阳，日星以次四时，月以次日星，鬼神以次日月，六者，易之序也。"② 圣人作《易》，以天地、阴阳、四时、日月、鬼神来揣摩天地规律，表征天道。

《易》不仅体现天道，而且是特定的艰难危险的历史处境中人的忧患意识的产物，"《易》者为救天地而作也，救天地则必明于天地之道，明天地之道则必清日月之路。乾、坤、泰、否、随、蛊、颐、大过、坎、离、渐、归妹、既济、未济、中孚、小过、剥、复、夬、姤、萃、升、晋、明夷二十四者，日月之路也。"③ 它所体现的是圣人自觉的政治变革意识与历史感，以及勇于承担人间忧患的社会责任感，体现了圣人之道。黄道周称："凡《易》为救世而作也，世有忧患，圣人与共，四方有败，必先知之。故爻象，胗脉者也，六十四事，制方者也。为爻象而无大象，犹切脉而无方药也。君子之为道，严于责君子，而宽于责帝王。《易》之言先王者七，后大人者三，余皆君子也。故君子为王后救世，而治方药者也。救天下而以干戈，救君上而以谏净，君子慎用之。故建侯行师，遇主纳约，爻象间或言之，至于六十四事，修德行政而已。上经取法天地，终于日月，其为道自韦布通于君相。下经取法山泽，终于水火，其为道自君相通于百执事，为治而不知六十四事之象，虽明知吉凶，与世同患，于以救敝起衰无由矣。"④

（二）圣人之道备在易象

圣人作《易》是为了体悟和把握天道，然后，借助易道就可以知晓天地万物乃至鬼神之情状，合德天地，达到范围天地、曲成万物，知古今隆替，帝王成败的至高境界。如此，易道就是圣人之道，黄道周称："五帝三皇之道，备在易象。"⑤ 易道是对天道、人道的融通和涵摄，"凡易生于象，象生而有数，象数灭，则理义性命不可得而见也。天地日月、星汉

① （明）黄道周：《〈易象正〉序例》，《黄漳浦集》卷二十九。
② （明）黄道周：《孝经集传·三才章第七》。
③ （明）黄道周：《易象正》卷初上。
④ 同上，卷终下。
⑤ （明）黄道周：《洪范明义序》，《黄漳浦集》卷二十一。

山河、人物之数皆系于象，其最易简明著者皆在于《易》"①。圣人通过详察爻象，静观蓍法，通变成文，极数定象而达到天人合一，"圣人精微广大、温知敦崇之故尽在于斯，仲尼所不食不寝，周公所仰思待旦，皆求与天地相似，弥纶天地"②。

　　《易》作为圣人之道的理论形态，是圣人通过观象设卦，抽象出来的一套象征天地万物存在、变动以及天人感应规律及其法则的一套符号系统；继而又通过尚象制器，使《易》所体现的易道成为人类文明的指导思想和基本原则，所以易道体现的是圣人之道，是圣人之道的理论存在样态，"君子之于《易》，非徒曰占其吉凶而已，所为道德归于和顺，性命要于穷理，反身克治，以礼制事者也"③。易道作为理论形态，蕴藏了圣人之道和圣人之意，黄道周称："圣人之观象也，取于乾坤，乾坤成列，而《易》立其中。故自乾乾而上，成列十八；坤坤而下，成列十八，三十六卦成位于中，而道器事业森然备矣。然则圣人之意，亦为是四大象而发乎？曰：缊不可阐则意不可见，意不可见则言不可尽也。然则夫子于此，又重言之，何也？曰：大有之大壮，乾德之合体也。履信、思顺、尚贤，圣人之所治也。亢龙有悔，圣人亦重言之，故圣人之意可见也。"④

　　不仅易道是圣人之道的理论形态，而且黄道周认为，易道体现了圣人之道的内容，"《易》之为言，有不言而言者七焉。以貌日月、系象纬，中交之别，以生治乱，存乎四际；以道王霸、正夷夏，征嫡之故，以别正变，存乎八表；以正继世、论统系，兴衰之间，以理绝续，存乎六界；以明灾裖、着祸难，征近御远，使帝王知备之，存乎灾限；以定危疑、证屈伸，或贞或喜，使臣子知惧之，存乎交数；以阐年□⑤勒世代、一成命，使权力不敢觊，明智有所归，存乎一轨；以揲皇人、纪王后，消息修短，配于日月，存乎两驾。易以是七者，服于天地。天地绣绘焉，衣被圣人，故圣人莫之能违也。"⑥可见作为圣人之道的易道之广大，囊括方方面面。

---

① （明）黄道周：《易象正》卷初上。
② 同上。
③ 同上。
④ （明）黄道周：《易象正·同人大有》。
⑤ 四库缺此字，郑本此字左偏旁为"片"，右偏旁为"普"，字库未查到。
⑥ （明）黄道周：《贞图经》下，《三易洞玑》。

三　人道——圣人之道的实践形态

（一）人伦——天则之显

黄道周认为人间伦理关系由圣人因天道而制定，所以，"人伦之大，天则之显，君与臣言敬，臣与君言忠，父与子言慈，子与父言孝，昆与弟言友，夫与妇言顺，此自天地以来未有易也"①。圣人所制定的人伦具有神圣性和恒定性，因为圣人之道协汇天道和地道，使天地和谐，所以人道作为圣人之道的实践样态必定也是和谐相协的："明体致用，圣人之本事也；穷神知化，则不可知。夫以考德居业观政明治，交察天人之故，以和顺于理义，则舍此莫以矣。然则阴骘相协是皆人事与？曰：是天道也，则亦地道也。天别阴阳，地察刚柔，五十之中，君子以居，夫使水不渗火，火不渗金，金不渗木，集五德以免六沴之患，非神禹能如此乎？"②

人伦是圣人之道的实践样态，凝聚了圣人的精神，"子曰：'夏道尊命，殷道尊神，周道尊礼。'未渎神而强民，夫人神之间，天道存焉。然而古之圣人以为是足以施化，不足以立教，故一本其道而归之人伦。人伦者，天下治乱之所大归，而圣贤帝王精神之所萃也。"③ 圣人亦借助圣人之学来彰显其中的奥妙，"其难明者圣人不乐与天下共明之，而其易明者不过于君臣、王霸、华夷之际，故人之有人伦，言天之所论也。天论不可见而人因以为学。善论者不言学，善学者不言论，故圣人之学皆有所得已也。五子之作既以明夏，圣人不得已而后学《诗》。《洪范》之作既以明殷，圣人不得已而后学《春秋》。十五国之《诗》、千八百国之《春秋》既以明周，圣人不得已而后进退乘除之。圣人不得已，则皆以为人，其皆以为人者，则皆天也。人道不明则天道顿息，天道顿息，则虽有十百圣人，不足以救一二洪水、鸟兽、夷狄之患。"④

（二）人事亦天道

作为圣人之道的实践样态的人事或者人道呼应天道。黄道周称："天道言行，天之所自行；人道言事，人之所有事也。"⑤ 天道是天运行的规

---

① （明）黄道周：《人主之学以明理为先论》，《黄漳浦集》卷十三。
② （明）黄道周：《洪范明义》卷下。
③ （明）黄道周：《三代之学皆以明人伦论》，《黄漳浦集》卷十四。
④ 同上。
⑤ （明）黄道周：《洪范明义·五事章第四》。

律和秩序，人道是人所处的社会伦理道德和规范。黄道周认为人事和天道具有同质性，所以圣人能够体天道而行人道，"《书》曰'协和万邦'，《诗》曰'克定厥家'，虽人事，亦天道也"①。"天道人事互相表里，天作于先，而人应之，谓之明兆；人作于先，而天应之，谓之谴告。因天以儆人，因人以祇天，昼参之蓍龟，夜卜之梦寐，仰观俯察，皆以敬事为本，作圣为终。"②圣人仰观俯察、取法天地自然之道，以人事为本，以敬为精神，达到与天地阴阳的节律、自然万物的法度同步，使得人道和天道得以契合。

黄道周进一步解释：

> 人事者，天道之精神也；天人之精神皆聚于敬，非敬则五事无其体，非敬则五行无其用，貌敬则恭，言敬则从，视敬则明，听敬则聪，思敬则睿，貌言视听思五者，皆人也。人而天之恭从明聪睿，则皆非人也。貌恭不在于润下，言从不在于炎上，视明不在于曲直，听聪不在于从革，思睿不在于稼穑，善变其气质则气质皆变矣。纵横稼穑以为睿思，与化从革以为聪听，以道曲直以为明视，炎上不焚以为从言，润下不流以为恭貌，善存其德性，则德性皆存矣。古之圣人载籍简少，皆未有所学，学水之善下，以为恭貌；学火之善扬，以为从言；学木之曲直，不蔽其质，以为明视；学金之从革，不主先入，以为聪听；学土之稼穑，耕之耨之，以为睿思，如此则可谓之知道矣。③

黄道周认为圣人借助"五事"而体会天道，进而使得人道当其所然。人道实现，则天道或者天德亦彰显，从而人道天道合一，而圣人位立其中，"天德者，人事之精魄也。敬其体则其用具，敬其用则其体备举矣。……圣人自敬其身，以及其身之天，世亦因而天之。天下之吉德美事，则皆以为圣人之为之故，其恭从明聪，发于一身，而肃又哲谋着于天下，天下从之，以为圣人是则思之为用，与皇极同用。'毋不敬，俨若

① （明）黄道周：《洪范明义·访箕章第一》。
② （明）黄道周：《洪范明义·五事章第四》。
③ 同上。

思'是之谓也。"①

圣人敬用人事，所以能够成天下之吉德美事，天下从之而安天下，亦是人道之极。达到这种地步亦可以实现天人合一，"故君子之学自外而敛之内，自其可见，以敛于不可见者，由貌而言，由言而视、而听、而思，弥近、弥亲以为操存之序，凡若是者，所以为仁也，仁则诚，诚则天，天与人合，故行事不二，神化不测也"②。

第四节　圣人之功

在儒家文化中，圣人不仅要追求内在的道德境界，还要承担外在的社会责任，所谓外在的社会责任就是"为政"治国、化成天下。因此，儒家的"圣人之道"就是"内圣外王"之道。在孔子看来，作为君子，仅仅"修己"是不够的，在一定意义上"修己"不是目的而是手段，"修己"是"以安人""以安百姓"的前提和基础。孔子进一步认为，"修己以安百姓"不仅是君子的目标，也是圣人的目标。

黄道周也非常重视圣人的社会责任与功能，在他眼里，"天下之吉德美事，则皆以为圣人之为之故"③，他从圣人之治和圣人之教两个方面具体阐述了圣人的社会职能。

一　圣人之治

孔子继承周礼，称"周鉴于二代，郁郁乎文哉，吾从周"④，推崇仁政德治的伦理政治。汉代以后，儒学独尊，成为官学，儒学所体现的圣人之道也成为历代帝王和君子所尊崇的理想政治原则。作为最高原则和根本理论，圣人之道具有权威性和普遍性：权威性表现在它是天下治乱的根本依据；普遍性表现在它渗透到社会和家庭的各个方面。正因为如此特性，所以圣人之道作为政治理性原则，具有不可违背性，如果违背或放弃，那便意味着政治理性原则的松动，会导致无道之世，天下大乱。

①　（明）黄道周：《洪范明义·五事章第四》。
②　同上。
③　同上。
④　《论语·八佾》。

（一）依天道立人伦纲纪

前文已经论述过，天道是圣人之道的神圣的价值本源，因而圣人之道作为人间治理原则，具有神圣的合法性。进而，圣人之道作为政治秩序的超越性价值源头，政治秩序作为世俗世界的产物，也相应具有正当性和合法性。因此，圣人之道作为治国之原则无疑具有神圣性、超越性、正当性、普遍性。黄道周强调："圣人为治，仰视天道，以别进退，因日未入，知慝所在。"①圣人本天道而治理人间，基于天道而行事，则王道可举，"圣人者灼其大原，故要于和敬以为礼乐之本，见其夫妇以为天地阴阳、日月宗社，见其臣友以为五岳四渎、鬼神山川，剔擢内外，涓贯而慎采，以澄其耳目，一其心意，故荟蔚之际清则好我之情浃，好我之情浃则顺信之助生，顺信之助生而礼乐可作，王道可举矣"②。黄道周非常推崇圣人之道，认为得其道则天下安定，失其道则天下大乱，他称："圣人无百世之治，有百世之视；无百世之政，有百世之聪。自上元而降六千五百六十岁，三百二十四主，可数者二百十六，颐德以长，颐欲以亡，或促或延，四交复常，虽有乘除，不及彼民。阴民阳君，惟天之亲，阳君之龄，与德相寅。得其道，去其势，保其祚，永其位；不得其道，不去其势，不保其祚，不永其位。故阴民之穷可富，而阳君之穷可寿也。君子正位凝命于天，敬以与祈，仁以与延。夫有其道在，则不以年，尧舜于今三千八百余岁，祈之万年不？祈之万年。"③

概括而言，圣人之道源于天道，与天道合，是宇宙规律在人间的再现，因而拥有无限的权威性和绝对的真理性，当圣人之道成为政治理性原则时，就成为最高价值准则，被统治者奉为"万代之法"。所以，从理论上讲，这种政治秩序具有永恒性、神圣性和合法性。

从形而上讲，人间的社会秩序和政治秩序具有天道根据，圣人在天道和人道的连接中，起着协助作用。黄道周认为，天道秩序形成之后，圣人根据其规律和性质，从而设立人类社会的秩序，圣人在由天道转为人道的过程中，起到协助的作用，他称："圣人本于太初以立命始，以得五行精一之致，以辨德性气质之类，以进其不及裁其太过，是为相协之始事。"④

---

① （明）黄道周：《杂图经》上，《三易洞玑》。
② （明）黄道周：《本治论》，《黄漳浦集》卷十二。
③ （明）黄道周：《贞图经》中，《三易洞玑》。
④ （明）黄道周：《洪范明义·叙畴章第二》。

进而，他详细论述了天道规律如何转化为人类社会的纲常，称：

> 五行分化，序其生者，所谓初也；阴阳之精，见于水火，刚柔之义，着于金木，土载其下，以通地天，有是五者，以别男女，以正性命，阴阳相交，刚柔相推，变化错综，或当或爽，而治乱出焉。帝王之生皆木，五德以长天下，而其说奥渺不可复稽。但以数而言，则一六二七三八四九五十，为主成之次；以象而言，则一北二南三左四右五中，为分布之等。故人生而有体魄、气候、荣卫、经络，推于四海、日月，出入无不同者，干支所配，日用所资，皆是物也。圣人观形以知理，观性以知命，观其生胜配合以知阴骘相协之意。故生者以协父子，胜者以协君臣，并者以协兄弟，因君臣以协夫妇，因兄弟以协朋友，智由此出，礼由此作，仁由此奋，义由此制，信由此立，腑脏官骸由此以理，道化政刑由此以设，于以制器利用则大备矣。圣人虽不明着其事而福殛之所由生，灿然可见。要以原本太极，修道明教，纳民于至善之域，则非圣人不足以语此也。①

圣人根据天道原则来规定人类社会的伦叙、规则。父子之伦、君臣之序、兄弟之理三大伦理关系皆是天道原则的转化，紧接着，夫妇之序、朋友之理从基本伦理关系中衍生出来，从而人类纲常确立，纲常所体现的仁、义、礼、智、信亦形成，个体、社会、教化、刑政、礼仪各有确立和依附，从而人类社会秩序井然有序。圣人制定人间伦理秩序以及设定伦理关系是根据二气阴阳、五行之间的关系，他称："圣人观于五行得其常质，又推其德性以施于物，故于润下得其智，于炎上得其礼，于曲直得其仁，于从革得其义，于稼穑得其信。"②"古之圣人观物之质而知其性，观物之气而知其命，观其所作而知造物者之性之命。体之察之，服习既久，则彝伦毕见，仁义礼智皆根于心而后发为事业，犹五脏之达于面目，云雨之发于山川，色声臭味之发于物则也。若是而后，可通于五行之用者矣。"③

---

① （明）黄道周：《洪范明义·五行章第三》。
② 同上。
③ 同上。

（二）依天道以治世

前面提到，圣人的特性之一就是合乎天道，与天贯通，是天人之间的媒介。圣人治理人间也是依据天道规律而实施，"圣人之治人，皆因而治之，以为人治之未足，故又参之天地，以别其刚柔，辨其差等，差等既别，礼义乃出"①，达到天下安定和谐的局面。

第一，观历而治。

圣人依据天道而治理人间，表现为其根据日月星辰的运行规律而行事，黄道周称："圣人观历而知其纪，知岁月日辰之所分属与卿士师尹分合为治，诸如建侯行师，作乐殷荐，勑法省方，赦过宥罪，治戎防患，劳民劝相之类，一一得其纲目，顺时条布，使子孙率由，虽千载无弊可耳。"②"古之圣人仰观天道，遐测邃初，知历数之所在，有道以持之，慎之于初，保之于中，巩之于终，若申伯仲山甫卫武公其人也。"③ 可见代表上天运行规律的"历"在圣人之治中的重要作用。

为什么要观历而治理，黄道周认为：

> 人生于五行而纪于五历，天德王道由此以协，不协五纪，则天德王道亦无以终始也。岁有阴阳，五行分合，天气乘之，各以佳恶，五阳之年，气或先天是为太过，五阴之年，气或后天，是为不及平，气之年不害主客，圣人皆先有以处之，使岁不为厉。月有交会，是生薄蚀，因其躔次，以测分野，定其闰积，以正气候，视其明魄，以别旱潦，故天道之亲人者，莫如月也。日有刚柔，圣人察之，外事用刚，内事用柔，先甲用辛，后甲用丁，庚之中令，戊之差马，圣人亦采之，以正刑德，以度内外，使知惧。又因日出，视其辉气，以察善败，故天道之可尊者，莫如日也。星有离合，五行凌犯，灾眚所生，视其躔次，以别分野，或水或火，或荒或兵，皆先设之，以前民患，四者既备，而后历数可得而举也。④

圣人观察和依据天文变化而治理人间人事，从而能够达到安定天下的

---

① （明）黄道周：《式士策·救世第二》，《黄漳浦集》卷十。
② （明）黄道周：《洪范明义·五纪章第六》。
③ 同上。
④ 同上。

局面。

第二，以易治繁。

黄道周认为，圣人治理天下采用"以其易简制天下之繁多"的方法，而不是巨细靡遗、面面俱到，他称："圣人以其易简，制天下之繁多，故得以其繁多散天下之险阻。权平之以参，度平之以两，二者天下险阻之所从散也。权参而度两，矩两而规参。用两者执半，以照中外；用参者挽一，以周四裔。圣人之照天下，未有易此者也。圣人之照天下，谓吾不知天下之险阻而求之繁多，势必以其繁多益吾之险阻。既知天下之险阻，而犹求之繁多，势必以其险阻滋吾之繁多。圣人于是一意归之易简，故易十八变，天道穷赜，古圣人未之尽用也。"①他列举古代圣人的例子来证明"以易治繁"的治理方法，"黄帝氏之治也，杀一龙，戮一虫，而天下治。烈山氏之治也，折一草，灼一龟，而天下亦治。史皇氏之治也，解一绳，结一绳，而天下治。尊卢氏之治也，扉一屦，踦一屦，而天下亦治。天下之昼夜、白黑、贤否、邪正，则固犹是也"②。

圣人以易简率繁多，治理人间，应遵循三个原则，即絜、率、贯，黄道周称："譬如一物浑圆，勾而股之，此之谓絜，絜是絜而使方；一物四方，率而圆之，此之谓率，率是率而得圆；一物方圆，径而通之，此之谓贯，贯是贯而得一。圣人只此三法，提挈天地，裁成万物。举其形迹，似云准绳规矩；推其巧力，便挽搏两造，创立精光，三千年来无人解得。"③因为圣人善于以易驭繁，所以"万事到夫子手中，自然简易直捷。如此数言，已为多矣。一部周易，千奇万怪，自夫子说来，如家人耳语，社师蒙训一样。羲农以来，各有乐章，百代损益，不过如此"④。

圣人以易治繁，亦表现在圣人能制定出万世为邦的政治规范，黄道周称："仲尼祖述尧舜，源本在聖谟允命，任贤去邪，自家作用，堕费诛卯，居然有流共放骥手段，所以末路叮咛郑声佞人，与删《诗》作《春秋》一一同意，是仲尼素分万世有邦的师法制度；孟子祖述仲尼，源本在息邪距诐，放淫正行，自家作用，辟杨直墨，居然有堕费诛卯手段，所以末路叮咛蔽陷离穷，与放郑声远佞人亦一一同意，是孟老素分万世为邦

① （明）黄道周：《榕坛问业》卷十。
② 同上书，卷十二。
③ 同上书，卷三。
④ 同上。

的师法制度。"①

第三，以孝为治。

圣人以孝治理天下，达到四海安定、百姓乐业。黄道周非常推崇《孝经》，认为："《孝经》者，道德之渊源，治化之纲领也。"②他称："《孝经》有五大义：本性立教，因心为治，令人知非孝无教，非性无道，为圣贤学问根本，一也。约教于礼，约礼于敬，令人知敬以致中，孝以导和，为帝王致治渊源，二也。则天因地，常以地道自处，履顺行让，使天下销其戾心，觉五刑五兵无得力处，为古今治乱渊源，三也。反文尚质，以夏商之道救周，四也。辟杨诛墨，使佛老之道不得乱常，五也。"③圣人治理天下，就是孝治天下，"率斯道也，天下治矣，明神格矣。阴阳调矣，刑威措矣，民生遂矣"④。"以孝治世"要因性而教，教民以孝，则天下可治，国家可安，百姓安居。

圣人以孝治世，一方面使得个体在家事亲行孝，在社会上遵法守典，不辱其亲以立身、成身；另一方面通过"五等之孝"来规范社会各个阶层的言行，从而达到天下太平。

个体在家庭中，要"敬身以敬亲，敬亲以敬天"。黄道周认为，对于个体事亲来讲，首先要"敬身"，"敬身以敬亲，敬亲以敬天，天存与存，天着与着。故孝子之亲不没也。"⑤敬"身"肯定了个体的存在价值。其次要"敬亲"，表现为生则敬养。黄道周强调孝子事亲，生要"敬养"，天子、庶人在这方面是一致的。⑥黄道周强调以敬事亲，突出"敬"，认为孝子事亲的日常之行虽然繁杂琐碎，但其统一、根本的精神就是"敬"。"敬"的发用将"养"转化成为一种具有理性自觉和道德自律性质的行为。同时，他提出"敬亲之与敬天，其致一也"⑦。将"敬亲"和"敬天"等同起来，赋予事亲神圣性的特点，也为人道和天道的贯通提供了

---

① （明）黄道周：《榕坛问业》卷十。

② （明）黄道周：《孝经集传原序》。

③ （明）黄道周：《孝经辩义》，《黄漳浦集》卷三十。

④ （明）黄道周：《圣世颁孝经颂》，《黄漳浦集》卷二十八。

⑤ （明）黄道周：《孝经集传·纪孝行章第十》。

⑥ 《孝经集传·庶人章第六》曰："君子资于天地，得其尊亲。小人资于天地，得其乐利。小人资其力，君子资其志。君子致其礼，小人致其事。其要于敬养，不敢毁伤，则一也。"

⑦ （明）黄道周：《孝经集传·开宗明义章第一》。

途径，认为只要做到"敬亲如天，则亦配天矣"①。简言之，事亲以孝，则天下没有恶慢，而达到治理天下，"古之以孝德而王天下者，莫舜若也。舜之爱敬尽于事亲，而德教加于百姓，刑于四海。自爱敬而外，舜亦无所事也。曰：'以吾之爱敬，萃万国之欢心，若此而已。'"②

圣人亦以"孝"为名而确立不同群体在社会关系中的行为规范。天子要爱敬事亲，"爱以去恶，敬以去慢，二者立而天下化之"③。如"舜之爱敬尽于事亲，而德教加于百姓，刑于四海。自爱敬而外，舜亦无所事也"④。天子做到敬爱天下之民，则"民心和平，则灾害不生，祸乱不作"⑤。诸侯要谨守礼法制度，不骄不溢，以敬爱的态度事天子，以敬爱的态度保其社稷和人民，然后国家和顺。在黄道周看来，不节俭费用、不慎行礼法即为恶慢，恶慢即是不爱不敬，强调诸侯要谨慎安顺，因为"诸侯之富贵，则其父母之仁也。以父母之仁，仁父母之身，于诸侯奚有焉？故不骄不溢，君子之所贵也"⑥。诸侯不骄不溢，如此则国家可安、臣民和顺。卿大夫言行以"慎"为主，对卿大夫的言行提出五项要求，即"有耻""有恒""淑慎""无妄""诚信"，要求卿大夫遵礼而服其服，遵礼而言法言，遵礼而行德行，言行相符，言行有度、有恒，言行真实无妄，言行谨慎有信，上敬顺于君，下敬宽于民，则上下相亲而国家顺平。黄道周强调"士之孝"以敬为本，对于士来说，"大夫、士有同礼者，而士加谨矣"⑦。"凡敬，皆倍也。"⑧ 同时，要去士以仁义、忠顺为志。"士患失其忠顺，不患失其禄位。士患失其禄位，则不足以为士矣。"⑨ 因为士"体父母之意，以道称仕"⑩，所以"养其亲则敬其身，敬其身则爱其死。故道有不死于其名，臣有不死于其君。君以道死，则死之。不以道死，则不死也"⑪。对于庶人，首先，黄道周认为要"谨节"，"爱敬忠顺

---

① （明）黄道周：《孝经集传·圣德章第九》。
② （明）黄道周：《孝经集传·天子章第二》。
③ （明）黄道周：《孝经集传·三才章第七》。
④ （明）黄道周：《孝经集传·天子章第二》。
⑤ （明）黄道周：《孝经集传·孝治章第八》。
⑥ （明）黄道周：《孝经集传·诸侯章第三》。
⑦ （明）黄道周：《孝经集传·士章第五》。
⑧ 同上。
⑨ 同上。
⑩ 同上。
⑪ 同上。

与为谨节，何以异乎？谨节则不伤，不伤则不毁，不伤不毁，则言行皆满于天下。言行皆满于天下，则皆可配于天地矣"①。其次，黄道周强调"敬养"父母。"君子之敬父母，尊于天地，明于日月。道塞而反于陇亩，亦犹有郊社之意焉。马之煦沫，虽报不享，又何仿焉？曾子曰：'烹熟膻香，尝而进之，非孝也，养也。'"②

二　圣人之教

在儒家文化中，"为政"治国、达济天下是士、君子与圣人承担社会责任、实现自身价值的途径之一；除此之外，立教垂统、化民成俗则是君子与圣人完成自身社会使命、实现自我价值的另一条途径，正如荀子《儒效》篇所言"儒者在本朝则美政，在下位则美俗"。对圣人立教化民这项社会职能，黄道周也非常重视，所论内容颇为丰富。

（一）因性立教

天道流行到人，人得人之性，圣人根据人性而教化百姓，"好善之性，犹水之润下，火之炎上，木之曲直，金之从革，土之稼穑，不与尧舜幽厉为增损，其与尧舜幽厉为增损者，教也，非性也。圣人因性立教，使父子有恩，君臣有义，夫妇有别，长幼有序，朋友有信，一本其所，诚然而为之，召好去恶，犹五行之各不相易。至于庆赏刑威之用，不过进退张弛，归于中和而已"③。"本性立教，因心为治，令人知非孝无教，非性无道，为圣贤学问根本，一也。"④ 圣人无论是因性立教还是本性立教，两者含义基本一致，意指为教本于性，性显而教明，性立而教立。

1. 圣人教化的根据。

"因性立教"中的"性""教"有其"形而上"之意。黄道周言道："天地生人，无所毁伤。帝王圣贤，无以异人者，是天地之性也。人生而孝，知爱知敬，不敢毁伤，以报父母，是天地之教也。"⑤ 在黄道周看来，"性"是"天地之性"，"教"是"天地之教"，"天地之教"是"天地之性"的自然流行。性为体，教为用，性是教的根基，教是性的凸显和彰

---

① （明）黄道周：《孝经集传·庶人章第六》。
② 同上。
③ （明）黄道周：《洪范明义》卷下。
④ 《孝经集传提要》，文渊阁《四库全书》本。
⑤ （明）黄道周：《孝经集传·圣德章第九》。

明过程，性、教相通。因此，"因性立教"可以理解为因天地之性彰显天地之教，根据天道所呈示的天地之教而确立人间之教。

分析一下黄道周所称的"天地之性"和"天地之教"：首先，"天地之性"具有两个特点：第一，天地生人，天地之性流行运化于人性之中，人出生之时性体保全完整，无有毁伤；第二，天地之性是上至帝王圣贤，下至平常百姓共同拥有且无有差异的。所以，"天地之性"是本体。其次，"天地之教"是天赋之"孝"，黄道周指出，因为孝是人的良能，知爱敬是人的良知，孝具有天赋性，所以，教的目的是不敢毁伤，以报答父母之恩。不敢毁伤的对象包括自身、家、国、天下，报答的对象亦包括天地、天子等。简言之，因性立教即要求个体不仅要保全内在的、天赋的、至高至善的、完美圆满的天地之性，而且要顺从天地之性，按照天地之教而行孝，以报答天地、父母。

黄道周指出"因性立教"形上本原的目的不仅在于说明天地之性和天地之教的性质，更重要的是为人类道德价值、德教以及孝治提供不证自明的终极依据。因为"天地之性"和"天地之教"必然要落实在人类社会伦理和道德层面，融合到社会制度和人们的日常行为中，从而使"天道"和"人道"贯通，也就是说，在"百姓日用而不知"的世俗性外衣下是天经地义、绝对的和神圣的"终极依据"在支撑着整个人间秩序运转。因此"天地之教"本于"天地之性"，"天地之教"保全并扩衍"天地之性"，这就是圣人教化的根本原则。

黄道周反复强调"因性立教"，他所设想的理想教化就是"教以因道，道以因性，行其至顺，而先王无事焉"①。黄道周之所以如此推崇"因性立教"是因为他相信"因性立教"有"易知简能"之功，对于个体来讲，"因性立教"使个体能够保全生命，不毁伤自身，他称："本性立教，故言易立而行易行。立言与行，而后其身不伤。"② 而且，"教立而后礼行，礼行而后德着"③。教立使个体尊礼而贵德，孝道流行。对于不同群体来讲，"因性立教，则贤者可抑而退，不肖者可挽而进也"④，使贤明君子知教而修身、爱亲、忠君，使品德行为不济之人知教而改过自新，

---

① （明）黄道周：《孝经集传·三才章》。
② （明）黄道周：《孝经集传·圣德章第九》。
③ （明）黄道周：《孝经集传·三才章》。
④ （明）黄道周：《孝经集传·丧亲章第十八》。

因此，无论是个体还是群体，"因性之教"都可以品节百姓，发挥作用，彰化流行，故"以其本性立教，达于天下，则尽人而能之"①。

2. 性、教关系。

在黄道周看来，性与教两者的关系为性为体，教为用，因性立教，性教相通。黄道周认为："为教本性，为性本天。"②"本者，性也。教者，道也。本立则道生，道生则教立。"③ 又称："本天而看命，故得人之性。本命而看事，故得人之教。"④性是教立的前提，本性才能立教；有其性，尊其性，则教生。之所以因性立教或本性立教是因为人性善，性善所以道德教化才能施行，才能化民成俗。性不仅是教的根本，而且教亦自性而出，黄道周称："性者，教之所自出也。因性立教，而后道德仁义从此出也。"⑤ 教出自于性，性为教提供了萌生和挺立的土壤，保证了教的合理性和必然性。天地之性流传于人之中，人存有性之端倪，但性体的端倪非性体之全体呈现，因此教亦是将人性中善的端绪彰明出来的过程，从这个含义上讲，性教相通，故称："善者，性也，君子以是教人，亦以是自率也。"⑥ 即性已经包含教的内容，教是性显明的过程，黄道周称："生而能之，生而知之，生之有爱敬，没之有哀戚，此非必有保傅之训讨，《诗》《书》之服习也，因性而利导焉耳。墟墓之间，早已施哀。宗社之中，早已施敬。哀敬固结，非一日之积也。故为人子者有无形之视，无声之听，无方之养，无制之哀。得其本则礼由此起，乐由此作。不得其本，则犹聚孩提之童与之讲殷周之《誓诰》也。"⑦ 本性立教或者说因性立教是顺循着人性而彰明孝教，教不是违背性体或者强加于性体之上，而是根于性中；性教两者是和谐统一的：教以性为根本，性因教而扩充、舒展；性教相通，所以，黄道周称："因性明教，本其自然，而至善之用出焉。"⑧

反之，不教失性，失性失命，教是因性而为，黄道周称："教因性

① （明）黄道周：《孝经集传·感应章第十六》。
② （明）黄道周：《孝经集传·圣德章第九》。
③ （明）黄道周：《孝经集传·开宗明义章第一》。
④ （明）黄道周：《孝经集传·圣德章第九》。
⑤ （明）黄道周：《孝经集传·丧亲章第十八》。
⑥ （明）黄道周：《孝经集传·圣德章第九》。
⑦ （明）黄道周：《孝经集传·丧亲章第十八》。
⑧ （明）黄道周：《孝经集传·广要道章第十二》。

也。"① "因其本然则曰教。"② 教因性而立，反过来，教对于性也有保全和扩充作用。黄道周认为"教"可以防止恶的生成。由于后天"习"的缘故，"夫胡越之人，生而同声，嗜欲不异。及其长而成俗也，累数译而不能相通"③。后天的"习"使本性相同的人变成了形形色色的个体。而且，如果"习"不因道，会产生恶，所以黄道周借用贾谊之口，指出"教"的重要性。"然岂胡亥之性恶哉？其所习道之者非其理故也。存亡之变，治乱之机，其要尽在是矣。天下之命，县于太子。太子之善，在于蚤谕教与选左右。"④ "教"亦可以"保性"。虽然性体来自于天，但是"天地之性，始微而终着"⑤。不仅性体"始微"，而且性体还可以"毁减"。所以，要使至善的性体扩充和彰显，就需要"教"。如教人"不敢毁伤"，即是"厚其本也"⑥。不教则性失，黄道周称："圣人不教，则天下失性。天下失性，则天失其命。"⑦ 教是否能行于天下，会带来不同的社会风气，如"舜之民多善，而苗民以恶德特闻。夫岂其性然哉？德教失于上，严刑束于下，从之不可，乃有遁心"⑧。教对性也有一定的节制作用，丧礼称"三日而食粥，三年而终丧"⑨，教人不以死来毁伤生命，教人情理发乎自然而文质相当，因此"性而授之以节，谓之教"⑩。

简言之，"因性立教"其实就是性、教合一，彰显天道。

（二）以孝为教

1. 孝悌之谓性。

黄道周认为，圣人教化百姓通过孝教来进行，以孝为教化的根本，原因在于"孝悌之谓性"。在黄道周看来，"孝者，天地之经义也，物之所以生，物之所以成也"⑪。孝能够生物、成物，完全是天地之性的性质，在这个含义上，孝和天道具有同一性。孝道由天道转化而来，因而孝道具

---

① （明）黄道周：《孝经集传·丧亲章第十八》。
② （明）黄道周：《孝经集传·三才章第七》。
③ （明）黄道周：《孝经集传·天子章第二》。
④ 同上。
⑤ （明）黄道周：《孝经集传·丧亲章第十八》。
⑥ （明）黄道周：《孝经集传·开宗明义章第一》。
⑦ （明）黄道周：《孝经集传·圣德章第九》。
⑧ （明）黄道周：《孝经集传·三才章第七》。
⑨ （明）黄道周：《孝经集传·丧亲章第十八》。
⑩ 同上。
⑪ （明）黄道周：《孝经集传·事君章第十七》。

有了绝对、永恒、必然、超越的性质。进而，黄道周揭示了"天地之性"的伦理道德性质，他称："知爱知敬，能孝能弟，降于天之谓命，授于人之谓性。"① 天命至善，降且授于人，存发于人性之中，是天赋的道德本源，即"爱敬孝悌"，"知爱知敬"是良知，"能孝能弟"是良能。这与孟子所言的"良能""良知"是同一个思路。这种不待虑而知、不待学而能的"天命之性"是"生而能之，生而知之。生之有爱敬，没之有哀戚，此非必有保傅之训讨，《诗》《书》之服习也"②。从"天地之性"到"爱敬孝悌"，黄道周把从形而上的至善本体转化为更为明确的道德理性，将天命、人性、孝道三者贯通，也正是因为三者贯通相融，他称"孝悌之谓性"③。

天地之性、人性、孝道三者贯通，不仅将孝道置于一个形而上的本体位置上，使之先天化、绝对化和普遍化，且为圣人的"孝教"的合理性和必然性提供了不可动摇的理论根据。

2. 则天以为孝。

圣人之教本于人性而展开，同时教的目的是达到与天和谐不悖，黄道周指出："人养于膝下，鸟兽昆虫养于山泽，其养之皆地，其教之皆天也。"④"天"教人以孝，人取"教"于天。但是上天的无声之教，不是直接参与到人的教化之中，而是通过圣人感知自然运化和天人感应来确立人间之教，"君子本于天地，端于阴阳，柄于四时，皆以治本也。四时为柄，故有生有成。日星为纪，故夙夜不贷。月以为量，故不远而复。鬼神为徒，故陟降左右。五行为质，故反始明报。礼义为器，故言行有物。人情为田，故不失其实。四灵为畜，故中和可得。是十者，皆孝也。非孝则民无所则。民无所则，天地、阴阳、日星、五行皆为虚器矣。"⑤ 天地、阴阳、五行、万物和谐变动，流行运转，圣人仰而观天地之教，俯而作人间孝则，通晓"孝者，天地之情、鬼神之用、阴阳四时所相报答也"⑥，圣人依据天道而效仿自然运化，成人间之教。

---

① （明）黄道周：《孝经集传·五刑章第十一》。
② （明）黄道周：《孝经集传·丧亲章第十八》。
③ （明）黄道周：《孝经集传·广要道第十二》。
④ （明）黄道周：《孝经集传·圣德章第九》。
⑤ （明）黄道周：《孝经集传·三才章第七》。
⑥ 同上。

3. 敬者，教之本也。

黄道周强调："敬者，孝之质也。"① 无论孝作为"至德要道"，还是百姓日用之常，都以"敬"为根本。黄道周称："凡夫子之行事见于《孝经》，孝始于不敢毁伤，终于扬名后世；始于不敢恶慢一人，终于郊祀配天，祸患不生，灾害不作。故孝者，教也；教者，礼所从出。礼归于敬，敬出于孝，孝敬立而治道毕，故《广至德》之章直曰'礼者，敬而已矣'。首篇只言'至德要道'是一孝字，直到结束乃指出敬字。凡天子之不敢恶慢、诸侯之不敢骄溢、卿大夫之不敢不法、士庶人之忠顺不失、谨身节用，皆敬也，皆孝也。"② 在黄道周看来，圣人教孝的过程就是教上至天子下至庶民以"敬"的过程，"教本于孝，孝根于敬"③，"孝敬立而治道毕"。黄道周认为"敬"是教的根本，无"敬"则教不得立。他称："爱以导和，敬以导顺，内和外顺，故博爱、德义、敬让、礼乐，因之而生。故舍爱敬，先王无以为教也。"④ 又称："以严而生敬，以敬而生孝，以孝而生顺，不如是不足以立教。"⑤ 因此，"知教者贵敬"⑥。"贵敬"强调在孝教过程中树立起个体的内在道德理性，重视主体的理性自觉和意志自愿。黄道周以"虞帝之教"作为"贵敬"的典型例子。"虞帝之教曰：'吾尽吾敬以事吾上，故见为忠焉。吾尽吾敬以接吾敌，故见为信焉。吾尽吾敬以使吾下，故见为爱焉。是以见亲爱于天下之民，见贵信于天下之君，吾取之以敬也，吾得之以敬也。'故敬者，教之本也。不遗小臣，不侮鳏寡，不失臣妾，此三者，安享天下之本也。子曰：'出门如见大宾，使民如承大祭。己所不欲，勿施于人。在邦无怨，在家无怨。'舜之谓也。"⑦ 黄道周以"敬"为孝教的根本，他道："以礼乐导民，民有不知其源；以爱敬导民，民乃不沿其流，故爱敬者，德教之本也。舍爱敬而谈德教，是霸主之术，非明王之务也。"⑧

人通过"敬"而参赞天地，将天道和人道贯通，使客观和主观圆融，

---

① （明）黄道周：《孝经集传·圣德章第九》。
② （明）黄道周：《孝经辨义》，《黄漳浦集》卷三十。
③ （明）黄道周：《孝经集传·开宗明义章第一》。
④ （明）黄道周：《孝经集传·三才章第七》。
⑤ （明）黄道周：《孝经集传·圣德章第九》。
⑥ 同上。
⑦ （明）黄道周：《孝经集传·孝治章第八》。
⑧ （明）黄道周：《孝经集传·天子章第二》。

他称："诚是天道，敬是人道。"① "诚者，敬也。"② "诚"是"敬"的本体根据，"敬"是"诚"的运化结果，亦是人达到参赞天地的条件，"敬以成始，敬以成终，日月东西起而相从"，"不敬则无终始，无终始则无物，无物则无亲，无亲则无天"③。

第五节　圣人之境

"孔颜乐处"作为儒学史上的一个重要命题，源自《论语》，之后至唐代时，此命题未有儒者申说其所含的意蕴。至宋代，它受到理学家的极力推崇，成为儒家理想人格标准和精神至境的专用术语。"孔颜乐处"成为一个重要命题并对其进行理论探讨的首要人物是周敦颐，他要求二程兄弟"寻仲尼、颜子乐处，所乐何事"④。此后，"孔颜乐处"论题贯穿于整个宋明理学发展的过程。朱熹曾称："又蒙喻及二程之于濂溪，亦若横渠之于范文正耳。先觉相传之秘，非后学所能窥测。诵其诗，读其书，则周范之造诣固殊，而张程之契悟亦异。如曰仲尼颜子所乐，吟风弄月以归，皆是当时口传心受的当亲切处。后来二先生举以后学，亦不将作第二义看。"⑤ 不能将"孔颜乐处"及"吾与点也"之意蕴作"第二义看"，足见其在理学中的重要地位。

在宋明理学体系中具有"第一义"性质的"孔颜乐处"论题，其实质是理想人格和至高精神境界的追求问题，同时，它也蕴含着这样的主旨，即个体在践履中保持纯正的心灵，体认天道，则可以成为圣人。随着宋明理学思潮的发展与社会生活的变迁，理学派与心学派对"孔颜之乐"的理解与阐释出现了明显的分歧乃至对立，这种内在冲突导致传统儒家对圣人境界的界定和追求方法陷入困境。面对这种困境，晚明大儒黄道周对"孔颜乐处"进行了新的诠释和阐发，他会通朱王之说，统合两家之学，对以孔颜乐处为代表的圣人境界进行新的阐发。

① （明）黄道周：《榕坛问业》卷十五。
② （明）黄道周：《孝经集传·开宗明义章第一》。
③ 同上。
④ （宋）程颢、程颐：《二程遗书》卷二上，《二程集》。
⑤ （宋）朱熹：《答汪尚书》六，《晦庵先生朱文公文集》卷三十。

一 道德与自然——"孔颜乐处"论题的历史演化

从思想史发展来看，关于"孔颜乐处"的诠释，基本上呈现出两条线索。较早涉及此题的周敦颐认为，"孔颜乐处"是指与自然天道合一，个体内心融入大的宇宙自然而超脱了世俗藩篱，是一种超越世俗功利的大乐。至于此乐境是偏向自然多一些，还是更具道德内涵，周敦颐对此并未做更多的探讨。但此后的儒者则呈两派：程颐、朱熹、曹端、薛瑄和胡居仁等突出其中的道德性，重工夫；相对地，程颢、陈献章、王阳明以及王学后人更注重其中的自然性，轻工夫。

自宋代到明初，以程颐、朱熹、曹端、薛瑄和胡居仁为代表，着力于"孔颜乐处"的道德境界，注重道德理性，注重工夫，认为孔颜乐处是物我无所窒碍的状态，但这种乐需要通过穷究万物才能体会。程颐提出，道并不是乐的对象，他称："使颜子而乐道，不为颜子矣。"[1]在程颐看来，把道当乐仍有物我对峙之嫌，乐是达到天道性命合一之后而享受到的精神愉悦。朱熹认为："人于天地间并无窒碍，大小快活！此便是颜子乐处。这道理在天地间，须是直穷到底，……则于万物为一，无所窒碍，胸中泰然，岂有不乐！"[2]两人都认为人合于天，则需要通过涵养敬心、格物穷理的渐进方式达到天理性命贯通。虽然程朱为代表的"纯粹天理"之"乐"强调道德权威和规范，但是仍然肯定此乐是与"万物为一"的乐，包含了自然之乐，然而到了明初，"孔颜乐处"中与自然合一的乐则被排除在外，完全成了纯粹道德理性之乐。曹端主张"敬"，个体要时刻具有"忧勤惕励"之心，不敢自逸；薛瑄主张通过颜子克己之学达到颜子之乐；胡居仁认为克己求仁是求乐的前提，主张敬畏，甚至反对求乐。明初以来，"乐"变成了敬畏恐惧、严肃整齐之后的乐，完全忽视了个性中的自由和乐一面，"乐"变成了面目严肃、端正凛然之乐。

"孔颜乐处"的另外一条诠释路线代表人物程颢认为，"孔颜乐处"是个体与天地万物为一体之"乐"，个体所具有的外在差异被融化掉而凸显了内在一致性，一切都顺应"道"的运行，天道性命相贯通则能有乐，否则只是小乐而已。之后的陈献章追求洒落自得之乐，认为乐是"自

---

① （宋）程颢、程颐：《二程外书》，《二程集》卷七。
② （宋）朱熹：《朱子语类》卷三十一。

然"，是"道"与自身的契合，使自己在"洒落"中实现我与道的融合。他称："自然之乐，乃真乐也。"①他强调体道的境界是与道相契而无须安排、不用人为，物葆有纯朴本然的存在状态，人则充塞于天地之间，物我各自相得，天地一体，浑融无间。和程朱的道德理性之下的乐相比较，陈献章所追求的乐则带有一定的感性特征，削弱了程朱理学的道德伦理内涵。明中期以后，王阳明以及王学后人则注重孔颜之乐中的自然境界，着重于生活感性，轻工夫。王阳明把乐作为心之本体，认为乐是以万物一体而浑融无间的体验，是生命本真的怡然自得的本然状态。这种"乐"非圣人所独有，也存在于常人之心。同时此乐又是"良知"之"乐"，也就是通过致良知而达到本体的欣合和畅、厚无间隔，即体会到孔颜之乐。此后，王学后人如王艮、王襞、罗汝芳把"孔颜乐处"发展为重视个性、自由、活泼之"乐"。在晚明阶段，关于"孔颜乐处"的诠释更加突出其自然性、世俗性等性质，如颜均称"制欲非体仁""率性而行，纯任自然"，罗汝芳称"赤子之心"，何心隐明确提出"育欲"要求，李贽认为"非圣无法"等。此肯定自然欲望、强调生活感性等言论，使得"孔颜乐处"由纯粹的精神境界转变为人的性情和欲望的感性表达，这一趋向不仅为晚明社会出现的肯定自我、不讳私利、蔑视名教等行为提供了理论根据，而且显示出宋明理学在晚明阶段陷入了空前的思想危机之中。

概括而言，程朱理学一派，坚持将孔颜乐处归结为道德理性之乐，并走向极端，成为桎梏人们感性欲望的道德戒律。至王学特别是阳明后学乃出现反动，重视感性生活，走向极端便出现了肯定和追求放荡无礼之乐。孔颜乐处所体现的幸福感由追求境界之乐——一种非物质欲望满足式的幸福蜕变为满足基本物质需求、欲望的感性之乐。理学内部的理论分歧与思想冲突既造成了理学的理论危机，也造成了社会的道德危机。在这种境况下，如何在维护传统儒家固有的道德理性的同时拓展其生存向度，如何在高扬传统儒家道德精神的同时与世俗观念和价值建立起一种合理的关联，是明末两大儒之一的黄道周借以反拨、救正王学末流之弊，重建儒学思想权威的一个出发点。

---

① （明）陈献章：《与湛民泽九》，《陈献章集》卷二，中华书局1987年版。

二 人性与境界——"孔颜乐处"新解

"孔颜乐处"由周敦颐提出，并以此设教指示二程。二程对"孔颜乐处"的阐释虽有差异，但都肯定乐是乐其所乐。面对二程对乐的引而不发，朱熹则提出乐需"深思而自得"。三人对于乐什么和为什么乐都语焉不详。迨至明代，王阳明明确提出"乐是心之本体"的命题，从本体论角度对"孔颜乐处"思想进行阐发。他把乐作为心之本体，认为乐是以万物一体而浑融无间的体验，是生命本真的怡然自得的本然状态，具有现实的、具体的、平常的、当下即是等自然存在的特性。王学后人正是对此特性大加肯定，着力于"孔颜乐处"的自然的追求和世俗性价值。到了晚明阶段，孔颜之乐更是流为世俗之乐，人生朝作夜息、饥餐渴饮都是道的自然呈现。

面对"非名教之所能羁络"的社会风气和思潮，黄道周明确指出，"孔颜乐处"即是"乐性"，性作为至善本体，是一个道德实体，肯定孔颜之乐的道德形上层面的根据，矫正王学"无善无恶心之体"之论。同时，他重视达到"孔颜乐处"的工夫，认为要达到这种境界必须依靠"持敬"与"格物穷理"的工夫。

黄道周在"孔颜之乐"问题的阐释上有其独特之处，以下详析。

（一）"乐性"——精神境界的本体根据

首先，在孔颜乐处的问题上，黄道周指摘宋儒对于"孔颜之乐"的解释晦涩含糊，他称："昔湖州问大程'颜子所学何学'，大程又问诸贤'孔门所乐何事'，二义极是要领，前日亦曾提过，喜有此问。夫子生平不说，伊尹只说伯夷柳下，兼说武王，又扶绳了。汉帝尝云不食马肝未为不知味也。"①又说："昔湖州问程叔子，直以诚正立论，于此知字，尚隔一层。伯子见濂溪重证所乐，亦未尝一日道破。"②他亦对明儒罗汝芳的孔颜之乐观点提出批评，称："罗近溪先生少年颖悟，谓孔颜只是个乐，如此看荣启期、林类，岂不贤于闵冉耶?"③认为王学后学所主张的乐削减了儒家道德内涵，使得儒家之乐与道家之乐无异。

---

① （明）黄道周：《榕坛问业》卷三。
② 同上书，卷五。
③ 同上。

由上可见，在"孔颜何乐"的回答上，黄道周认为先儒解答得含糊或者不够全面，基于此，他从本体角度出发，认为"孔颜乐处"在于对本体的体认，他称："某忆先儒每坐讲论，必问孔门所乐何事，颜子所学何学。初意以原思与颜子对照，看出不迁不贰，而诸贤纷纷为每事择善，随时处中二语缚着。"①黄道周认为先儒所注重的是"不迁不贰"，因为"不迁不贰上便见本体"②，所以孔门设教的孔颜之乐是"便见本体"之乐。因而他提出乐是"乐性"，称："有宋诸儒每对来彦必问孔颜何乐，以是为圣贤津关，惜未有举乐性以对者。乐性之论，发于孟子，而其源本出于孔颜。孔颜以疏水曲肱、陋巷箪瓢当天下之钟鼎旗常、茅封玉食，以是为学可以不厌，为诲可以不倦。当其未得之，有发愤忘食、终夜不寝之忧；当其得之，有钟鼓琴瑟、不知老至之乐，是参差荇菜所比况而作也。使其中无所乐，以涉于山水之间，岩幽瀑溅，鸟呼兽悲，极目断崖，室远人遐，亦扪涕恫心而走耳，何乐之有乎？乐根于心而生于色，震雷疾霆不以为怒，严霜凄雪不以为哀。知性之所生则知天之所乐，素位而帝王，穷冬而茂春，此两者不厌不倦、成己成物，所为终始也。予老矣，不乐为分外之言，然自五十年以来所见诸风雨晦冥，无以异于光天霁月，以是为人生第一乐事。"③黄道周认为"孔颜之乐"是"乐性"，是对本体的证悟后自然产生的愉悦情感，此乐不仅明确地指向本体之性，且亦源于性。

在性的规定上，黄道周以至善为性，称："古之君子以至善为性，仁智为度，翱翔德林，容与于山水泉石之下，其道足以轻千驷、等浮云，其视禹稷与颜子无所轩轾。"④又称："人性则以至善为宗。"⑤他以至善来规定性体，改变王学无善无恶心之本体，突出本体的道德属性，同时他认为"性自天命"，"性是天命"，强调本体客观性、超越性的特点，纠正了晚明王学过分将心体的自律能力无限扩大，成为没有天理监督的绝对主体的极端思路，从而，作为本体之性是客观性和主观性的统合，为孔颜之乐找到形上层面的依据，同时对道德追求和工夫修持提出

①　（明）黄道周：《榕坛问业》卷二。
②　同上书，卷八。
③　（明）黄道周：《乐性堂记》，《黄漳浦集》卷二十四。
④　同上。
⑤　（明）黄道周：《榕坛问业》卷十七。

要求。

另外，黄道周所提出的"乐性"的内涵已有所扩充。他肯定"性"作为道德本体的同时并不抹杀人性中自然天性的一面，如他肯定情，认为："情是性之所分，情自归万，性自归一，性是情之所合。"①作为"喜怒哀乐"的情是性的正面，且认为："喜怒哀乐是庸常有的，直做到天地位、万物育，亦是寻常事业，无甚光怪。"②既然喜怒哀乐是庸常之有，所以"人生如无喜怒哀乐便与木石同体，合下便说无怒无过亦与佛门一般"③，认为人不能无情，不能遮蔽人的自然天性。立足于此，在"乐性"观点上，他肯定王学后学所持有的孔颜之乐要不违内心、顺应而适的观点，称："近日罗近溪先生亦于乐字上探得八分，只有乐字，便不厌不倦，外内圆成了。"④

可见，在本体的构建上，黄道周努力统合朱王两家在"孔颜乐处"上观点的分歧，认为"乐"作为儒家的精神境界，既要有其道德本质又要兼顾其自然人性，注重人的理性精神，且不失并提升感性精神，从而超越世俗层面的苦乐，达至高度的精神和信仰层面。他回首平生，认为自身遭遇似"风雨晦冥，无以异于光天霁月，以是为人生第一乐事"⑤，这种感悟体现了上述统合的理念和精神境界。

（二）知性——精神境界的实现途径

在黄道周看来，"孔颜之乐"是"乐性"的回答只是指明了个体要达到的境界，这种"乐境"或者说"万物同原"⑥境界，是个体证悟本体所

---

① （明）黄道周：《榕坛问业》卷十。

② 同上书，卷二。

③ 同上书，卷七。

④ 同上书，卷三。

⑤ （明）黄道周：《乐性堂记》，《黄漳浦集》卷二十四。

⑥ 《榕坛问业》卷一载："此物粹精，周流时乘。在吾身中，独觉独知，是心是意；在吾身对照过，共觉共知，是家国天下。世人只于此处不明，看得吾身内外，有几种事物，着有着无，愈去愈远。圣人看得世上只是一物，极明极亲，无一毫障碍。以此心意澈地光明，才有动处，更无邪曲，如日月一般，故曰明明德于天下。学问到此处，天地皇王都于此处受名受象，不消走作，亦更无复走作那移去处，故谓之止。自宇宙内外有形有声至声臭断处，都是此物贯澈，如南北极，作定盘针，不由人安排得住。继之成之，诚之明之，择之执之，都是此物。指明出来则直曰性，细贴出来则为心、为意、为才、为情。从未有此物不明可经理世界、可通透照耀。说此话寻常，此物竟无着落。试问诸贤：国家天下与吾一身，可是一物，可是两物？又问吾身有心、有意、有知、梦、觉，形神可是一物两物？自然爽然，摸索未明。只此是万物同原，推格不透处。格得透时，麟凤虫鱼，一齐拜舞；格不透时，四面墙壁，无处藏身。"

获得的无限和永恒的体验，是欣畅和安泰之乐，所以个体能够"震雷疾霆不以为怒，严霜凄雪不以为哀"，从容于山水泉石之下，视禹稷与颜子无所轩轾。就此乐本身而言，它是圣贤气象，是自然而然的心境；就个体而言，这种气象的达到，不仅需要用功求道，且需要乐道之心，才有可能最终体道而得此至乐。个体所应关注的是乐之产生的根源和进入乐境的工夫，所以，黄道周提出"知性"为"乐性"前提，知性才能乐性，不知性则无乐。他称："世之学者造就虽殊，要于知性之可乐而极矣。知性之可乐，又有以乐之，匡坐弦歌，虽中天下、定四海，不与易也。"[1] 又称："学贵知性，既知有性，乃见天爵。……既知有性，如受天命，……，乐此不已，如以天爵，禅厥孙子。……君子养性，何所不乐？蹈之舞之，钟之鼓之，好乐在中，于已取之，天爵孔荣，千驷为轻，陋巷箪瓢，疏水曲肱。"[2]在黄道周看来，性本身是可乐的，这种乐的体悟要通过"知性"达到，同时，他强调"知性"的过程也是乐的，如此，黄道周将过程和目的、境界都用"乐"来统合，可见此认识受到王学后学中"乐"思想的影响。同时，黄道周认为"知性"不仅是乐的前提，而是这种前提具有绝对性，他称："若四字（仁义礼智）不明，即做成掀揭事业，亦无乐处。"[3]"不见天爵，虽与之生，生亦不乐。"[4]在如何才能"知性"的问题上，黄道周认为需要下一番功夫，他称："圣人言诚，要与天地合德；言明，要与日月合明。此理实是探讨不得。周公于此仰思，颜回于此竭才，难道仲尼撒手拾得？圣人于此，都有一番呕心黜体工夫，难为大家诵说耳。"[5]

虽然"呕心黜体工夫"，难为诵说，但黄道周指出了功夫的两个用力方向：一、"反身而诚"的向内取向，乐处"只在自家讨还"、向里用功、克己涵养保证了儒家本体真正成为自家主宰；二、"格物致知""强恕而行"的外向取向，保证了儒家本体的社会性价值向度，并且在道德践履

---

① （明）黄道周：《乐性堂记》，《黄漳浦集》卷二十四。
② 同上。
③ （明）洪思：《黄子传》，《黄漳浦集》卷首。
④ （明）黄道周：《乐性堂记》，《黄漳浦集》卷二十四。
⑤ （明）洪思：《黄子传》，《黄漳浦集》卷首。

中实现其价值。①

基于强调乐之功夫的立场，黄道周明确批评王学末流所主张的孔颜之乐的即下、现成、自然性一面，他称："《易》曰'穷理尽性以至于命'，又曰'乐天知命故不忧'，乐天不从好学，此乐竟从何来？如良知不由致知，此良究竟何至？良有三训，良言善也，言常也，言小顷也。言善者，从继善来，所称柔顺利贞者是；言常者，犹称良常，所谓厥有恒性者是；言小顷者，犹称良久良已，所谓乍见夜气者是。其言自然者，不过不学不虑一段而已，亦是不学不虑而良，不是不学不虑才训作良也。人读书都要读其易者，难处放过，如生成潇洒者，顽皮无碍，问他所知所好所乐，中间开放果是何物，亦复茫然。晋人道解饮者自知饮趣，如不解饮者闻酒辄醉，岂亦复领醉妙耶？"②

概括来说，黄道周批评了王学后学所持有的三个典型观点。第一，反对"乐学"，主张"乐天不从好学"。关于乐和学的关系，他在批评王艮一派，王艮以学乐为宗旨，其子王襞亦提出学是多余，罗汝芳也主张不学不虑。黄道周指出乐只能是好学的结果，称："吾人本来是本精微而来，不是本浑沌而来。如本浑沌而来，只是一块血肉，岂有聪明关窍；如本精微而来，任是死去生还，也要穷理读书。夫子自家说发愤忘食，乐以忘忧，又说不知老之将至一语，下头有此三转，如是为人自然要尽人道，如是好学，自然要尽学理，孟子说尽其心者，只是此心，难尽每事，只领三分，知不到好，好不到乐，虽有十分意量，亦只是二三分精神，精神不到，满天明月，亦是蟆被度身，意量欲穷，四处雷霆，自有一天风雨，切勿说云散家家。春来树树也。"③第二，反对"良知不由致知"，主张良知由致知。针对泰州学派的良知工夫，他认为如果放弃致良知的工夫，良知根本无由而至。《榕坛问业》卷五中，其门人认为要从致知入门，才能体

---

① 《榕坛问业》卷十载："唐伟伦问：'先儒谓寻孔颜乐处，只在自家讨还，讨甚么？'某云：'反身而诚，乐莫大焉，岂是别家勾当?!'又云：'思到苦，便甘；思到不好，便是乐，既苦那得复有乐所在？'某云：'强恕而行，求仁莫近焉，此岂不是乐所在？'伟伦又云：'吟风弄月，芸草不除，如此识得自家意思？'某云：'如不格物致知，不诚不正，任他风月满窗，只是山谿茅塞也。'"

② （明）黄道周：《榕坛问业》卷五。

③ 同上。

贴孔颜之乐，黄道周表示赞同，并认为"知"落实了"孔颜之乐"的实义。①第三，反对"不学不虑训作良"。批评了泰州学派所谓的"自然"和"不学不虑"。他认为以"不学不虑"来认取良知是对于良知的错误理解。同时，黄道周认为"良"是善、恒常和权变的统一。"不学不虑"是良的性质，但是"不学不虑"不等同于良。对于"不虑不学"的"赤子之心"，他提出自己的见解，称："夫子说以约失之者鲜，孟子道不失赤子之心，人能保此赤子之心，到不惑知命，何患不到圣贤田地。赤子无他，亦只是易简，易简只是恒性，今人说良知良能，便要静虚吐灵发许多光焰出耳，何不说易知简能，朴朴实实，无机无械，夫子说圣人可做，我也直地要做圣人，夫子说圣人不可做，我也直地做我不做圣人，简简易易，可知可能。"②

概括而言，黄道周强调"孔颜乐处"是"乐性"，他在乐之本体方面对程朱的观点进行修正，表现在：作为乐之本体的性，在具有道德本体属性之上，增添和突出了其自然性与感性；在乐之工夫方面对王学的修正——主要表现在不否定感性生活快乐的同时，着重把道德境界的提升作为实现乐的重要途径。

三　圣人之境——"孔颜乐处"的重新定位

明代中后期，资本主义经济因素的滋长与市民阶层的形成，改变了以前重视伦理生活实践、高扬道德主体性的思潮，将伦理生活的实践转变为个体日用生活的实践，将德性实践转变为社会政治生活的实践。③此种转变必然反映在思想上，体现个体自由、快乐、自然、感性的"孔颜乐处"理论就是其结果之一。自然、感性、世俗之乐对儒家正统道德精神的冲击

---

① 《榕坛问业》卷五载："杨玉宸云：'孔颜得力，发愤忘食，是何事？欲罢不能，又是何事？不过此一点知光，包天括地，自家本性与万物相荡，并力赶上，教休不休。工夫净时，觉日朗天空，任飞任跃。无论敏求博约，俱着不得，自有一段活泼泼地。孟子说万物皆备，反身而诚。正是知至的光景，今人不识致知入门，空把孔颜之乐，虚贴商量，无论拾级，循途不得，即兀坐静参，亦不得也。'某云：'如贤说都不须疑难。昔湖州问程叔子，直以诚正立论，于此知字，尚隔一层。伯子见濂溪重证所乐，亦未尝一日道破。今日说是性光无量，与万物相映，从此更寻实义，不落慧空，始信曲肱疏食，不是黄齑数根，弄月吟风，亦不在头巾话下也。'"

② （明）黄道周：《榕坛问业》卷十四。

③ 参见朱汉民《宋明理学通论——一种文化学的诠释》，湖南教育出版社2000年版，第148页。

和瓦解，使得恪守传统的一部分儒家希望借助传统生活方式和秩序的严肃性来端正人心，整饬风气，使士习民风归于圣学之正途，从而保证儒家精神的道德性和纯洁性。黄道周兼综两方，认为儒家精神的最高境界的"孔颜乐处"是自然、感性、世俗之乐和道德、严肃、纯洁之乐的统一。在他看来，"孔颜乐处"是"极高明而又道中庸"的精神境界，体现为由人道上溯于天道，由具体真实之事物以见天地生生之机。因此，"孔颜乐处"是让人在世俗的社会生活实践中保持一种和乐的精神境界。

同时，"孔颜乐处"是一种圣贤境界，又是一种价值取向。作为圣贤境界或者说理想境界，它是一种超道德的精神境界；同时，作为一种价值取向，它是个体不断超越外在物质欲求而追求道德价值和理想信念的努力。所以，基于两个层面，黄道周一方面在维护"孔颜乐处"所代表的道德理性的同时，又注意到其生存向度一面；在高扬传"孔颜乐处"所体现的道德精神的超越性的同时，又试图与世俗观念和价值建立合理的关联，因而他所诠释的"孔颜乐处"作为圣人之境具有以下三个特点：

（一）有待与无待的统一

"孔颜乐处"作为传统儒家所追求的至高境界，是超越的、无待的，如朱熹认为："颜子之乐又较深，是安其所得后，与万物为一，泰然无所窒碍，非有物可玩而乐之也。"[1]可见此"乐"是一种非对象性的乐，表现为"泰然无所窒碍"。同时，"孔颜乐处"作为价值取向，是个体自觉努力的方向，这种努力过程必然包含着具体情感的体验，所以，从这个层面上看，"孔颜乐处"和具体情感是相联系的，是有待之乐，是有对象之乐，如孔子所称的"乐之者"，又如王阳明称："乐是心之本体，虽不同于七情之乐，而亦不外于七情之乐。"[2]乐和七情之乐虽有差别，但如取消了七情之乐，本体之乐也就成为了空中楼阁。

在黄道周看来，他所提出的"乐性"之乐源于性又超越于性，所以此乐既是有待之乐，又是无待之乐。"乐性"之乐是有待之乐，表现个体没有体认到本体时，乐与忧作为一组相对的具体情感互相关联，黄道周称："当其未得之，有发愤忘食、终夜不寝之忧；当其得之，有钟鼓琴

---

① （宋）朱熹：《答陈安卿》，《晦庵先生朱文公文集》卷五十七。
② （明）王阳明：《传习录》中，《王阳明全集》卷二。

恶、不知老至之乐，是参差荇菜所比况而作也。"①又称："忧既不存，乐亦何有？"② 不仅忧乐相连，且内心无乐则触物生忧，称："使其中无所乐，以涉于山水之间，岩幽瀑渐，鸟呼兽悲，极目断崖，室远人遐，亦扪涕恫心而走耳，何乐之有乎？"③同时，乐作为一种有待之乐，意味着乐需要和外在事物相触而发。黄道周在《过干洞陶园二章》中，写道"翩然数叶翔，春水自中央。野色环三白，篱花时一香，须眉渔父似，名姓老人忘。归去乘潮好，裁舟字药房"④，将自然风景和个体所得愉悦恰切地融合到一起，达到一种审美价值的境界。

同时，"乐性"之乐又是无待之乐，表现在此乐是超越于本体，通过证悟本体而获得的无限和永恒的体验，这种体验是自然流露出来的精神愉悦，它亦超越了具体情感如喜、怒、哀、乐、爱、恶、欲等之乐，是一种无对之乐，一种最高境界的情感，"震雷疾霆不以为怒，严霜凄雪不以为哀"⑤。当个体体悟到孔颜之乐，无论是看待具体的情感如"约乐"，还是看待具体的事物，都超越了世俗之面而感到其乐，他称："看得约乐亦是照身影子，以此看车盖、宫室、门巷、瓢盂，了无罣碍，便与山水动静一般意思。"⑥同时，无待之"乐"和个体自由是相联系的，他称："只说尧舜以来，一介千驷，古今同视贫窭之身，常在苦境，无一乐字，鼓舞不来，直到乐中，才得自在。"⑦也就是说，只有体会到乐，在乐中涵泳，才能解脱束缚而自由自在。正因为直到乐中才能得到真正的自由。体会到这种超越之乐，所以常人不堪忍受的境遇仍是乐地，黄道周称自己五十年所遭遇的种种，虽然是困顿不堪，他却看作光天霁月，以为人生第一乐事。黄道周的"孔颜乐处"将有待和无待之乐相统合，既肯定个体的具体情感和真实生命，又强调了永恒本体，具有鲜明的整合特征。

（二）道德理性与生活感性的统一

大致划分来看，在宋代、明初，"孔颜乐处"侧重于其道德理性一面，到明中后期，"孔颜乐处"则侧重于生活感性。如程颐认为"使颜子

---

① （明）黄道周：《乐性堂记》，《黄漳浦集》卷二十四。
② （明）庄起俦：《漳浦黄先生年谱》，《黄漳浦集》卷首。
③ （明）黄道周：《乐性堂记》，《黄漳浦集》卷二十四。
④ （明）黄道周：《黄漳浦集》卷四十四。
⑤ （明）黄道周：《乐性堂记》，《黄漳浦集》卷二十四。
⑥ （明）黄道周：《榕坛问业》卷一。
⑦ 同上书，卷三。

而乐道，不为颜子"的观点更偏重于乐的道德性内涵。明初，胡居仁认为克己求仁是求乐的前提，主张敬畏，甚至反对求乐。到明后期则转向于乐的生活感性一面，如王艮认为"百姓日用即道"，乐就在其中。黄道周则将此两面统合起来，认为孔颜之乐是道德理性和生活感性的统一。孔颜之乐既是个体思想、言行与外在规律、规范一体之后所自然而然具有的"乐"，又是日常生活中的感性、世俗之"乐"。他称："强恕而行，求仁莫近焉，此岂不是乐所在？"①肯定孔颜之乐是在克己求仁的过程中实现的，具有道德内涵。他亦肯定孔颜之乐存在于世俗日常生活中，这种乐是具体的、现实的，所以当门人问孔颜作用时，他称："此则现在，食的睡的。"②在给其兄的书信中，他称："世间乐事，唯有看子孙读书，栽花种竹耳。"③黄道周认为"乐"具有统合性质，这种"乐"不仅源于传统儒家固有的道德理性的现实层面的完成，且立足于传统儒家道德精神的世俗层面的扩张，他将道德理性的现实层面和世俗层面合理地关联起来，当这种关联得到实现，亦意味着孔颜乐处的实现，他称："诚得四海无事，鱼鸟不惊，俛仰今古，出入日月，偃息梧竹之阴，婆娑泉石之上，喜至谣吟，倦而抚枕，虽远谢车盖，绝音公侯，未为不乐也。"④ 又称："倚梧而看鹤鹊，即有巢之风；散斋以临庖厨，即燧皇之治。"⑤可见，他整合了朱子的道德之乐和王学所侧重的感性之乐，使孔颜之乐既有道德的尊严，又有生活的感受，使抽象的形而上的本体之乐和具体的形而下的特殊之乐相贯通。

（三）有我与无我的统一

从思想史的发展来看，关于孔颜乐处论题的释义出现了从宋代诠释中注重"无我"到明中后期诠释中侧重于"有我"的转变。朱熹强调"颜子乐处"是与万物为一，没有窒碍，胸中泰然的体验，这种体验是物我之间差别的消失，同时也泯灭了"自我"。到明中后期，王艮、王襞、罗汝芳把"孔颜乐处"诠释为充满个性、自由、活泼的"有我"之"乐"。黄道周则将两者统合，认为孔颜之乐是无我和有我的统一。

---

① （明）黄道周：《榕坛问业》卷十。
② 同上书，卷三。
③ （明）黄道周：《京师与兄书（又）》，《黄漳浦集》卷十九。
④ （明）黄道周：《与善堂记》，《黄漳浦集》卷二十四。
⑤ （明）黄道周：《费韫生箴》，《黄漳浦集》卷二十八。

首先，黄道周从"继之者善，成之者性"的角度出发，认为对于本体之性的体认是一个动态的过程，在这个过程中，主体性的"继成"作用使得性体完成，而从体验到孔颜乐处。黄道周称："未发前，性亦不落天地；已发后，性亦不落万物。只是自家看得天地缺陷，万物颠踏，便惕然如坠性伤生一样，此是我自家继成本色。"①这种"自家看得"的"继成本色"是自我的能动作用，个体"继天之志，成天之事，育物为仁，正物为义。由仁义行，与天相亲，澹情去疑，与道德邻"②。个体通过"继成"努力将潜存的性体彰显、展露出来，而达到"成性"，参赞天地，体会到至乐，即他言称的"成继伊何？曰维一善，为天志事，与人同贯"③。可见，"孔颜之乐"的实现，不能脱离个体的主体性，是一个"成继"的过程，是一个"有我"的过程。"有我"不仅体现在"孔颜乐处"的实现需要个体的不断努力，且意味着个体是"乐"的承受者、体验者，他称："强恕而行，求仁莫近焉，此岂不是乐所在？"④同时，他认为"孔颜乐处"作为一种境界，是在"有我"的基础上消解"有我"，而达到体认本体、实现"万物同原"的超道德精神境界。他称："但见人有己，便不仁，有己便傲，傲便无礼，无礼便与天下间隔；无己便细，细便尽礼，尽礼便与天下通。老氏云谓我大甚似不肖，如肖，蚤已细。克己者，只把己聪明才智一一竭尽，精神力量一一抖擞，要到极细极微所在，虽外间非礼，不能染着，犹须如荡涤邪秽一样用工，所以洗心退藏，不堕沈潜高明之弊，如是刚人实克到柔，如是柔人实克到刚，事事物物，俱从理路炼得清明，虽视听言动，无一是我自家气质，如此便是格物物格、致知知至耳，所以天下更无间隔，更无人说我无礼不肖，便是天下归仁。"⑤对于个体来说，达到"天下归仁"或者"无己"的境界是"不欺本心，事事物物当空照过，撞破琉璃，与天同道，四围万里，不见浮云"⑥。这种"与天同道"即是他所称的万物同原，是要通透本体而明白万物在本质、根源上没有区别，从而消弭主客体的界限。达到这种境界，则明晓

①　（明）黄道周：《榕坛问业》卷十。
②　（明）黄道周：《与善堂记》，《黄漳浦集》卷二十四。
③　同上。
④　同上书，卷十。
⑤　同上书，卷八。
⑥　同上书，卷十七。

"巨灵壁上亦是此掌，五指峰头别无岱华。渐次看去，都作琉璃；突兀当前，止成芥草。且看一物有根有节，便知万象无我无它"①。这种物我无隔、互通不塞、化而不滞的境界亦是孔颜乐处。

总之，对"孔颜乐处"这一理学经典命题，黄道周进行了新的阐释，他认为"孔颜乐处"的实质是"乐性"，"知性"是达到"乐性"的基本途径，个体通过对天道和人性的不懈体认和追求，最终达到主客体的契合、融通，从而进入圣人之境。

---

① （明）黄道周：《格物证》，《黄漳浦文集》卷三十。

第七章　黄道周的学术思想倾向

晚明时期，统治思想界数百年的宋明理学陷入空前危机。朱陆之争引发的理学内部冲突并没有因为宋以后程朱理学的独尊地位而消弭；明中期王学的异军突起，在挑战程朱理学正统地位的同时，更加剧了理学的内部紧张；而王学末流的空疏、荡越，不仅消解了理学家对社会所应承担的责任，削弱了儒学礼教维卫社会秩序的功能，而且威胁到理学作为社会主流意识形态的统治地位。在这种局面下，如何化解理学内部的分歧与冲突，挽救已呈颓势的理学大厦，维护和重建儒学在社会中作为思想和价值权威的神圣地位，成为摆在明末思想家面前的历史性课题。面对这一历史课题，与刘宗周齐名的明末大儒黄道周给出了自己的答案。他主张调停朱陆、会通朱王，廓清阳明后学的流弊，回归六经儒学。黄道周对宋明理学的反思，既是对明末理学危机的回应，也是明中期以来理学内部朱王互动的新发展和新动向。

第一节　论北宋五子

孟子称："智，譬则巧也；圣，譬则力也。"①借用巧和力的概念，黄道周的门人将周敦颐、程颢比作颜渊，将邵雍比作子贡，认为他们三个人可以算是巧一类人；将程颐、张载比作曾子，将朱熹比作孟子，认为此三者可以算是力一类人，问黄道周这两班人的高低如何。黄道周认为，对宋代先儒前贤不能简单地以巧和力进行评价，他称："大约诸贤，都是天质带来，不关巧力。巧力便是学，就如由基教射，立木走版，久之依稀耳。尧夫与晦翁学力深于四贤，四贤之中横渠又为攻苦，如濂溪、明道亦是天

---

① 《孟子·万章下》。

质清和，巧不通神，力用减半也。"① 他认为邵雍和朱熹两人的学力要深于周敦颐、二程和张载；张载的强探力索的精神又强于周敦颐和二程；周敦颐和程颢两人天质清和，但是其智没有达到神的层面，其苦索的工夫难比前几位宋儒。需要指出的是，黄道周所使用的巧和力的内容已经发生变化，不同于孟子以巧喻智、以力喻圣。他更多地从工夫论角度来运用这两个概念，认为巧力就是学，更侧重表达后天的因素。黄道周肯定学，但也强调个体的天质，也就是所谓的先天因素。他认为这几个人都属于有天质和天分的人，再加上后天的学，所以能成为贤人。黄道周立足于自己的思想立场，对北宋五子都有所评判。下面详细分析他对五子的见解。

一　论周敦颐

周敦颐（1017—1073），字茂叔，号濂溪，谥号元公，湖南道州营道（今湖南道县）人，被后人推为理学宗师，承续了孔孟圣学。《宋史·道学传》称："两汉而下，儒学几至大坏。千有余载，至宋中叶，周敦颐出于舂陵，乃得圣贤不传之学，作《太极图说》《通书》，推明阴阳五行之理，明于天而性于人者，了若指掌。"②

对于周敦颐的人格和学识，黄道周都非常推崇。当门人问周敦颐如何时，黄道周称："古人去远，何可测识？但当时英贤，如王半山、苏子瞻、程伯淳兄弟各有异同，到濂溪面前，止得推服而无话说。王半山见濂溪，与语连日，退而精思，至忘寝食。子瞻直云：'濂溪岂吾辈，造化乃其徒。'伯淳兄弟亦直谓：'光风霁月，坐入春风中。'如此人当柄，可使世路消诸波涛。"③ 黄道周通过王安石、苏轼、二程四人不同的态度来说明周敦颐的品格和风范，不仅周敦颐使他们四个人心悦诚服，黄道周也心存敬佩，他称"如此人当柄，可使世路消诸波涛"，世路没有风波则是平稳之世。黄道周此话是有根据的，他称："（濂溪）尝在溢江语潘兴嗣云：'吾结发为学，将有设施可泽于斯民，必不得已，与子相从歌咏先生之道，乐此未晚。'看他胸中全有求志达道底意思，要是三代以上人物。"④周敦颐提出的"志伊尹之所志，学颜子之所学"可以说是他和潘兴嗣对

---

① （明）黄道周：《榕坛问业》卷七。
② 《宋史》卷四二七。
③ （明）黄道周：《儒脉》，《黄漳浦集》卷三十。
④ 同上。

话的对照，其中伊尹是儒家致君泽民的代表，颜渊则是儒家自我道德修养
的典范。周敦颐称"泽于斯民"是外王之路，希望能致力于国家和民众
福利；"歌咏先生之道"则为内圣之路，是追求孔颜之乐的精神境界，所
以黄道周赞扬他胸中有求志达道的意思，是"三代以上人物"。

　　黄道周亦将周敦颐、黄宪两人相比较，黄道周非常赞扬黄宪，称：
"隤乎处顺，渊乎似道。浅深莫分，清浊未方。是以同游者欣叹，瞻忽者
倾服。荀袁归其师表，陈周挹其公辅。盖仲尼之文莫，奚颜子之殆庶。"①
黄道周认为这两个人虽然处于不同的时代，但两人学识、品格相等，学问
渊源也相同，称："河汾叔度处于乱世，濂溪生于明时。致用不同，才具
各别，若论所学，原本一也。"② 对于"才具各别"，黄道周解释称："河
汾叔度时未有空门，所以识见不差，当时钓徒牧豕者，皆有荷蒉、石门之
风。濂溪从禅门悟来，才具各别。"③ 可见，黄道周认为周敦颐的思想受
到佛教的影响颇深。据佛教资料的记载，周敦颐曾与禅宗黄龙派有过交
游。《佛法金汤编》卷十二载："濂一日扣问佛印阮禅师，曰：'毕竟以何
为道？'元曰：'满目青山一任看。'濂拟议，阮呵呵笑而已，濂脱然有
省。"而且，从周敦颐著作中所表露出的思想看，其确受佛家影响，所以
黄道周对其评价是中肯的。但是，黄道周认为虽然周敦颐的思想中有佛家
之风，但其学术渊源仍然本于儒家思想，所以只是说他与黄宪的差别是
"才具各别"，而"所学原本一也"。

　　关于周敦颐和王安石之间的关系，黄道周不遵循旧说，提出自己的看
法。清邓显鹤编的《周子全书·周濂溪年谱》对周敦颐拒见王安石有如
下记载："（皇佑）四年（1037）丁丑。先生年二十一。七月十六日，母
仙居县太君卒。先是，舅氏龙图公卒，葬润州丹徒县，先生遂扶柩厝于龙
图公墓侧。是岁居润，读书鹤林寺。时范文正公、胡文忠公诸名士与之
游，独王荆公少年不可一世，怀刺谒先生，足三及门而不得见。荆公恚
曰：'吾独不可求之六经乎？'"从这一记载看，当时周敦颐二十一岁，在
丹徒县鹤林寺为母亲守丧。这时的周敦颐已经在经学研究方面有所成就，
小有名气。在这期间，他同范仲淹、胡瑗、胡宿等名流都有所交往。王安

---

① （明）黄道周：《五十六贤赞有序》，《黄漳浦集》卷二十八。
② （明）黄道周：《榕坛问业》卷九。
③ 同上。

石时年十七岁，三次上门主动登门拜访周敦颐，但被周敦颐拒见。拒见后的王安石发奋攻读六经，以求圣贤之学。后人认为周敦颐拒见王安石，主要是因为王安石年少不可一世，周敦颐想挫其锐气，令其有所收敛。但事与愿违，王安石却更加执拗顽固，行事更为激进。假设当时周敦颐能够接见王安石，以自己的人格和学识来感化熏陶他，则王安石后来的处事可能会有所不同。黄道周认为这种说法不可信，认为这是周敦颐门人的尊师之说，或者是二程门人归咎周敦颐之说。黄道周称："邢恕常言：'茂叔闻道甚蚤，王安石为江东提点刑狱时已号为通儒，茂叔遇之与语，连日夜，安石退而精思，至忘寝食时，安石年四十，茂叔年四十四矣。'谢无逸亦云：'荆公、子固在江南议论，或有未决，必曰姑置是待茂叔证之。'然荆公四十，时在嘉佑初年，试馆职不就，出知常州，为度支判官，与濂溪知南昌时各不相值。及在浔阳，濂溪葬母时，荆公与旅出执政，移家金陵，初无讲论明道。半山少濂溪不过三四岁，不在弟子之列，如何陶镕得他？"① 黄道周认为两人就时间和地点上没有相遇的机会，而且王安石就年龄上只是小周敦颐三四岁，当时两人各自都有名气，王安石当时已称"通儒"，周敦颐的思想也已经成熟，所以称周敦颐能陶铸王安石的说法是周程门人的门户之识。可见，黄道周不仅对历史怀有一种客观评论的精神，要求"凡人读书于无根据处，最要根据"②，而且对于门户、宗派等也持怀疑态度，坚持兼容并蓄、破除门户的宽容精神。

黄道周对周敦颐的学识和人品很推崇，但他不是盲目地推崇，也指出周敦颐思想的不足之处。他认为在一些具体问题上，周敦颐的思想有偏颇处，他称："凡学问自羲、文、周、孔而外，皆无复意味。……即如濂溪、延平诸老，都有走入幽路处。"③ 黄道周对"幽路处"提出批评，主要表现在人性论和修养论上。

在人性上，黄道周立足于性善一元论，认为周敦颐对于人性的认识有差，他称："有宋诸儒初皆泛滥内典，于性命上事看不分明。《易》称继善成性，《学》《庸》止善明善，孟夫子直接思曾，更无半语差错。濂溪便说性上有刚善柔善，刚恶柔恶，此皆错认二五以为太极，错认气质以为

---

① （明）黄道周：《榕坛问业》卷九。
② 同上书，卷八。
③ （明）黄道周：《书示同学二十一则》，《黄漳浦集》卷三十。

天性也。"①周敦颐的性有刚柔善恶的差别之论，为二程乃至朱熹将人性区分为气质之性和义理之性埋下了伏笔。黄道周则持性本善的一元论立场，认为刚柔善恶是气质，不是性，因而称周敦颐错将气质当成了天性。

他还对周敦颐的"无欲主静"的修养论提出质疑。针对门人"濂溪谓主静以无欲为要。如此则无思无为，与何思何虑便关至极"的问题，黄道周回答道："无邪作圣，宁是不思不虑？如有思虑，便不静者，要心何用。濂溪云：'无思，本也，思通，用也，圣人无思而无不通。'又曰：'无不通，生于通微，通微生于思，思者圣功之本，而吉凶之几也。'此原是濂溪破绽语。"②可见，黄道周肯定思的作用，认为圣人不能不思不虑，称："谁说圣人无思，明生岁成了无思虑，此是日月寒暑上事。圣人有虑，要经静安而出，艮言止也，止后才得静安，静安后才得虑，所以圣人于艮卦大象，说思不出位，艮是成卦，万物所成始成终。无此思虑，成得甚么。九思浩烦，不出一身，明聪温恭，不过此身，各得其所，岂有一身千手，各执一器，随眼所照，不碍自然耶？"③黄道周对周敦颐"主静"工夫论的微词，其实是两者动静观差异。黄道周认为动静一体，动静不能分割，所以他言："周濂溪云动而无静，静而无动，物也；动而无动，静而无静，神也。物则不通，神妙万物。如濂溪此语，犹是未尝格物。"④

虽然黄道周对周敦颐有所批评，但是他认为孔颜之外，周敦颐可以称作知命之人，虽"初不识性"，对性之理解有偏差，但是，"它（他）已是尽心上人，但不善于立言耳。如其所到，已在纯亦不已路上"⑤。

二　论张载

张载（1020—1077），字子厚，陕西凤翔郿县（今陕西眉县）人，祖籍大梁，生于长安，因在眉县横渠镇讲学，世称横渠先生。张载是关学的代表。关学与洛学并茂，但张载过世后，关学冷落，不及洛学。《宋元儒学案序录》中载："关学之盛，不下洛学，然再传何其寥寥也。"

黄道周对于张载评价甚高，认为周、二程、张载四人中，"张横渠聪

---

① （明）黄道周：《儒脉》，《黄漳浦集》卷三十。
② （明）黄道周：《榕坛问业》卷七。
③ 同上书，卷四。
④ 同上书，卷九。
⑤ 同上书，卷七。

明在诸贤上"①，"张横渠才高，识地亦透"②，又称"四贤之中横渠又为攻苦"③。这些评价都很中肯。张载弟子在为张载作的《行状》中载："终日危坐一教，左右简编，俯而读，仰而思，有得则识之，或中夜起坐，取烛以书。其志道精思，未始须臾息，未始须臾息忘也。"④ 可见黄道周称其"攻苦"很恰切。

关于张载的师承问题，出现过二程的弟子为抬高自己学派的地位，把张载的关学说成学自二程的情况，虽然被程颐斥为"肆无忌惮"，但这种说法还是有所流播。张载与二程为亲戚，年长二程十余岁。张载所创立的关学与二程的洛学之间有思想交流，这合乎实际。但是二程门人抬高自家门户之词却悖于事理，对此，黄道周称："二程兄弟独以宿学差肩濂溪，其门人直以张横渠从明道受学，大是纰缪。"⑤ 可以看出，黄道周认为二程受学于周敦颐，而张载学识则自成一家，所以黄道周称二程门人的言论是大大的谬误。

黄道周对张载所作的《西铭》很是推崇。《西铭》是《正蒙》中最后一篇《乾称》的开始段落，是张载写的一篇铭文，题为《订顽》，又称《西铭》。程颢在读过《西铭》之后称："孟子以后，未有人及此。得此文字，省多少言语。"⑥ 又称："《订顽》一篇，意极完备，乃仁之体也。"⑦ 与程颢观点相似，黄道周也认为其中关于"仁"的论述，"古今来只有《西铭》极透此意，勿说万物一体是腐生之陋谈"⑧。

黄道周认为张载书写《西铭》，"以孝子事亲为仁人事天头段，说出一体大意，随后说出继志、述事、无忝、匪懈、顾养、锡类、底豫、归全、从命、顺令、厚生、玉成、存顺、没宁，此十四事者，仁孝之义，纤毫毕罄矣。程伯淳云虽有此意思，无此笔力，发不出来，今看唯笔力小让耳，如意思者，直与天地日月同光，奈何指此以为疑贰?"⑨黄道周指出，

① （明）黄道周：《儒脉》，《黄漳浦集》卷三十。
② （明）黄道周：《书示同学二十一则》，《黄漳浦集》卷三十。
③ （明）黄道周：《榕坛问业》卷七。
④ （宋）吕大临：《横渠先生行状》，《张载集》。
⑤ （明）黄道周：《儒脉》，《黄漳浦集》卷三十。
⑥ （宋）程颢、程颐：《河南程氏遗书》卷二上，《二程集》。
⑦ 同上。
⑧ （明）黄道周：《榕坛问业》卷一。
⑨ 同上书，卷七。

《西铭》以天地父母，民众为同胞，以孝子侍奉父母来代指仁人事天，指出民胞物与，天地万物之间都存在着联系，万物一体。个人要承担起自己的道德义务和责任，从仁、从孝而立于天地之间，达到天人合一的境界。虽然程颢亦有此意思，却无此笔力，无法表达出来。黄道周认为，虽然《西铭》只是数语，其"意思者，直与天地日月同光"，不愧为精义至理，激励后人，可见黄道周对张载的高度赞誉。门人曾质疑说《西铭》话语不多，难道后来学者不能理解其含义？黄道周称："《西铭》极好，然如一《诗》六义，《春秋》三微，《礼》《乐》五起，中间变现，千亿无涯，如何包裹得住？"① 黄道周把《西铭》和《诗经》《春秋》《礼》《乐》等儒家经典相提并论，认为《西铭》和这些原典一样，包含了言说不尽的含义，因此即使其篇幅短小，但是后人也难以透彻把握。

　　对于《西铭》所体现的意义，黄道周认为，学者探究本源、本体过程中容易因失去目标而迷失，翻读《西铭》可以起到指示的作用，他称："中夜无鸡啼，乱山无定针，多少圣贤迷时失路，若要源头，且把《订顽》《西铭》陆续翻看。"② 因为《西铭》所体现的万物一体、天人合一的境界是儒家至高的道德境界，有此作为指示，自然不会迷失。对于《西铭》的此种内涵，黄道周有深刻的认识，所以他强调："《订顽》之戒戏妄，与'四勿'同规；《西铭》之阐爱敬，与《孝经》同旨。学者于明诚两字未有入处，但看《订顽》《西铭》十百遍，便见孔颜关键。"③ 他认为《西铭》是孔颜关键，是因为《西铭》既提出克己复礼，又提出爱敬，前者克己复礼是在践履中坚持仁义的关键，后者是爱敬通诚，继而天人合一，是达到儒家理想道德境界的关键，因此，黄道周认为如果学者在明诚处不甚理会的时候，可以反复阅读《西铭》而得到启发。

　　黄道周对张载的批评之处，主要是针对张载的人性论的观点，如他称："张横渠聪明在诸贤上，又说'由太虚有天之名，由气化有道之名，合虚与气有性之名，合性与知觉有心之名'，不知虚、气更是何物？如此等议论，岂可令孔孟见之乎？"④ 两人观点的分歧，主要在于人性论的立场不同。张载认为，天是太虚，道是太虚气化的过程，性由虚和气合成，

---

① （明）黄道周：《榕坛问业》卷四。
② 同上书，卷十六。
③ （明）黄道周：《洪尊光箴》，《黄漳浦集》卷二十八。
④ （明）黄道周：《儒脉》，《黄漳浦集》卷三十。

心由性和知觉构成。就性而言，性是太虚之气，由于太虚之气具有湛一的性质，所以人的本性是太虚。但是张载又提出"气质之性"，指气凝聚成为形质之后的属性，这样，他为后来的二元之性留下了线索。对此二元之论，黄道周立足于孟子的性善一元论，自然要否认气对性的规定作用。

三　论二程

程颢（1032—1085），字伯淳，又称明道先生；其弟程颐（1033—1107），字正叔，又称伊川先生，两人被世人称为"二程"，为河南洛阳人。程颢、程颐两人长期在洛阳讲学，故其学说亦被称为洛学。在哲学上，两人以"理"为最高哲学范畴，以"理"为世界本原。虽然二程都以理作为哲学的最高范畴，但两人在思想上仍有差异。程颢注重内在体验，轻外部知识，追求自由活泼、敬乐合一、天地万物为一体的思想境界；程颐则把理与气相对来论述，注重敬的修持，注重格物穷理，朱熹发展了程颐的理论，开了程朱一派。

对于二程，黄道周也是多有称赞，他称："明道亦是天质清和"[1]，"程子读书亦不错，致知格物，此最大事"[2]。"《中庸》说尽性，孟子说尽心，工夫都在此尽字。程正叔、张横渠于此处看得明白。"[3]

黄道周对二程的批评之词多集中在其人性论和工夫论的一些观点上，如他称："伯淳原本濂溪，便说有气质之性、义理之性，与孔孟何其异旨？"[4]"程说静亦静，动亦静，于心体止法极是分明，如忘我忘物，于此位上更须参觅。"[5]"程朱亦是好意，但绅绎不精。终始为格致所滞。"[6]

关于黄道周对二程人性论和工夫论方面的评判在人性论、工夫论两章已经论述，此处不再详述。下面仅简单列举两个观点，分析黄道周与二程人性论、工夫论方面不同的见解。

在人性论方面，黄道周主要批评二程的"气质之性"，称："宋儒于'性'字不十分理会，所理会者止是孟子'口之于味'一章，误入食色云

---

① （明）黄道周：《儒脉》，《黄漳浦集》卷七。
② 同上书，卷十六。
③ 同上书，卷七。
④ 同上书，卷三十。
⑤ （明）黄道周：《榕坛问业》卷七。
⑥ 同上书，卷十六。

雾，所以明道亦谓气质之性，濂溪亦分善恶刚柔，皆于此中看得混杂。"①
"伯淳云'才说性，便已不是性也'，岂有圣贤作是言义?"② 黄道周认
为，二程称"气质之性"是禀受之性，认为"才"出于气，有善和不善，
这种提法和孟子的性善一元论是有差异的，黄道周坚持人性至善，没有不
善，所以他持反对的观点。

在工夫论方面，黄道周对二程"静"的工夫论提出指责。程颢提出
动亦定、静亦定的修养方法，程颐在工夫论方面以主敬为旨，但也不排斥
"静"。黄道周称："程氏兄弟见茂叔，特领无欲真静之体，李延平教诸生
寻未发气象，两意都无差别，但须学者实实下手认得造次颠沛终食三月，
是何如工夫，何如体段耳。"③ 黄道周认为二程求学于周敦颐，学习在静
中如何认识本体，这种内求本心的方法，虽然有一定的价值，但也应该看
到，他们忽视了道德践履的工夫。黄道周并不认为达到"静"就可以察
悟本心、涵养德性，他更强调学者需要下工夫，强调道德践履的重要性。
这一点也是对当时王学忽视践履而只注重内心探求工夫的反思。

黄道周的门人认为工夫主静，不需要敬。黄道周认为："纯公亦言：
'静坐独处不难，居广居、应天下为难。'人都于静处着动，天都于动处
见静，除是木石才得以静为体。"④ 黄道周赞同程颢的观点，独处静坐并
不难，在日常生活中的接人、执事、待物时保持恭敬的内心这才是难事。
以这种恭敬之心去行动则是黄道周所称的"人都于静处着动"。接着，黄
道周称天道流行发用的过程是动处见静，只有像木石一类的物质以静为
体，反对人"以静为体"的观点。

在动静关系上，黄道周认为："程说静亦静，动亦静，于心体止法极
是分明，如忘我忘物，于此位上更须参觅。伯淳常言物各当止其所，八元
有善而举之，四凶有罪而诛之，此便是不获其身，不见其人。如熙宁末，
司马温公致政家居，吕申公再登枢府，人以出处为二公优劣。正叔曰
'吕公世臣不得不归见上，司马公诤臣不得不退处'，此便于行止上看得。
不出其位。学问须于动静出处上看得分明，莫说忘物忘我，便足了事

① （明）黄道周：《子静直指》，《黄漳浦集》卷三十。
② （明）黄道周：《榕坛问业》卷七。
③ 同上。
④ 同上书，卷十五。

也。"①按《伊川易传·四》，注"艮其背"四句说："人之所以不能安其止者，动于欲也。欲牵于前而求其止，不可得。故艮之道，当'艮其背'。所见者在前，而背乃背之，是所不见也。止于所不见，则无欲以乱其心，而止乃安。'不获其身'，不见其身也，谓忘我也。无我则止矣；不能无我，无可止之道。'行其庭，不见其人。'庭除之间，至近也，在背则虽至近不见，谓不交于物也。外物不接，内欲不萌，如是而'止'，乃得'止'之道，于'止'为无咎也。"程颐认为，人不能安于止是因为有欲望，有欲望则动而不静，则不可能达到所止之地。要达到心止、心安则要忘我，忘我是"止于所不见"的结果；不见而忘我，忘我则没有私意，进而达到无我。主观上无我，并且不与外物相接，从而消除了内外欲望的来源，则达到"止"。针对于此，陆九渊认为"终是不直截明白"，提出要"无我""无物"。如果说程颐所要达到的"止"还给"我"和"物"留了一丝空间，那么陆象山所言的"无我"和"无物"则把主体我和客体物都给否定掉了，内则"无我"，外则"无物"，"我"与"物"俱无。所以，黄道周批评"象山诸家说向空去，从不闻空中有个止宿"②极中肯綮。

回头看上段材料，黄道周认为，二程以动静说本体极为透彻，但是就"位"上仍然需要深察。位，就是所止的地方，艮卦称"君子思不出其位"。黄道周认为二程把"动静"观点引入到伦理道德领域之时，强调"止"是对的，但是对于"位"却思考不够。他举程颢之言来阐释，认为当其所止且能顺其性，则是"不获其身，不见其人"，可以说是"忘我"。程颢原话是他解释他所谓的"止"与释氏言"止"之区别。程颢称："'艮其止，止其所也。'八元有善而举之，四凶有罪而诛之，各止其所也。释氏只曰止，安知止乎？"③根据程颐对司马光和吕公著的评价，他认为"止"亦是处于其位，知当止之理而各守本分，可以说是不受外界物欲的影响，不接于外物而忘我。但是，黄道周认为止于"忘我忘物"还没有到"无思之位"，没有探明本体，即没有在"动静出处"上探究，没有到根本之上。他称："思到良处，便是思反无思之位。"④黄道周认为的

---

① （明）黄道周：《榕坛问业》卷七。
② 同上书，卷一。
③ （宋）程颢、程颐：《二程遗书》卷十三，《二程集》。
④ （明）黄道周：《榕坛问业》卷七。

"良处"就是"至善"，称"千古圣贤学问，只是致知，此知字只是知止……此止字只是至善"①，止于至善才能止，所以他才称"莫说忘物忘我，便足了事也"。

四　论邵雍

邵雍（1011—1077），字尧夫，谥号康节，自号安乐先生、伊川翁，后人称百源先生。生于范阳（今河北涿州），幼随父迁共城（今河南辉县）。仁宗嘉祐及神宗熙宁中，先后被召授官，皆不赴。创"先天学"，以为万物皆由"太极"演化而成。著有《观物篇》《先天图》《伊川击壤集》《皇极经世》等。

在北宋五子之中，黄道周对邵雍更为认同，这也许和两人的《易》的象数学立场有关。黄道周认为虽然周敦颐学识甚高，但比不上邵雍，称："二公德行皆造，论其所学，濂溪安可比尧夫？尧夫自云：'卷舒万古兴亡手，出入几重云水身。'此处只有尧夫到得，与对潘兴嗣论，何啻千里？"② 就是二程、张载也不及邵雍，黄道周称："二程止见得濂溪田地，不到尧夫田地也。……张横渠自谓知命，每到尧夫处取命看，尧夫止笑而不答之。……论德器中和则伯淳称首，学问醇正则伊川次之，至于尧夫高识玄度，岂复诸贤之所能及？"③ 黄道周亦借朱熹之口称赞邵雍，他言："晦庵说伊便是一种圣人，论其所学，可谓安且成矣。"④ 可见，黄道周认为邵雍可以称为"圣人"，可以为世之表率，其学问也达到了完美圆满的程度。

另一方面，他对邵雍虽很尊崇，但对邵雍的不足之处亦有评说："它（他）自高胜，据其所得，在伯夷伊尹之间，只是未脱气习耳。"⑤ 黄道周认为邵雍处于伯夷和伊尹之间，但是仍然"未脱气习"。他出此语的根据是邵雍在年老的时候，与司马光等人吟咏之间，显示出"卑尔疏脱，处处逗漏"⑥。

---

① （明）黄道周：《榕坛问业》卷一。

② （明）黄道周：《儒脉》，《黄漳浦集》卷三十。

③ 同上。

④ 同上。

⑤ （明）黄道周：《榕坛问业》卷七。

⑥ 同上。

　　黄道周对邵雍的《皇极经世》评价比较高，认为此书凝聚了邵雍的学问，他称："尧夫学问，备在经世诸篇。"①而且，他认为，在邵雍之前，虽然儒者言象数，但是都未能明其真正，而只有到了邵雍才使得其真义彰明，虽然后人对其思想不甚了解，却不能否认他的地位，"东方生喜对俗人论难，为士夫所非。邵尧夫亦喜于术学诵说，遂使末俗竞传，早岁养疏，常为失笑。凡易六十四卦，一反一复，只得三十二卦，除乾坤坎离颐大过中孚小过，合对则损四卦，为二十有八，得日躔之分宫，反复则益八卦，为三十有六，得日宫之周甲。凡七十二卦中分起象，何足疑乎？然亦自尧夫始明是说，浅儒耳语，无足复谈耳"②。

　　对于邵雍的《先天图》，朱熹持批评态度，认为其造作，而黄道周认为"先天图如有造作，则口、鼻、耳、目，《屯》《蒙》《需》《讼》已自造作千分"③。他对《先天图》持肯定态度。

　　对于《皇极经世》，黄道周称赞道："十分之《易》，《皇极》得四矣。该举三百六十，减其内缩，以为朔虚。因其外赢，以为气盈。元会运世与岁月时日相形影也，是尧夫之精也。"④ 但他也指出了邵雍"元会运世"的不足之处，他称："然而天道不齐，精微之极，皆在于秒忽。使日不差天，月不差日，象不差数，数不差气，则交会变化皆无从生，运数聂广皆无从合，五德之主皆可以王，六行之宗皆可以帝。孔颜不以厄穷，尧汤不以灾治。"⑤ 认为邵雍忽视了"秒忽"，即微小的变化，而这些小的变化或者说差池之处正是天地变化的产生之地和运数机遇的合和之处。所以他称邵氏经世："空数通期，不积爻象，于进退损益之际，未易言也。"⑥

　　黄道周亦指出邵雍"以岁月日时起'元、会、运、世'"的历算，属主观臆断而"非为实测"，称："自汉以来，推步未通，皆除'坎''离''震''兑'四卦，以为监司后余六十以准一期之卦。尧夫不知其谬，别依岁历以十、十二相起，以岁月日时起'元、会、运、世'，七、八、九、六宛转相因，推于声音，有字无字，只得影响，非为实测。一年之

---

① （明）黄道周：《榕坛问业》卷十二。
② 同上。
③ （明）黄道周：《儒脉》，《黄漳浦集》卷三十。
④ （明）黄道周：《三易指归》，《黄漳浦集》卷二十九。
⑤ 同上。
⑥ （明）黄道周：《易象正》卷终上。

外，至于周甲少六十日以至三百日，可谓疏矣！三统四分，只是发丝不能尽合，遂至数年之外，交食尽差，岂可立大概之乘除，包千年之赢缩乎？"①由于黄道周把"实测"作为治《易》、治历、定律的依据，讲求制历的准确性，所以鉴于邵雍这种大年的历算，缺少实测，他批评其准确性差，显得疏疎。

　　黄道周在对《皇极经世》进行评价的过程中，还将《皇极经世》与《太玄》《潜虚》《元包》等放在一起比较优劣。其门人问："《太玄》《潜虚》、张蔡之学，与是相近，亦为有合软？"黄道周曰："是不知而作也。《易》之外不复作《易》，通变成文，极数定象，圣人犹恐其未能也。太玄见其一端，潜虚失其过半，皇极演畴，袭前而陋，以为《易》可再作，则七圣相视，犹有未尽之业矣。"②虽然他对这些著作有微词，但是他认为："《太玄》而下，惟《皇极》书粗得其意，略为齐整耳。凡读书须洞见本原，知羲文所以因理明象，因象明数，有毫发不可挪易之处，非为方局，随人下手也。扬子云作《太玄》穷于畸零之分，司马氏作《潜虚》，只得九分之一。邵尧夫作《皇极》准于天道，六甲之方，至于盈缩，气朔交会，不复能举。以之命历推策，则《太玄》之视《皇极》，犹高祖之于云孙矣。"③可见，对于历来的以象数为主的典籍，他还是认为《皇极经世》的价值最高。

　　对于邵雍的学识来源，黄道周认为其本于儒家的经典，尤其以《洪范》为主，他称："十三圣人仰观俯察，服牛乘马，效图法龟，近身远物，何一不如此？但未尝如此配合耳。尧夫此种学问，亦从《洪范》得来。"④

　　关于邵雍通《易》闻洛阳杜鹃而知天下将乱的故事，黄道周本着客观的精神认为这件事情是杜撰的，他称："熙宁去靖康尚六七十年，岂有禽鸟得气，预道六七十年之事？南北话头，徒开痴柄，尧夫饶舌，不宜到此也。"⑤看来，黄道周认为邵雍虽然可以用象数易学来推步历史和人事，但并不是如常人想象的那样为神通之人，以此可以窥见儒家之有证有据的

---

① （明）黄道周：《榕坛问业》卷十七。
② （明）黄道周：《易象正》卷终上。
③ 同上。
④ （明）黄道周：《榕坛问业》卷十。
⑤ 同上书，卷十七。

精神在黄道周身上表现得很明显。

黄道周虽对北宋五子的评价不一，但从评价内容来看，黄道周对北宋五子之学都有所取舍，这种取舍体现出了晚明时期儒学内部的整合及动向。

第二节　调停朱陆

深受儒家思想浸淫的黄道周，其思想中有六经儒学和四书儒学，有汉学和宋学，有朱学和王学，因而呈现出杂糅和复杂的样态。就其学术倾向来看，传统观点认为黄道周的思想学术宗崇朱子，其门人洪思称"文明之学宗考亭"①。到清代，黄道周更被定位为承续朱学之人，称"道周以致知为宗而止宿于至善，确守朱熹之道脉而独溯宗传"②。此处着重讨论黄道周在朱陆异同上的观点，以见其综合之势。

就黄道周的学路渊源来看，门人洪思称"黄子善朱子"③。根据《庄谱》，黄道周的父亲黄嘉卿精通性理之学与朱子《通鉴纲目》，并亲自给黄道周讲解，可见黄道周从小就接受理学思想的熏陶。《庄谱》载他七岁就懂得《通鉴纲目》精神，懂得"忠良邪正之辨，人治王道之大"④。黄道周一生对朱熹都很尊崇，对北宋五子、王阳明等人都有过指摘，唯独对朱熹没有过明确批评，而对朱熹之学多加赞扬，认为其学醇厚无弊。

崇祯十五年（1642），黄道周解除牢狱之灾后，取道浙江，在大涤停留与诸生讲业时多次谈到朱陆异同问题。根据《大涤书院三记》载，此年四月二十五日入讲堂讲论，《儒脉》时间为五月初三，《朱陆刊疑》《子静直指》是五月初五日作。⑤此三文都具体涉及朱陆问题。

《大涤书院三记》⑥载：

---

① （明）黄道周：《王文成公集序》，《黄漳浦集》卷二十一。

② 《道光五年礼部奏表》卷首。

③ （明）黄道周：《王文成公集序》，《黄漳浦集》卷二十一。

④ （明）庄起俦：《漳浦黄先生年谱》，《黄漳浦集》卷首。

⑤ （明）黄道周：《黄漳浦集》卷二十四。

⑥ 崇祯十五年（1642），黄道周解除牢狱之灾后，取道浙江，在大涤停留时，与诸生讲业多次谈到朱陆异同问题。根据《大涤书院三记》载，此年四月二十五日入讲堂讲论诸多问题，其中《儒脉》时间为五月初三，《朱陆刊疑》《子静直指》时间为五月初五。此三文都具体涉及朱陆问题。

　　两日诸友先后间至，剖析鹅鹿疑义，稍稍与子静开涤，诸友亦欣然无异。渐复泛滥易、诗、书、礼、乐新故异同之致，不能不与元晦抵牾。然而元晦醇邃矣，由子静之言，简确直捷，可以省诸探索之苦，然而弊也易。由仆之言，静观微悟可以开务成务，然而弊也支。由元晦之言，拾级循墙，可至堂室，高者不造顶无归，深者不眩崖惊坠。由其道百世无弊，则必元晦也。①

　　黄道周认为陆学的特点是简确直捷，没有探索之苦，却失于空疏简易，致使人寻找捷径；朱学的特点是使人循序渐进，有所归依而不至于失去方向。他高度赞扬朱熹，称"元晦醇邃"，称其学问百世无弊。但这并不代表黄道周"确守朱熹之道脉而独溯宗传"，应该看到其当时的学术氛围处于王学笼罩下，其思想带有王学的色彩，且有一种对王学的反思和对程朱理学复归的意蕴。虽然出现程朱理学的复归，但黄道周对理学的态度不是完全地推崇，而是持客观的态度，能够认识到其不足之处，即洪思所称"不尽崇考亭"②。这种客观的态度表现在他对朱陆两家之学的评价上。

　　首先，在朱陆之辩的起因上的看法，黄道周持客观的态度。他称：

　　伊两家辩论不自鹅湖而始，却是陆子美开端明刺濂溪不是，晦翁尊崇濂溪，见子美诋濂溪无极太极为老氏之学，遂生异同。其后，子寿、子静原本伯兄，与晦翁格物致知之说争流分源，学者从之，遂分径路。其实陆氏渊源本自不错，子静识见太朗，气岸未融，每于广坐中说晦翁，又是一意见，又是一议论，又是一定本。晦翁亦消受不过，所以前面与子美争论无极，止说各尊所闻，各行所知，足矣！此极和平中间又露出浅狭邪诐字面，三陆亦如何消受？③

　　黄道周认为朱陆之辩起于无极与太极之辩，由于陆氏兄弟认为《太

---

① （明）黄道周：《黄漳浦集》卷二十四。
② 洪思称："黄子之学大则周孔，小则伊孟，亦不尽崇考亭。往在浙江讲堂时，与诸生复说《易象》《诗》《书》《春秋》《礼》《乐》新故异同之致，不能不与元晦抵牾。"见《王文成公集序》，《黄漳浦集》卷二十一。
③ （明）黄道周：《朱陆刊疑》，《黄漳浦集》卷三十。

极图说》非周敦颐所为，或是其学未成时的思想，且"无极而太极"是老氏的特点。朱熹尊崇周敦颐，见陆氏兄弟攻击周敦颐的学说，与之进行辩驳，维护周子学说。两家观点、立场不同，所以产生了分歧。在此之后，朱陆双方又在为学之方上意见不同，朱熹主张读书穷理、格物致知，陆九渊主张"先立乎大"，主张内求功夫，即"道问学"与"尊德性"的不同取向。黄道周认为双方的辩论是学术上的交流探讨，但陆氏公开指责朱子思想的偏差之处，朱熹对此不满；而朱子批评陆氏兄弟，指责他们浅狭邪诐，陆氏对此亦不能接受，因而出现两方互相攻讦的局面，以至于不能很好地看到对方思想的可取之处。黄道周对两家互相指责、不能求同存异的态度表示不赞同。但在无极与太极的争论上，黄道周实际上偏向陆九渊，他说："无极之话，更不消说。以老子明目冠于《系辞》之上，尚是小处，即使后人不辩，亦是理路难行。"①

其次，他对朱陆两家之学进行评价时持客观态度，他既看到朱陆两家之学的优胜之处，对两者不足之处也明确指出，如他称："元晦之领此邦，亦五百年矣，未有踵元晦而起者，考其所由，以传注之说不足以服才士之心。"② 朱子之学已经流传五百年，却没有出现能够传承其学且大放光彩的圣贤，说明其学有不完美之处，不能够使后来诸贤拳拳服膺。

黄道周在朱陆之学的评价上，将两者和孔子圣学相比较给予准确定位，他称："陆氏专主德性，不入宫墙③，只是贫儒，自宝其身。朱氏兼道问学，若见孔子宫墙，犹是当阶办事。"④ 他认为，在孔子圣学面前，陆氏之学由于偏执一方，专主德行，所以其学识没有入宫墙，在宫墙之外徘徊，朱子之学具有尊德性和道问学的两重取向，但是由于偏重道问学，所以只是站在台阶上。同时，他也批评了两家的弊病："诸儒所说尊德性者，皆看性，不看德；诸儒所说道问学者，皆看学，不看问字也。"⑤ 他指出，尊德性不注重学和践履；道问学虽注重学，但忽视对内心的反思。虽有弊病，但是两家皆不远圣学，"如晦翁之格致，子静之良知，皆有瑕

①　（明）黄道周：《朱陆刊疑》，《黄漳浦集》卷三十。
②　（明）黄道周：《尊经阁序》，《黄漳浦集》卷二十二。
③　《论语·子张》中子贡称赞孔子之学："譬之宫墙，赐之墙也及肩，窥见室家之好。夫子之墙数仞，不得其门而入，不见宗庙之类，百官之富。"
④　（明）黄道周：《榕坛问业》卷四。
⑤　（明）黄道周：《子静直指》，《黄漳浦集》卷三十。

譬，亦皆不远于圣门之学"①。

虽然黄道周对陆学有所指摘，但也多有赞扬，他称"剖析鹅鹿疑义，稍稍与子静开涤"，即指他对陆学的一些回护。他认为陆氏兄弟之学本于孟子，其渊源出自孔孟，自是承接圣学一路，"可惜当时晦翁强护濂溪一面，使子静知爱知敬之说不甚昌明耳"②。"陆家渊源，家庭之中有礼有法，施于州郡，筑险赈饥，随方立济，极不是禅家作用，而晦翁诋之为禅，宜子静之不服也。"③ 他亦称赞陆学在圣贤渊源上和方法上看得明白，他称："子静说圣贤渊源止在爱敬二字，体贴分明，用之不尽，知之为致知，格之为格物，此处岂有病痛？"④ "陆象山论学以孩提爱敬，可废六经，虽有激扬已进之论，其大指不失于立身、终始明堂亨帝之说。"⑤

在对朱陆之学进行评论的基础上，黄道周认为，就朱陆两家学问而言，其学旨本同，咸归于孔孟之道，不应起争执。就为学之方而言，尊、道的不同取向确有差异，但这种方法论上的差异也是正常的，不应各执一隅，而应兼重两者。他称："论学问则学问同归，论功夫则渐顿殊候。形色之与天性，文章之与性道，总是一物，但下手驻足，确有两候，朱、陆两公不合自为异同耳。"⑥ "末宋朱陆分驰，鹅湖门人强半逃空，考亭门人依然传注，然亦是传习差池，非云朱蓝异质也。"⑦ 黄道周认为，宋末出现的朱陆分家，陆学向"空"走去，而朱子之学仍以传注为主，两家之学在传习承续上出现不同，并不是两种学说有优劣之别。

黄道周肯定尊、道工夫，认为尊、道虽为两种工夫，其实亦是合一，只是在常人眼中两者不同。他称："自夫子看来，何所不合？自我辈看来，自然有德性、问学、尊道之殊。"⑧ 他强调尊、道工夫的重要性，认为："如无尊、道工夫，任他常无、常约、常虚不堕释老窖中，只是空山樸自，何时得到君子位上？"⑨ 若忽视尊、道工夫，则会有佛老之学的流

---

① （明）黄道周：《子静直指》，《黄漳浦集》卷三十。
② 同上。
③ 同上。
④ 同上。
⑤ （明）黄道周：《〈孝纪〉序》，《黄漳浦集》卷二十一。
⑥ （明）黄道周：《格物证》，《黄漳浦集》卷三十。
⑦ （明）黄道周：《书示同学二十一则》，《黄漳浦集》卷三十。
⑧ （明）黄道周：《榕坛问业》卷十四。
⑨ （明）黄道周：《榕坛问业》卷十四。

弊，他称："释老只是不学，无尊、道工夫，便使后来诔张为幻。如当时肯学践迹入室，岂能贻害至于今日？"①

黄道周认为，由于两家差异不是根本性的不同，而是方法上的选择不同，因此，为学之方的差异不能成为区分两家之学的根本尺度，且在方法上的综合和兼重必然有益于两家之学，他称："晦翁之格致，子静之良知，皆有瑕璺，亦皆不远于圣门之学。化子静以救晦翁，用晦翁以济子静，使子静不失于高明，晦翁不滞于沈潜，虽思孟复生，何间之有？"②其门人朱士美见此论而问："此莫近于调停否？"③黄道周回答道："天下事惟邪正两家调停不得，既是一家，何必苦自同异？"④黄道周认为朱陆本是一家，两家之学各有偏差不足之处，陆学有失于高明之弊，朱子之学有滞于沈潜之危，若是两家相济相救，和两家之长，去两家之短，朱陆两家之学无有间隙且入圣学之门。

黄道周虽主张两种方法兼重，也应该看到他的思想中受王学影响的一面，在尊之和道之的先后上，他将尊之的工夫放在第一位上，坚持德性在先，问学在后，称："德性者，问学之所由道也。尊经以道文史，尊德性以道问学，犹尊任督以道营卫，尊山川以导宙浍，尊斗枢以导星月也。"⑤这种德性第一的观点体现在黄道周在先验的价值和经验的知识并存的情况下，更强调先验价值的第一性，称："学者须先认至善，认得至善，自然知止。"⑥又称："是吾道中人，只要知至。知至者，物不役心，任是不辨豹鼠毕方，不识藻廉贰负，亦是学问中人。知不至者，以心役物，任是识得萍实桔矢，辨得土狗商羊，亦未是一贯先生也。"⑦其次，德性第一的观点也表现在黄道周认为践履必须是德性明确之下的躬行，他认为学人必须先"识仁"，只有先立乎其大，才能于颠簸流沛之中而不会有所偏离，且不改追求。他称："如识仁者，中间岂有欲恶取舍？岂有富贵贫贱？岂有终食造次颠沛？故说'必于是'。是者，与仁同骨，不与仁同髓，如说

---

① （明）黄道周：《榕坛问业》卷十四。
② （明）黄道周：《朱陆刊疑》，《黄漳浦集》卷三十。
③ 同上。
④ 同上。
⑤ 同上书，卷二十二。
⑥ （明）黄道周：《榕坛问业》卷十六。
⑦ 同上书，卷四。

'必于仁者'，犹于是处看不通透也。"①黄道周认为识仁、知仁者面对富贵、贫贱、生死、颠沛流离不为所动，不舍弃道，安仁慕义。反之，不识仁，即使是不断地格物躬行，也仍然易于流为贪婪富贵、畏惧生死之徒。

虽然黄道周认为应该"尊德性而后道问学"，但是他不同于陆氏的专主尊德性。陆氏称："既不知尊德性，焉有所谓道问学。"②认为尊德性是本，道问学是末，前者对后者有绝对的优先性，而黄道周则强调在顺序上有先后，在程度上无轻重，认为"尊是至善宝座，道是格致威仪"③，并提并重。

可见，在朱陆异同上，黄道周主张同为根本，异为枝叶，主张调停两家之学而归为一家，打破门户会通朱陆而同归圣学之门。同时，黄道周的调停仍具有明显的王学特点，主张德性第一，尊、道兼重。

第三节　道统说

黄道周被赞许为"确守朱熹之道脉而独溯宗传"④，他对朱熹的明确指责之处较少，但是对于"朱熹道脉"，他其实并不是完全赞同。他不仅对朱熹道统说进行批评，还提出了自己的道统理论。

儒家的道统指在思想史中建构一种个体传承圣学、上溯圣贤的历史谱系，以历史和传统来支持其思想的真理性、合理性和权威性。韩愈在李唐佛道盛行、儒学式微的局面下，写《原道》明确提出道统说，想通过建立儒家的道统来抗衡佛道的法统，恢复儒学之盛。在其提出的圣贤承继、相递的脉络中，以尧为始，至孟子而终，此后千载，圣学不传。迨宋，韩愈构造出的儒家道统谱系被宋儒认同和推崇，认为他们承继了以孟子为中枢的圣学脉绪，并以孟子之后的继承人自任。后朱熹依据北宋理学家的事迹和思想编写了《伊洛渊源录》，书中凸显了道统的思想脉络，并自居为真理谱系。由朱熹所创定的道统之序以伏羲、神农、黄帝为始，经尧、舜、禹，继汤、文、武为君，皋陶、伊、傅、周、召为臣而道统相传。之后孔子继圣学，自孔子而下，颜渊、曾子、子思、孟子脉绪相承。孟子

---

① （明）黄道周：《榕坛问业》卷七。
② （宋）陆九渊：《语录上》，《陆九渊集》卷三十四。
③ （明）黄道周：《榕坛问业》卷四。
④ 《道光五年礼部奏表》卷首。

死，圣人之学断绝。汉唐诸儒未能接续圣人之道，至宋则周敦颐、张载、二程接千载不传之绪，而他自己"吾少读程氏书，则已知先生之道学德行，实继孔孟不传之统"①，"幸私淑而与有闻焉"②，从而与道统相接。朱熹确立这样一个完全具有合理性且不可置疑的思想谱系，还将《四书集注》作为通向儒家真理的桥梁，《四书》成为支持道统说的思想资源和文本，使得孔子、子思到孟子这样一个传承得到了历史文献的有力支持。

一　对朱熹道统说的批驳

对于朱熹的道统说，黄道周一方面肯定道统本身的意义，肯定孟子之前圣贤思想的承续相递之脉，他称："统之说为圣人而开者也。圣人不出，其绪滋繁，记者以为记，诵者以为诵，学者以为学，教者以为教。故记者得口，诵者得耳，学者得胕，教者得指，皆影其一端以象其双体；而必自以为圣人拳曲其绪，谓统在于是，此子夏所自疑于西河，呼天而忘其罪也。"③ 黄道周肯定道统是为圣人而开的，如果没有圣人出现，则圣学或者经典文本所承载的重要思想义理则不能得到全面的理解和诠释，而且思想义理的整体性会因而遭到肢解，对原典的诠释也失去了范围和界限，表现为后世学者各执一端而自以为坚持真理，而把别派、别学视为异端。这种本位意识造成了门户之见，必然带着一定的排他性、封闭性。

另一方面，对于孟子之后的承续问题，他则保持了一种质疑态度。他称："有宋诸儒，自濂溪始以为直接洙泗，遂扫古之所尚以归之豪杰，谓未窥圣人之道。吁！是矣，彼诸夫子，尧言舜趋，恂恂若恐坠者，吾服膺焉尔。至于洙泗之源，吾未识其短长也。"④ 可见，黄道周对朱熹所称的圣人之学的传承之统表示怀疑，又称："必以为圣人之统必自此而开，则将何所置彼宋前诸君子也哉？"⑤ 这种异议实际已经表明黄道周不赞同的立场。

从具体分析来看，第一，黄道周肯定宋儒在继承圣学方面之功，将宋儒诸子称为圣人之徒，"有宋诸君子既不得于时则退修其身，若孟子所谓

---

① （宋）朱熹：《建康府学明道先生祠记》，《晦庵先生朱文公文集》卷七十八。

② （宋）朱熹：《大学章句》序，《四书集注》。

③ （明）黄道周：《万历四十有六年乡试策·正学篇》，《黄漳浦集》卷九。

④ 同上。

⑤ 同上。

穷居见于世，是亦圣人之徒矣"。但是他对宋儒把周敦颐作为千载以来上继孔颜、下启二程的中间人物的提法却不认同。第二，对宋儒忽略"宋前诸君子"的地位且"扫古之所尚以归之豪杰"的做法，黄道周持否定态度，认为"豪杰之与儒者，均之可为圣人"①。也就是说，黄道周认为宋儒口中所称的豪杰也可以作为圣人而承接圣学之统绪，同时他也表明态度，称："圣学精微，则虽回、赐有所未逮论；其遗绪单传，虽田何、馯弓、公穀之流犹有所得，何况扬雄？"②第三，虽然黄道周肯定朱熹提出的"十六字传心诀"使得儒学之士接续和弘扬了儒学慧命，但对于"洙泗之源"——道统的源头则表示不知该作何评判。在《中庸章句》中，朱熹称："盖自上古圣神继天立极，而道统之传有自来矣。其见于经，则'允执厥中'者，尧之所以授舜也；'人心惟危，道心惟微，惟精惟一，允执厥中'者，舜之所以授禹也。"朱熹认为上述的"尧言舜趋"是道统之源，对此，黄道周的态度是含糊的，称"自己未识其短长"，不表态。虽然黄道周称"吾未识其短长"，实际上，他明确地表示了自己的反对意见，他称："性、道、命、仁又夫子所罕言，乃取所罕言者日夕而研之，以为入室为升堂，岂不异哉？"③可见，黄道周认为"性、道、命、仁"等内容孔子极少提说，而宋儒却立足于圣人不愿意言说的内容而专心于全力探究，已经偏离了圣人之道的根本。由此可见，他其实是否定朱熹所谓的道统源头的。对于朱熹的道统说，黄道周主要从以下两个方面进行批驳。

（一）从人物角度瓦解朱熹的道统说

首先，黄道周主张依据圣人之道来选择道统传人。

黄道周认为宋儒的道统说有偏颇狭隘之嫌，所执的选择标准不符合儒家本旨。在他看来"圣人之道，则曰博文而已，约礼而已矣"④。他认为"博文约礼"是圣人之道，只要符合这个标准就可以列入儒家道统之中，他称："荀卿没，而贾谊、董仲舒、申培、韩婴、刘向、郑玄、应劭、贾逵，吾犹有取焉。若夫广六经之意，发自杼轴，适值其穷，近于仲尼之遭

---

① （明）黄道周：《万历四十有六年乡试策·正学篇》，《黄漳浦集》卷九。
② （明）黄道周：《〈太玄〉〈元经〉原本》，《黄漳浦集》卷三十。
③ （明）黄道周：《万历四十有六年乡试策·正学篇》，《黄漳浦集》卷九。
④ 同上。

者，其惟王通乎？"① 可见，从荀子开始，到汉代的贾谊、董仲舒、申培、韩婴、刘向、郑玄、应劭、贾逵、王通等人，都在黄道周的择选之中。他尤其重视汉儒，认为："汉宋诸儒，途径稍分，不离博约二路。博不坠于词章，约不入于老释，虽使董、刘俱跻明堂，朱、陆同登道岸，未为过也。"②

黄道周这种宽泛性、开放性的择选标准，在于他对"道"的理解，他认为："是以道莫大于不争，而学莫要于克己。"③他认为，既然"博文约礼"就是圣人之道，"克己复礼"的个体遵循这个尺规并且达到这标准的个体，就达到了与圣学相契、相辉，也就成为了传承圣人之道统的人。在黄道周看来，这个圣人之"道"是普遍的、开放的，不是一家能够独占或者自我标榜的，所以他认为道大于不争。这个观点体现了黄道周对历史上不同朝代的儒家的作用和地位的尊重，也体现了他对门户排他性、封闭性和僵化性的反对，以及主张宽容地、平等地对待各家学术思想的态度。正是这种开放的、包容的态度使他认为："以子贡而述诸子，则董生、河汾、濂溪、伯淳、正叔、横渠、尧夫、考亭，是冉雍、颜渊、颛孙师、子贡、子夏、宰我、言偃、曾参之行也；以夫子而述诸子，则贾生、葛侯、李文靖、韩魏公、司马君实、范文正，是范文子、桐提伯华、士会、晏婴、伯夷、叔齐、柳下惠之行也。"④ 可见历史上入选黄道周的标准的人要多于朱熹。

其次，黄道周以性善论为评判标准，削弱宋儒在道统之中的地位。

在性和气质问题上，黄道周坚持先秦儒家的性善一元论，反对理气二元论，反对以气质论性，认为孔孟以下，历代的诸儒对人性的认识都有偏差。黄道周称："古今唯有周、孔、思、孟识性字，杨、荀、周、程只识得质字，告子亦错认质字耳。"⑤"自孟子后，无有知性者。董、贾尚不错，至周、程便错耳。夫子说性相近，只论上智下愚之初，不论上智下愚之末耳。智愚末流，皆是习，岂是性便如此？……气有清浊，质有敏钝，

---

① （明）黄道周：《万历四十有六年乡试策·正学篇》，《黄漳浦集》卷九。
② （明）黄道周：《答郑牧仲书》，《黄漳浦集》卷十八。
③ （明）黄道周：《万历四十有六年乡试策·正学篇》，《黄漳浦集》卷九。
④ 同上。
⑤ （明）黄道周：《榕坛问业》卷十。

自是气质，何关性上事？"① 黄道周从古到今历数众人的人性观，认为在对人性的认识上，只有周、孔、思、孟达到根本，汉代的董仲舒、贾谊的观点尚可，而杨朱、荀子、告子以下，至宋代的周敦颐、二程的人性观都存在不足。不仅点名，而且他更是直言不讳地说："有宋诸儒，初皆泛滥内典，于性命上事看不分明。《易》称'继善成性'，《学》《庸》止善明善，孟夫子直接思曾，更无半语差错。濂溪便说性上有刚善柔善、刚恶柔恶，此皆错认二五以为太极，错认气质以为天性也。伯淳原本濂溪，便说有气质之性、义理之性，与孔孟何其异旨？张横渠聪明在诸贤上，又说'由太虚有天之名，由气化有道之名，合虚与气有性之名，合性与知觉有心之名'，不知虚气更是何物？如此等议论，岂可令孔孟见之乎？"②黄道周明确指责宋代以后，理学代表人物周敦颐和二程、张载等人在人性论上都偏离了原始儒家的基本立场，没有深入探讨到人性的根本，只是认识到人性的表面。如此就削弱了朱熹所高扬的道统传承人物的地位，也直接降低了其道统说的神圣性和合理性。

（二）从文本角度瓦解朱熹的道统说

黄道周批驳朱熹道统说的另一个切入点是对朱熹"四书"进行质疑。他认为在探索圣贤意思上，古代经典文本的原貌要优于经过朱熹所编定的"四书"，是更为可信和确凿的根据。比如《大学》，对于朱熹重订《大学》之举，黄道周认为朱熹补缺之为是一种"误书翻阅"，称"程朱亦是好意，但绅绎不精"③，暗含了不甚赞同之意。关于《孟子》一书，黄道周慨叹道："《孟子》书被宋儒粗看误了。"④

黄道周不仅对《四书》提出一些质疑，而且对由朱熹改造"尧言舜传"而形成的儒家"十六字心传"的文本——《尚书》也提出质疑。黄道周认为，《尚书》"汉兴伏生口授不真，厥后诸儒皆因伏生以证古简，是以讹舛相沿，失其伦脊"⑤，所以他对门人讲业中，对儒家原始经典中的《诗经》《春秋》《易经》最为看重，对于《尚书》，其所涉及的内容则远远少于前三者。黄道周认为《尚书》在孟子已不尽信，"《书》自孔

---

① （明）黄道周：《榕坛问业》卷十七。
② （明）黄道周：《儒脉》，《黄漳浦集》卷三十。
③ （明）黄道周：《榕坛问业》卷十六。
④ 同上书，卷三。
⑤ （明）黄道周：《洪范明义序》，《黄漳浦集》卷二十一。

壁而后，或存或亡，云赝云真"①，后人"绎其篇章，以存法诫，俱在敦化之中矣"②。也就是说，虽然《尚书》境地尴尬，但由于它保存了圣贤庄语，保存了圣人思想，所以有敦厚教化之用。鉴于此，黄道周借鉴刘歆的话称："与其过而去之，宁过而存之，……随他假为圣贤之言，吾已真得刍荛之采。"③黄道周对待《尚书》表现出一种保守和折中的态度，他认为《尚书》是伪书的可能性很大，如果作为朱熹道统说的根据之一的《尚书》是伪书而不可尽信的话，那么朱熹的道统说的合法性和权威性自然也令人心生疑窦。

二　黄道周的道统观

虽然黄道周没有明确地提出传承圣人之学的谱系，但是在他的思想中，仍然可以梳理出他对于儒学传承脉络的观点，以及强烈的担当意识和义不容辞地接续道统、弘扬儒学的使命感。

（一）增扩儒学谱系传人

黄道周反对宋儒道统说的狭隘性和排他性，基于"博文约礼"为圣人之道，他择选的人数要远远多于宋儒。他称：

> 盖自季札没而仲尼之徒始盛，卜子夏田子方辈相继，强学以为人师。盖五百余年而刘向、扬雄之学兴，向、雄之学不醇于董仲舒。仲舒为博士，下帷讲诵，弟子以久次相传授，莫见其面，盖三年不窥园。江都王从问三仁之义，河间献王从问孝经，故强学待问，董仲舒有焉。又五百余年而王通者出。王通生于隋时，受书于东海李育，学诗于会稽夏琠，问礼于河东关子明，正乐于北平顾汲，考易于族父仲华。不解衣者，六岁学成，献策于隋廷，文帝大悦，恨得之晚，公卿杨素、苏夔、李德林皆从问业。通入而有忧色，或问之，通曰："素与吾言政而不及化；夔与吾言声而不及雅，德林与吾言文而不及理。"门人曰："是何忧乎?"通曰："言政而不及化，是天下无礼也；言声而不及雅，是天下无乐也；言文而不及理，是天下无文也。王道

①　（明）黄道周：《榕坛问业》卷十四。
②　同上。
③　同上书，卷十五。

何从而兴乎？"遂隐归于河汾，故强学以待问则王通有焉。又五百余年，有程颢者出，与弟颐、张载同为学，于《表记》中举君子庄敬、日强、安肆、日偷之语，以为学的。虽其天性冲融，不事勉强而夙夜自警，从事于克复于尊道之原，独得其要，故其造就人才最多，有进于问答淑艾之外，故强学待问程氏诸儒亦有焉。自是古学渐兴，而力行近仁之说，又大惕于天下，则是元佑诸儒之力也。①

黄道周历数自古以来不同历史阶段的人物，列入到儒学的谱系之中，可见其对儒家人物的历史作用和地位的肯定。

黄道周亦在《五十六贤赞有序》中，选取五十六位在历史上有作为的人物："左曰十朋轩，轩不容盖，壁间位置，自管、葛，至周、沈，凡二十六人；右曰九串阁，阁仅九尺，壁间位置，自屈、贾，至李、马，凡三十人，皆异代同风，韵实殊致，不能尽列者，可以意推焉。"②其赞词洋溢于表，称五十六位贤人都是百世之楷模和典范。

（二）以六经为道之载体

如果说朱熹的道统说是以《四书》为道的载体，黄道周则把道统的根基植于"六经"。晚明阶段，作为官方意识形态的程朱理学遭到蓬勃发展的阳明后学的强烈冲击而有颓然之态，但同时，阳明后学无法担起整顿当时思想界的秩序、传承圣学之绪的重任。黄道周描述当时的状况称："前数十年，田、邓、萧、李递师天下，袁、陶、吴、汤相踵继之。天下之言不归陶则归汤，其意皆主于蕴藉，反缩守约，使人趣履冲禽，有游夏之意。既而弦急柱反，噎蓄嚏决，文人才士不能自锢于尺幅，其名师天下者亦浸淫旖旎以为文章，王汝中、李宏甫之言始复重于天下。归王之言幻，归李之言荡，于是勃溪溲溺、不则不洁之言皆形于文章，而文人才士始不复能束修以自师于天下。江右诸贤，有其理而乏于用；江左诸贤有其韵而薄于致。即今英能所在蔚起，然人人自以为豪杰，飙发云翳。夫天下之大，天圆而实方，地止而实流，木石尽行，川岳倒垂，人皆不见，各认其所居而自以为正侧奇平、大言小语者，真天下之大误也。③"今人读

---

① （明）黄道周：《儒行集传·自立章第二》。
② （明）黄道周：《五十六贤赞有序》，《黄漳浦集》卷二十八。
③ （明）黄道周：《谢光彝制义序》，《黄漳浦集》卷二十二。

书，不知贾王马郑是何贯籍，真可一叹也。"① 在这种情况下，黄道周称"吾将救之以六经"②，试图回归到经典文本中，把儒家经典中的道德伦理知识作为真理和道德的支持系统，希望通过强调原始经典文本来整顿知识与思想的秩序，重建思想的权威。

黄道周认为"六经"承载了圣人之道，且百世不易。他称："虞夏以前，宗黄而祖天，故二典之言皆准于天，准天而《易》《礼》《乐》之道出焉。虞夏以后，宗夏而祖人，故诰、誓之言皆准于人，准人而《诗》《春秋》之道出焉。故《易》《礼》《乐》《诗》《春秋》者，此百世而不复改也。《易》立于上，《礼》《乐》行于中，《诗》《春秋》者经纬而出之。"③

黄道周重视六经，对经典高度推崇，他认为："凡学问自羲、文、周、孔而外，皆无复意味。……须知羲、文、周、孔止是为造物掌记，至其自家位置，直与造物一般。"④从黄道周的著述来看，他对儒家主要原始经典几乎都有过注说，如《易》类有《筹象》《易本象》《大咸经》《三易洞玑》《易象正》等，《诗经》类有《诗表》《诗揆》《诗序正》《诗晷正》等；《周礼》类有《周官集传》；《春秋》类有《春秋轨》《春秋揆略》《春秋表正》等，足见黄道周对六经的重视。其门人洪思亦对黄道周"救之以六经"的影响做了简单记载，称"（黄道周）之论列示海内，大江左右为之一变。士之以六经为文章，盖自《冰天小草》始也"⑤。

注重原典也冲破了程朱理学只重传、注的范围，打破了"四书"文本的封闭性。同时，由于后世学者对儒家原典诠释上的丰富性和开放性，因而出现义理的支离，在这种语境下，如何统一和规范义理的"支离"，就需要一个权威的标准，而六经无疑具备这样的资格，这也是黄道周求之于六经的原因。

（三）肯定直绍周孔的自家之学

关于黄道周的思想渊源，其门人洪思说："黄子之学，大则周孔，小

---

① （明）黄道周：《榕坛问业》卷九。
② （明）黄道周：《冰天小草自序》，《黄漳浦集》卷二十一。
③ （明）黄道周：《三代之学皆以明人伦论》，《黄漳浦集》卷十四。
④ （明）黄道周：《书示同学二十一则》，《黄漳浦集》卷三十。
⑤ （明）黄道周：《冰天小草自序》，《黄漳浦集》卷二十一。

则伊孟，亦不尽宗考亭。"①这点明黄道周的思想更多是从先秦典籍那里汲取的，不完全以朱学为宗。黄道周自己也称："周之少也，溺于骚雅；比其稍长，滥于老释。既四十余，乃知文藻之坠华，与二氏之落筌，一意反于六经。"②"臣自少学《易》，以天道为准，以《诗》《春秋》推其运候，上下载籍二千四百年，考其治乱，百不失一。臣所学本于周孔，无一毫穿凿。"③可见，黄道周认为自家之学源于周孔，直接承续先秦时期的圣学，而不是像后人所言站在程朱学派之列。同时，黄道周对自家之学也很自信，尤其是在易学方面，他称："世之谈《易》者，但略举阴阳，粗明气象而已。其次乃专谈理义，以为性命。今以历律为端，日月为本，六十四为体，七十二为用，天道为经，人事为纬，义理性命，以为要归。其自孔门而下，诸儒所谈，一概置之，不复道也。"④

黄道周认为自家一脉亦不同于程朱和陆王两家之说，他称："由子静之言可省诸探索之苦，其弊也易；由仆之言，静观微悟，可以与开物成务，其弊也支；由元晦之言，高者不造顶无归，深者不眩厓惊坠，由其道百世无弊，则必元晦也。"⑤黄道周对朱陆两家学术思想的评鉴很是中肯，认为陆王之学优点在于简易，但流弊也是失于简易。对于朱子之学，他赞扬其百世无弊，但也曾说："晦翁学孔，才不及孔，以止于程，故其文章经济，亦不能踰程以至于孔。"⑥"元晦之领此邦，亦五百年矣，未有踵元晦而起者，考其所由，以传注之说不足以服才士之心。"⑦同时黄道周列出自家之学，认为自家之学可以和王学、朱学并肩，虽然自己的学说有"支离"之弊，但并不从属于朱学或者王学。陈来也称："他的思想虽然是明代儒学的一支，但确非理学所能范围者。而他的思想无论从哪个方面来看，都包含了他对晚明政治、社会、学术问题的思考和回应，值得进一步深入研究。"⑧以此来看，所谓"道周以致知为宗而止宿于至善，确守

---

① （明）黄道周：《〈王文成公集〉序》，《黄漳浦集》卷二十一。
② （明）黄道周：《答曾叔祁书》，《黄漳浦集》卷十八。
③ （明）黄道周：《放门陈事疏》，《黄漳浦集》卷二。
④ （明）黄道周：《易象正目次》，《易象正》。
⑤ （明）黄道周：《〈王文成公集〉序》，《黄漳浦集》卷二十一。
⑥ 同上。
⑦ （明）黄道周：《尊经阁序》，《黄漳浦集》卷二十二。
⑧ 陈来：《黄道周的生平与思想》，《国学研究》第十一卷，第118页。

朱熹之道脉而独溯宗传"① 之论则有进一步探究的必要。

概括而言，黄道周对于朱熹的道统说提出质疑。从历时性上讲，黄道周认为继承和弘扬儒学之道的人都可以进入到"统"中，因此他所择拣的标准更为宽泛，人数更多；在逻辑性上看，黄道周坚持回归到六经原典，以经典文本为根据来统一儒家义理的关联性和一致性。

第四节　王学定位

对于阳明心学，黄道周门人洪思认为："黄子学善朱子，素不喜文成良知之说者。"② 应该看到，处在晚明时期的黄道周，更多面对的是阳明后学思想的流肆，阳明后学是他着力批评的对象。相反，黄道周对于王阳明人格、思想和事功则持有尊崇态度。在《王文成公集序》中他说："明兴，有王文成者出，文成出而明绝学、排俗说、平乱贼、驱鸟兽。大者岁月，小者顷刻，笔致手脱，天地廓然，若仁者之无敌。自伊尹以来，乘昌运、奉显绩，未有盛于文成者也。"③ 他认为王阳明提出心学，使得古来学脉不至于断绝，开辟了一个不同于埋头科举考试、专注形而下学问的理路，引导了一个追求形而上的、心灵澄净的取向。而且，王阳明的文治武功自伊尹以下，千百年没有人能与他相提并论。黄道周又赞扬道："孟子云'若夫成功则天也'，如文成者才可说得参赞。"④ 黄道周用"参赞"来赞誉王阳明，认为王阳明之人、之功能够与天地并立为三，其德、其性顺天道而助天地，是"尽性"之人。

对于朱熹和王阳明两个人来说，黄道周赞扬两人在不同历史条件下对社会弊病的救治发挥了巨大的作用，但他似乎更看重王阳明，他称："晦翁学孔，才不及孔，以止于程，故其文章经济，亦不能踰程以至于孔。文成学孟，才与孟等，而进于伊，故其德业事功，皆近于伊而进于孟。"⑤ 黄道周认为，朱熹在文章经济方面可以说与二程比肩，而王阳明的德业事功则胜于孟子而接近伊尹，这种推崇之词很显然胜于对朱熹的赞誉之言。

---

①　《道光五年二月十六日礼部谨奏为遵旨议奏事》，《黄漳浦集》卷首。

②　（明）黄道周：《〈王文成公集〉序》，《黄漳浦集》卷二十一。

③　同上。

④　同上。

⑤　同上。

对于阳明之学的来源，黄道周认为：第一，阳明心学源于圣学经典，是王阳明对《大学》《中庸》作了一番重新诠释而确立的，是源于孔门圣学的儒家思想。他称："汉初儒者把《大学》《中庸》置礼书中，是圣门奥义。今人抽出以为心学，如一方砖磨作圆钱，又于矩中再变回去，是乐律中黄钟子声五变之后，再起清音也。"① 第二，阳明之学来源于践履。黄道周在《书王文成公碑后》写道：

> 诸生因问："文成良知之说着于海内，如何说所以得此未之或知？"
>
> 某云："文成自家说从践履来，世儒都说从妙悟来，所以差了。"
>
> 唐生问："如何是践履来？"
>
> 某云："伊历过许多汤火，岂世儒口耳所就？"②

黄道周称"文成自家说从践履来"，指的是王阳明在五十岁时，居住南昌提出致良知之说，时称："某于此良知之说，从百死千难中得来，不得已与人一口说尽。只恐学者得之容易，把作一种光景玩弄，不落实用功，负得此知。"③ 可见，黄道周针对阳明后学中轻工夫的流弊，提出阳明之学来自于践履而不是妙悟。

对于阳明之学的地位，黄道周借助道统来定位。他认为王阳明上承陆氏之学，陆氏之学本于孟子，孟子之上是周孔之学，如此阳明之学则是延续圣贤之学的嫡亲之系。在《〈王文成公集〉序》中，黄道周勾勒了不同于朱熹的道统说的圣学发展脉络，他称："孟轲崎岖战国之间，祖述周、孔，旁及夷、惠，至于伊尹。……孟轲而后可二千年，有陆文安。文安原本孟子，别白义利，震悚一时。其立教以易简觉悟为主，亦有耕莘遗意。……晦翁当五季之后，禅喜繁兴，豪杰皆溺于异说，故宗程氏之学，穷理居敬，以使人知所持循。文成当宋人之后，辞章训诂，汩没人心，虽贤者犹安于帖括，故明陆氏之学，易简觉悟，以使人知所返本。"按照朱熹的道统说，圣学自孟子以后断绝，千载以降，自周敦颐、二程才再度发扬，

---

① （明）黄道周：《榕坛问业》卷三。
② （明）黄道周：《黄漳浦集》卷二十三。
③ （明）王阳明：《年谱二》，《王阳明全集》卷三十四。

续千载不传之绪，之后是朱熹接续。而黄道周提出了一个新的圣学传递之脉，他认为孟子之学接承周孔，孟子之后，时隔两千年，陆九渊以孟子的思想为基础，注重发明本心，之后是王阳明发扬陆氏之学，主张致良知。可见，黄道周提出了一个有别于朱熹所提出的儒学发展脉络，足以说明他对阳明之学在传承圣学方面的肯定。

黄道周不仅肯定阳明之学的地位，也看到了阳明之学的优点，赞扬其学"易简觉悟，以使人知所返本"。前面提到，朱子之学的意识化和制度化的结果之一就是主体被淹没在浩繁的经典注释之中，忽视了心灵对于真理和价值的判断和追求，而阳明之学吸收了陆氏之学的精髓，对"心"重新界定，认为心即理，并重新诠释了孟子的"良知"，认为人的心中自有"良知"，肯定天赋人性，指出"心即性，性即理"，认为人的心灵是一个先天自足的存在，吾性自足，不假外求。阳明之学直指人的本心或者良知，这是黄道周称赞其"易简觉悟，以使人知所返本"的第一层含义；"易简觉悟，以使人知所返本"的第二层含义是肯定阳明之学在体悟心体"立其大者"而言。王阳明认为外在的现象世界无非是内心世界的投射和呈现，是精神世界的外化，如果没有纯明澄清的心灵，外在事物的存在无复价值和意义，所有的知识和求索都是为了确立和维护这个心灵，"立其大者"，如此才能使人知所返本，而不至于淹没心灵而徒求于外；"易简觉悟，以使人知所返本"的第三层含义是指阳明之学在工夫论方面的主张，王阳明主张"功夫只是简易真切，愈简易，愈真切"。黄道周对此工夫之论表示赞同，并加入自己的阐释，他称：

《易》称："乾以易知，坤以简能；易则易知，简则易从；易知则有亲，易从则有功；有亲则可久，有功则可大；可久则贤人之德，可大则贤人之业。"此贤人便是圣人君子一流人，世人只管要德业，不要易简，所以将无作有，将虚作盈，将约作泰，事事俱有枝叶，把自己知能看作天下权变，文貌声名，日张日侈，所以望之则不可亲，从之则到底无成，既不可久，如何可大？只是中不易简，所以无恒。夫子说以约失之者鲜，孟子道不失赤子之心，人能保此赤子之心，到不惑知命，何患不到圣贤田地。赤子无他，亦只是易简，易简只是恒性，今人说良知良能，便要静虚吐灵发许多光焰出耳，何不说易知简能，朴朴实实，无机无械。夫子说圣人可做，我也直地要做圣人，夫子说圣人不可做，我也直地做我不做圣人，简简易易，可知可能。①

黄道周亦赞扬了阳明之学的功绩，他称："吾漳自紫阳莅治以来，垂五百年，人为诗书，家成邹鲁，然已久浸淫佛老之径。平和②独以偏处敦朴，无诐邪相靡，其士夫笃于经论，尊师取友，坊肆贸书，不过举业传注而已，是岂《庚桑》所谓'建德之国'，抑若昌黎所云'民醇易于道古者乎'？"③ 他以漳州地区为例，称其地受朱子之学的覆被，人人习诗书，遵从礼仪，但依旧受到佛老的浸淫，使得圣贤之学不盛；而平和县作为王阳明建置之始，受到阳明之学的影响，风气敦厚朴实，没有诐邪之说蛊惑人心，士人专注于经论，尊师重道，举业传注不离圣学。

他不仅肯定阳明之学的功绩，且对其学持有殷殷之望，认为阳明之学能够清正源、辟佛老，是承递朱子之学的圣贤之学，可以说是朱子之学的脉流。他称：

忆余舞象时，尝游邑中，时时出黉西，过瞻旧祠，疑其庭径湫侧，意世有达人，溯源嶓岷，必有起而更事者。距今五十余年，而当道伟识，果为更卜奕起。呜呼！人学与治，亦何常？各致所应致，治所应治者，皆治矣。即使山川効灵，以其雄骏苞郁者，畅其清淑，令誉髦来彦浒文成之业，以上正鹅湖，下钮鹿苑，使天下之小慧闻说者，无以自托，是则文成之发轫，藉为收实也。于紫阳祖祢，又何间焉。④

可见，黄道周对阳明之学并没有采取激烈批评的态度，认为阳明之学亦是圣贤之学，是朱子之学的延续和救正，他甚至称"阳明全是濂溪学问，做出子静事功"⑤，将阳明之学和理学开山之人周敦颐、心学创始之人陆九渊的学思等同。这种看法很有创见，因为他看到了阳明之学其实是

---

① （明）黄道周：《榕坛问业》卷十四。
② 黄道周《王文成公碑》载："我太祖定天下既百五十年，吾漳郡邑始有定制，而平和一县为文成建置之始。"
③ （明）黄道周：《王文成公碑》，《黄漳浦集》卷二十五。
④ 同上。
⑤ （明）黄道周：《子静直指》，《黄漳浦集》卷三十。

从朱子之学的语境中产生和发展起来的，是宋代理学发展的内在分化和嬗变，是在理学这个孕育地中产生并汲取了陆学的精髓而构建起来的，是朱陆之学的兼综和会，这也是黄道周将阳明之学和朱子之学交融互汇的一个思想前提。

虽洪思称黄道周"素不喜良知之学"，但从黄道周对王阳明的推崇和对阳明之学不乏赞扬之语来看，并无激烈的批评，不同于东林学派的顾宪成、高攀龙的做法。相反，他不喜的态度应是指向阳明后学中的本体派①。

第五节　批判阳明后学

在晚明阶段，阳明后学兴盛，提出了一些颇具新意也颇具争议的理论观念，对思想界和社会带来巨大冲击。阳明后学中的本体派主张个体依据自己的良知，就可以对事物做出是非判断而没有必要借助外在的规范；认为良知是自然呈现，否定道德修养工夫的重要性。由于阳明后学过分肯定世俗情欲的合理性，对自然情欲不加控制而导致肆意流泻，对维持社会稳定的礼仪造成破坏。此种种流弊引起当时学者的警觉，从而审视阳明后学并试图寻求救正之方。黄道周的思想取向与当时历史的趋势相一致。

对于阳明后学，黄道周称："今其学（阳明之学）被于天下，高者嗣鹅湖，卑者涸鹿苑，天下争辨又四五十年，要于文成原本所以得此，未之或知也。"②他认为阳明后学已经超出了阳明心学的范围，高谈者辩于心性之微，阔论者倾向于佛老，两种倾向都已经偏离了阳明之学的根本。

不仅阳明后学背离了阳明之学的意旨，而且对其在当时社会上造成的影响，黄道周亦是甚为担忧，对于黄道周忧思之状，其门人洪思在后来记载道：

> 夫子盖忧天下之将乱，每与先子曲室上下，必辨析往事，以悲叹

---

① 参见唐君毅《泛论阳明学之分流》，《哲学论集》，《唐君毅全集》第十八卷，台湾学生书局1990年版，第194页。其中称："《明儒学案》以地域分王门为六派，其中以浙东、泰州、江右之传为最盛，浙东之王龙溪、泰州之王心斋、罗近溪，江右之聂双江、罗念庵，皆造道至深。龙溪、心斋、近溪是一路；江右又是一路。王学分流主要即此二路。其中龙溪、心斋、近溪一路，大体而言，皆直指本体即是工夫。江右则标归寂主静之工夫以识本体。"本文据此，将龙溪、心斋、近溪一路称为本体派，而聂双江、罗念庵等称为工夫派。

② （明）黄道周：《王文成公碑》，《黄漳浦集》卷二十五。

当时。至于古今治忽兴亡之际，相顾流涕，不能自休，故在榕坛有二十有八问，业者惟先子一人而已矣。曰《知性篇》，盖言理也，遂究于参两之说。乙亥榕坛曰《纸上篇》，言今之人皆读书，徒为文艺所苦，夫子忧焉，因及于考亭子静之辨，与《易象》《春秋》《礼》之文；曰《好学篇》，言今之人皆读书，徒为科名所困，夫子忧焉，因及于河汾叔度之辨，与三易礼乐之文；曰《为邦篇》，言今王道之不讲，夫子忧焉，因及于三易礼乐之文；曰《天下篇》，言今人才之遂衰，夫子忧焉，因及于易象诗乐之文；曰《正心篇》，言异于二氏也，王汝中、李宏甫之言满天下，吾道于是以淆，夫子忧焉，因及于敬恕之辨也；曰《管仲篇》，言今王道之不讲，朝廷惟患贫，夫子忧焉，因及于《周官》，以究于三易、《诗》《春秋》之文；曰《郑公篇》，言今人才之遂衰，士者而无恒，夫子忧焉，因及于易象、《诗》《春秋》，以究于《周官》之文。

针对当时情况，黄道周自己也讲："谈者遂以辟雍四学，上亲贵仁、上齿贵信、上贤贵德、上尊贵爵之为迂务；其最下者乃以埽候为讲论，夹刺为诗书，门谱为函丈，青蚨以为意，白锃以为旨，相聚而讲论之。呜呼！此圣贤之所以不灵，而诗书陈说之所以无效也。"①
又称：

> 今之君子，为利以考文，为文以饰行。苟取习俗，以诬圣贤，以愚黔首，以诳天子。其稍有意义者，选妙征隽自命而已。其平易通晓，则里巷之所周譬，揆于古今治忽善败，则蒙然末视。见之而喜，去之不思，自是而学问之道可废也。夫苟有令捐圣贤，塞道德，则止犹是制也，而显弃其教，以仁义为迂衰，高坚为僻昧，则间巷白望者皆可皋比自命，粉艳而耀先王之业。②

他批评当时的学风尤其是阳明后学所带来的流弊，如重利，不尊圣贤，虚玄、荡越，不学，无经世致用之功等，认为种种取向已经不仅造成

---

① （明）黄道周：《天启二年进士策·学术》，《黄漳浦集》卷九。
② （明）黄道周：《冰天小草自序》，《黄漳浦集》卷二十一。

了对传统礼教和道德的冲击和破坏，而且对于圣学的传承也极为不利。

　　具体分析，黄道周对阳明后学的批判主要集中在对龙溪之学和泰州之学的批判上，这和晚明思想界对阳明后学的尖锐批评一致。批评的重点即落在王学后学所造成的种种背叛和破坏上。他对龙溪之学的批判主要针对王畿、李贽，对泰州学派的批评主要针对罗汝芳。

　　黄道周在《谢光彝制义序》中写道："王汝中、李宏甫之言始复重于天下。归王之言幻，归李之言荡，于是勃豀溲溺、不则不洁之言皆形于文章，而文人才士始不复能束修以自师于天下。……然知为王汝中、李宏甫则乱天下无疑矣。"① 黄道周认为王畿之言以"玄"为主，其谈玄说悟，流于空寂，无别于佛老之说。当时的刘宗周亦批评王畿之言"超洁者荡之以玄虚，而夷良于贼"②。相比较，李贽之言则"荡"，指其说任由人的自然情欲流泻而不加约束。王李两人之说不仅使文章出现非圣无法之说，不以圣贤之说为尊，而且使士人思想混乱，没有取舍标准，且对孔孟之学的传承也是一个摧毁。鉴于此，黄道周对王畿、李贽持一种全然的批判态度，称："天下人各有心眼，那个不知龙溪、温陵（李贽）说吃不得？"③但是，对于罗汝芳、周汝登的态度则相应要缓和一些，称："如罗近溪、周海门近来诸公，引人入悟，初亦不离仁义礼乐，只要自家卓尔高坚，虽造屡空，不坠空界。"④肯定罗汝芳和周汝登等仍然立足于仁义礼乐，而没有完全脱离孔孟之学的根基。

　　在此立场上，黄道周批评当时学人不肯重视修持，称：

　　　　圣贤相引，只是无尽工夫，大禹不自满假，求仁无怨，欲仁不贪，如就克伐怨欲上消磨光净，去仁何远？只怕他执煞认着，谓招降杀贼，便是天下太平也。……参看今人都说不行四者，还有四者根在。又说在外面打迭，不在里面磨砻，难道四者根株尚在外面乎？又道不行底象，如壅水，如截疟，难道壅水截疟，夫子还说是难事也？正如禹周驱逐鸟兽，益稷粒食生民，一段仁心，还须千年与舜文合

① （明）黄道周：《谢光彝制义序》，《黄漳浦集》卷二十三。
② （明）刘宗周：《证学杂解》二十五，《刘子全书》卷六。
③ （明）黄道周：《榕坛问业》卷一。
④ 同上。

证，且勿说杀贼招降，便是盗息民安，即使比户可封，难说圣心便了也。①

同时，他批评阳明后学本体派的放弃读书、放弃工夫，专尊崇自然的主张。黄道周称：

> 《易》曰"穷理尽性以至于命"，又曰"乐天知命故不忧"，乐天不从好学，此乐竟从何来？如良知不由致知，此良究竟何至？良有三训，良言善也，言常也，言小顷也。言善者，从继善来，所称柔顺利贞者是；言常者，犹称良常，所谓厥有恒性者是；言小顷者，犹称良久良已，所谓乍见夜气者是。其言自然者，不过不学不虑一段而已，亦是不学不虑而良，不是不学不虑才训作良也。人读书都要读其易者，难处放过，如生成潇洒者，顽皮无碍，问他所知所好所乐，中间开放果是何物，亦复茫然。晋人道解饮者自知饮趣，如不解饮者闻酒辄醉，岂亦复领醉妙耶？②

可以看出黄道周显然是在批评王学后学中王艮一派。关于乐和学的关系，王艮以学乐为宗旨，认为："圣人之学好学，不费些子气力，有无边快乐。若费些子气力，便不是圣人之学，便不乐。"③其子王襞亦承续其思想，提出"以不犯做手为妙诀也"，认为学是多余，罗汝芳也主张顺适自然，不学不虑。黄道周指出乐只能是好学的结果，不好学就没有乐可谈，他对门人所问"知之者，不如好之者，好之者，不如乐之者"的问题，回答说："某性最下劣，于斯道全未理会，只是束发于今三十年，每年反覆心地上，觉自不同。如论学问，则消散大半，不知是进是退，大约于知好乐三字，聊稍分明。"④ 不仅三十年只是稍有体会，而且称"知好乐"之三字"正恐百年磨勘不来"⑤。可见，他认为乐学要经过一个很漫长的浸润过程才能体会到。

---

① （明）黄道周：《榕坛问业》卷二。
② 同上书，卷五。
③ （明）黄宗羲：《泰州学案一》，《明儒学案》卷二十三。
④ （明）黄道周：《榕坛问业》卷五。
⑤ 同上。

其次，黄道周主张良知由致知，批评阳明后学对其本体良知的错认，称："陆家亦云无知而有知，此是良知之说。后来海门、龙溪皆从此落脚，却自纷纷难明。"① 又说："何尝见有良知落地光明陀陀烁烁也。程正叔云学者如登山，平处阔步到峻处，莫不逡巡。某亦云学者如提灯，灯亮时自谓眼力甚明，灯灭时，虽一身手足，亦不能自信也。要须学得此光，与日月同体，低头内照，不失眉毛。"② 可见他主张要立足于学，才能达到良知通明。黄道周指出不学不虑不等同于良，主张思虑，他称："孟子说良知，便说思字，如云思则得之，不思则不得也。与知之为知之，不知为不知，语意正自分明，晓得思到良处，便是思反无思之位。"③ 他认为先要思，而后达到不思的境界，而不是一开始就无思无虑。

黄道周对阳明后学不重修持和工夫的取向进行了批判。他认为要体认本体，即使是圣人也需要下工夫而达到明体，他称："圣人言诚，要与天地合德；言明，要与日月合明。此理实是探讨不得。周公于此仰思，颜回于此竭才，难道仲尼撒手拾得？圣人于此，都有一番呕心黜体工夫，难为大家诵说耳。做圣贤人，不吃便饭。"④ "无怠无荒，不敢怠遑，虽使宓羲神农，岂有差等？"⑤ 圣人教其弟子，也是从工夫做起，而不是自然现成，不做修持，他称："如颜夫子博约，前后钻仰高坚，何等艰苦，难道心地上做起，工夫便容易也，所以颜子一个礼字，当子弓两个敬恕，子弓两个敬恕，当子张五个恭宽信敏惠，不是理路不同，正是禀受领略各别。若要一处抖擞，特地证成，便向旁门吃棒乞食去也。"⑥ 在工夫的修持上，他主张在精神上要戒慎不睹，恐惧不闻，在行为上要造次颠沛必于是，两者是融合为一体的，没有分别，如汤和水的关系。

第六节　回归六经儒学

黄道周在对王学末流进行批判的同时亦寻求补救之方，他将目光落到

---

① （明）黄道周：《子静直指》，《黄漳浦集》卷三十。
② （明）黄道周：《榕坛问业》卷七。
③ 同上。
④ （明）庄起俦：《漳浦黄先生年谱》，《黄漳浦集》卷首。
⑤ （明）黄道周：《榕坛问业》卷三。
⑥ 同上书，卷二。

了"六经"之上，以期用经典文献的权威性来改变当时轻视知识、高蹈凌虚的风气，使得道德和真理的依据回归到古代经典之上。他极为重视古代经典，认为古代经典文献是道的载体，他称："虞夏以前，宗黄而祖天，故二典之言皆准于天，准天而《易》《礼》《乐》之道出焉。虞夏以后，宗夏而祖人，故诰、誓之言皆准于人，准人而《诗》《春秋》之道出焉。故《易》《礼》《乐》《诗》《春秋》者，此百世而不复改也。《易》立于上，《礼》《乐》行于中，《诗》《春秋》者经纬而出之。圣帝不得则无以治，素王不得则无以理，卿相匹夫不得则无以共济，故《易》之首乾坤，《诗》之首关雎，春秋之首天王，君臣、父子、夫妇之端，其义一也。"①

"六经"不仅体现了天道根本，亦是圣人之学，他称：

> 周公知五百而后必有起于吾土、光大吾绪者，故于《易》《诗》《书》《礼》《乐》《春秋》之道，皆不深竟其说，至仲尼而后畅之。……故仲尼之学存于礼乐，其识在于《易》，其生平所参赞、手口拮据尽在于《诗》《书》《春秋》。《易》《礼》《乐》《书》《诗》《春秋》者，圣人之所为学也。②

> 圣人不恃其才能与天地拨乱，而恃其学能与天地保治；不恃其学能与天地保治，而恃其识能与天地审几，而恃其力能不变于有道、不淫于邪世，故《易》《礼》《乐》《书》《诗》《春秋》者，圣人之所为学也。③

黄道周重视六经的态度亦体现在他对经典知识的高度推崇上，他认为："凡学问自羲、文、周、孔而外，皆无复意味。……须知羲、文、周、孔止是为造物掌记，至其自家位置，直与造物一般。此中精微，大有不可了解去处，勿向颜孟下头跟人话唾，误为珠宝也。"④ 由于"六经"作为知识和思想的根本依据具有绝对性，因此黄道周认为在读书上要以经书为先，他以孔子为例，称："三家之卿，齐莱之卒，所操矛戟环视仲尼，无敢一动者，岂谓仲尼禅其文力哉？仲尼之所操者，经也。经起而后纬

---

① （明）黄道周：《三代之学皆以明人伦论》，《黄漳浦集》卷十四。
② （明）黄道周：《经纬天地之谓才论》，《黄漳浦集》卷十二。
③ 同上。
④ （明）黄道周：《书示同学二十一则》，《黄漳浦集》卷三十。

生，纬生而后文作，经正而后权立，权立而后义起。故德性者，问学之所由道也。尊经以道文史，尊德性以道问学，犹尊任督以道营卫，尊山川以导宙浍，尊斗枢以导星月也。孟子曰：经正则庶民兴，庶民兴斯无邪慝矣。诚使经正于上，即合管、苏、汀、鲈、杨、马、鹖冠之伦，伐鼓撞钟，吹笙搏石，亦何损于礼乐乎？"①

在黄道周的象数易学思想中，他以易象数来论述六经，认为六经贯通，尤其从象数的角度把《易经》《诗经》和《春秋》统一起来，认为这三经是贯通的，有着内在的一致性。黄道周称："《易》之大要，五十有五，以十乘之，为五百五十，而《春秋》与《诗》合取之。天地之变化，鬼神之情状，所以成行也。故五十有五、四十有九，二者为《诗》《春秋》之大候，日月出入，鬼神所以视听也。……曰其动疐，则尽于是也，显道神德行，酬酢变化，则虽圣人有所不知也，以谓《诗》《春秋》足以尽《易》之用，故复以《诗》《春秋》为《易》本命。"②他认为《易》统率了其他五经而达到六经一致。对于《乐》，他认为已经佚失，对于《书》，他认为有伪作之嫌疑，而《礼》，他认为《礼》的精神就在《诗》和《春秋》之中，所以，黄道周比较重视六经之中的《易》《诗》和《春秋》。他认为这三经互相贯通，三位一体。同时，三经贯穿一致是经过圣人之手而为，他称："仲尼者，敷命之素帝也。《易》命以律，律命以《诗》，《春秋》制器，《诗》以吹之。"③六经或者说三经贯通，作为社会政治和伦理的根本之道——圣人之道也从中而出。黄道周称：

> 仆尝耽浸此道三十余年，以为千古圣贤，思归无思，虑归不虑，始于一画，究于二十六万二千百四十四，六爻上下，十有八变，一反一复，为三十六变，因而分之，为六十岁历，此人生象数之所从出。始于八卦，三倍相乘，爻约三象，统于四千九十六，周为方圆，纵横万里，以十八倍割之，方圆相涵，归于八尺之表，晷端进退，为大地历，此地道象数之所从出。《易》自二十六万二千百四十四，又复倍之，或两或参，分律分度，依七圣之故序、杂卦之合差，日月相逐，

① （明）黄道周：《尊经阁序》，《黄漳浦集》卷二十二。
② （明）黄道周：《春秋元命图》，《易象正》卷终下。
③ （明）黄道周：《贞图经》中，《三易洞玑》。

赢者进顺，缩者退逆。退象之法，十三分九毫微强，以求月食；退数之法，九分微弱，以求气差。本自然之盈缩，依日月之迟疾，以求日月星汉之次，皆以一画参其八变，视其归奇盈缩之故，以分六十八岁、八十五年之交会，是为天道象数之所从出。有是三者，布而为历，而为律，统而为《易》，去其图著，别其虚实，以为《春秋》《诗》。《诗》之逆数，虚退四十九，实退五十五。《春秋》之实退象有一，虚退象有九。十有四积而退《诗》，十有八积而退《春秋》。《易》《诗》《春秋》，因天退行，皆逆数也。圣人为是三者，范围天地，曲成万物，包帝王之盛衰，摄古今之成败，以其位序辨其岁数，差等百世，以观礼乐，为《春秋》以定礼，为《诗》以定乐。《易》者，礼乐之笔钥，《诗》《春秋》之祖祢也。要以天地行其馨欬、日月步其尘影，则仆尝窃取之矣。①

在黄道周看来，作为儒家原典的三经体现了人生象数、地道象数和天道象数，圣人凭借它们而范围天地，曲成万物，包帝王之盛衰，摄古今之成败。黄道周认为，儒家原典不仅是对天地规律和人事规则的摹绘，而且它还体现了人类智慧和主体精神："夫以二千一百二十五年之事，足其文献，研其爻象，天地之教戒，鬼神之情状，可谓备矣。故《春秋》者，天地之自修也。《诗》者，鬼神之吟咏歌啸其事也。《诗》与《春秋》，遝为爻象以图天地，而人犹以为不备，则是人之智大于天地也。"②

因为儒家原典的重要和权威地位，所以要立足于六经而治世，"《春秋》一书，本天行王，以正万世之乱臣贼子；《易》为变通趋时、致谦守位之说，若不相入者，夫子于《坤》之初六直云'臣弑其君、子弑其父，其所由来者渐矣'。如此看《易》与《春秋》，岂有两义？必若因象至命，观物测则，《易》《诗》《春秋》治百世，不治一世，治帝王圣贤，不治匹夫，言之详矣。"③"凡《易》《诗》《春秋》系命治天下百世，皆在于其中交吉凶祸乱，与食法相遇，故日月之食祸谪于天，圣人因之以纠虔修救，及其无妄不药。"④"君子以九德治其身，以六十四事治天下，为《春

① （明）黄道周：《三易发明》，《黄漳浦集》卷二十九。
② （明）黄道周：《易象正》卷初下。
③ 同上。
④ 同上。

秋》以本礼，为《诗》以本乐，《易》者礼乐之精神，《诗》《春秋》之魂灵也。"①

黄道周对儒家古代经典的强调不仅体现了其希望改变当时学风和纠正社会风气的意图，亦有其重建儒学的努力。在晚明阶段，无论是官方意识形态的程朱理学，还是高扬自由和心灵自觉的阳明后学都无法承担起整顿当时思想界秩序、传承圣学的任务。在这种情况下，黄道周主张回归到经典文本，称"吾将救之于六经"②，借助经典文献在儒家谱系中的特殊地位和权威性来救治阳明后学对道德规范的瓦解，整饬知识与思想的秩序，重建儒家思想的权威。回归经学，是明末理学自我拯救的方向，也体现了黄道周思想在明清之际学术思想转型中的地位与特色。

概括而言，黄道周对宋明理学的反思具有鲜明的客观性、综合性特征。他在尊崇朱子学的同时，对陆氏心学亦多有肯定，极力调停弥合朱陆异同；对阳明之学，黄道周更是从儒家道统谱系的高度给予肯定，认为阳明之学亦是承递朱子之学的圣贤之学，是朱子之学的流脉。显然，黄道周是想通过调停朱陆、会通朱王来弥合理学的内部冲突，将程朱理学与陆王心学整合为一个统一的思想体系。对阳明后学的流弊，黄道周不遗余力地进行批判，主张以周、孔六经之学救正当时思想界空疏、荡越之风，希冀以经典文献为根本重建理学的学理根基。黄道周的以回归经典文本来重建儒学思想权威的理路，对明末清初经学复归运动起到了重要的推动作用。

---

① （明）黄道周：《易象正》卷初下。
② （明）黄道周：《冰天小草自序》，《黄漳浦集》卷二十一。

附录一　黄道周主要著作简介

一　《易本象》

《易本象》是现存的关于黄道周易学思想最早的一部著作，《洪谱》称其著于万历三十七年己酉（1609），《洪谱》载："三十七年己酉，黄子二十有五岁。……子作《易本象》凡八卷，亦以深明天人之际。然黄子犹谓未足以尽《易》。不欲存，以属门人张若化、张若仲存其草于山中，令勿传。自《易象正》作，而后门人以《易本象》附其后。"《庄谱》认为黄道周三十二岁开始著此书，其载："四十四年丙辰（1616），先生年三十有二。方杜门著《易象》。"两个年谱关于此书的开始时间差异成为一个疑点。根据《易象正·序述》中载："刘渔仲履丁曰：三十年前，丁侍先生在浦东草庐，于时有《易本象》八卷，《畴象》八卷。《畴象》在吴亮恭侍御处，《本象》在张雨玉兄弟处。念之已三十余年，当时亦三属草本也，但今《象正》与旧《象正》文义俱别耳。"此序作于黄道周五十九岁时，三十年前《易本象》就已经完稿，可见《庄谱》载黄道周三十二岁著《易象》时间不准确。

《易本象》之前，黄道周在《易》方面已经小有影响，《洪谱》载："子讲《易》于漳上，居无何，兰水之人，或以为黄子达者。少宰蒋公，始见子而问《易》，子与之略谈《大畜》而别，于是兰水之人闻之，往而问《易》焉。"可见《易本象》是黄道周早期对《易》做自家阐释的尝试。可能在思想和义理上有不满意和不完备的地方，所以他认为此书"未足以尽《易》"，且不想保存。在门人的劝阻下，虽然保留下来，但嘱咐不能传播。

在《易本象序例》中，黄道周称："象不明则废道，辞不明则废象。

辞存乎通，象存乎变。道存乎用。用以变，变以通，通而后天下之理得矣。君子之言蔽于理，小人之言蔽于象。蔽象则衰，蔽理则晦。衰始于索，晦始于固。固以索，索以固。君子以象观辞，以辞观道。象求于变，辞求于通，道求于易。……凡言以明象，象生于变，辞生于象。……盖周公爻辞即变之系，特约其义，故该者广耳。宋儒不察，求之于静，故象不明而意甚晦。学此则殊有得矣。"根据北京大学馆藏《石斋先生经义四种》所收四卷本《易本象》来看，在内容上其最大的特点是注重易象数，以动爻变卦来解爻辞，认为《周易》爻辞的意象综合了本卦卦辞和动爻之卦的卦辞、卦象①。后来的《易象正》完全继承了《易本象》动爻变卦解爻辞的思想。

关于《易本象》的卷数问题，两个年谱中都称共八卷，而洪思《收文序》著《易本象》为四卷，今存世的清林广显等辑刊的《石斋先生经义四种》所收《易本象》也为四卷。

二 《太咸经》

黄道周二十九岁著《太咸经》，《洪谱》载："四十一年癸丑（1613），黄子二十有九岁。子始杜门于东皋。……子作《太咸》。以形声色九九相推，各得七百二十九；本《河图》曲折之势，两其阴阳，以六因之，尽万物之用。然大要与《太玄》同挈，其所差者，谓元会运世，与岁月日时约略相等耳。"此书佚失，具体内容无从所考。不过，据《明史》载："道周精天文历数、皇极诸书。所著《易象正》《三易洞玑》《太函经》，学者穷年不能通其说，而道周用以推验治乱。"此处的《太函经》可能就是《太咸经》。从《明史》上的记载来看，《太咸经》应该是象数学思想，主要是用数字来推步历史。

根据《洪谱》的记载可见《太咸经》的著书背景。《洪谱》称："然黄子少已著书数十万言，以明天地之道、帝王之义、万物变化之纪，皆一本于六经，而世犹或非之，以为今之人未可以语此也。时复卑贬其论，欲与世为通，比之以滑稽，又泽之以藻采，然而子不乐也。是以杜门益著书，以寻六经之绪。"从这个背景可以看出，黄道周对六经的深入阐释是

---

① 参见翟奎凤《以〈易〉测天》，博士学位论文，北京大学，2009 年。

从《易》开始，他的易学思想在其整个思想中很突出。

三 《诗表》

《洪谱》载："四十二年甲寅（1614），黄子三十岁，作《诗表》。"这里称黄道周三十岁著《诗表》，但根据《诗表序》前洪思的一段题注，其称："少作也。时方弱冠，与《春秋轨》同作。"胡梦铕在《石斋先生经义四种》中《诗表》的后记中称："闻《春秋揆》作于丙辰，以应知己之求，而《诗表》又在其前数年。尔时夫子方弱冠，体大思精，皆与《三易》表里。"关于《诗表》的写作日期出现两个不一致的时间，此则有待于进一步考察。

关于《诗表》的结构和体例，黄道周称："诗表盖十有二部，为三十有六表，有篇序，无章句训诂。以经分部，以传分表，以表系载。表始于文武，以迄春秋，为三经之首。列国世纪，各以其公从于本序。载始于仲尼、左氏，以迄西汉硕儒之所论述，各以其辞从于本篇。于是，有篇而后有序，序以知诗之意；有序而后有表，表以知诗之时；有表而后有载，载以广诗之义。序有大小，子夏、毛公、卫卿不以人别，但称本序。本序者，本始也。表有先后，二南十三风，二雅三颂，年数不一，远近各异，故有定表。定表者，揆世也。"黄道周论《诗》以"道"为关键词，以传统的古学为基础，基本体例是吸取了史家的"表"和经学家的"序"的方式，以经世致用为目的，重视系统性与实用性，继周召之志，也继承了孔子"备王道成六艺"的传统。[1]在《诗表序》中，洪思称："先子云：梁山门人如刘完公、陈平人曾受是经，谓其体大思精，皆与《三易》表里。"关于《诗表》的内容，洪思认为，"《诗揆》者、《诗表》者，盖以昭《诗》乐之务，遂畅《诗》律之说"[2]，且以篇、序、表、载为顺序来阐释《诗》。可见，黄道周已经试图初步用易象数来解读《诗经》。

关于《诗表》，现有两个版本存世，即清林广显等所编《石斋经义四种》中所收《诗表》和清陈寿祺编《黄漳浦集》卷二十序中的《诗表序》，现在比较看来，两个版本所存内容相差无几，只是在部序的排列秩

---

① 参见黄震云《黄道周的学术思想——以〈诗表序〉为例》一文。
② （明）洪思：《黄子年谱》，《黄漳浦集》卷首。

序和个别字句上有差异，所以推测关于《诗表》和《诗表序》可能只是同一内容两种称呼而已。但是，按照《诗表序》的内容来看，现存所收录的《诗表序》内容简洁梗概，更倾向于序言，而非内容，其所言的人物及其事件评论在《诗表序》中也体现甚少，所以有可能黄道周的原本《诗表》和清陈寿祺编《黄漳浦集》卷二十序中的《诗表序》内容并不相同。

四　《诗揆》《春秋揆》

《洪谱》记载："四十四年丙辰（1616），黄子三十有二岁。杜门作《诗揆》《春秋揆》，以应人之求。"《诗揆》和《诗表》一样，现已佚失。《春秋揆》即为《春秋揆略》，其现存有两个版本，分别收录在清林广显等辑道光六年刊本《石斋先生经义四种》和清陈寿祺所编《黄漳浦集》卷三十杂著。

就其内容来说，《春秋揆略》以易象数来解读《春秋》《诗经》，同时认为《易》、历、律一体。《四库全书总目》评介该书说："是书以天人之故，如表之于晷景，《春秋》以天治人，故以'揆'名书，通为一篇。"① 对于黄道周这种诠释方法，《四库全书总目》评价说："盖以《皇极经世》之学说《春秋》，自'三传'以来，未之前闻，即邵子亦未发此义也。道周《礼记》诸传，虽不必尽当于本旨，而借经抒论，于人事犹有所裨，此则真无用之数学，不能以道周之故而曲为之说矣。"② 《四库全书总目》对其书的评价不高，但肯定在"人事"上有一定价值。具体黄道周以《易》来解《诗经》《春秋》并认为三经一贯的宗旨和方法需要结合他中年以后的著作《三易洞玑》《易象正》来进行评价。

五　《三易洞玑》

《洪谱》记载黄道周在三十五岁时开始作《三易洞玑》，直到四十五岁方完成。三十五岁那年，根据洪谱记载，黄道周的生活可谓窘迫，在与

---

① 《四库全书总目》（整理本）卷三十，中华书局 1965 年版，第 249 页。
② 同上。

友人通信中称："仆自两年来，日市数升米，或一二斗许，虽苗鱼薑蕨，莫之敢问。自计为诸生时，未常至此！今无可奈何耳。贫，何所不乐？但令老母日忧朝餐，殊非人理耳。忍此过后年，不知如何！"即使在朝不保夕的情况下，黄道周依旧坚持著书不懈，"昼测治忽，夜测星汉，楗户无外交"①，专心推求象数之理。

清郑开极对《三易洞玑》的评价，基本上概括了《三易洞玑》的内容和作用。他称：

> 石斋黄先生学穷天地，道探圣贤。知成象成形者，羲皇不易之易也，所谓先天也。错综变化者，姬孔变易之易也，所谓后天也。于是定辰枢而齐七政，抚五辰而列干支，准星象而作爻辞，法躔度而成策数，而易行乎天象矣。辨迟速而推朔望，察八表以知寒暑，审运气以验乖和，详岁差以原终始，而易著乎流行矣。天有九野，本于中星，地有分枢，本乎星度，天汉别江河之道，江河汇八际之山，而易行乎地利矣。经脉十二，纬之以八，奇俞穴三百六十，运之以营卫，九道以明，星躔以合，而易备乎我身矣。由日晷而生度量，由长短而生律吕，声经而律纬，气达而音随，而易宣乎乐律矣。因表景以辨归游，因日月而悟营魄，气著于升沉，幽征于情物，而易通乎鬼神瘿寐矣。天道之灾祥因乎《易序》，古今之治乱备乎《春秋》，而易行乎经史矣。②

《四库提要》认为："是书之作，意欲网罗古今，囊括三才，尽入其中，虽其失者，时时流于机祥，入于驳杂。然易道广大，不泥于数，不滞于一端，而亦不遗于一端，纵横推之，各有其理。"③黄道周在《三易洞玑》里体现的推步历史思想，陈来指出："在易学上他主张易以推步，以象数为理势，推测人事治乱，承继的是邵雍派的象数宇宙学和象数历史学。"④但是，与其说黄道周用《三易洞玑》来推算历史兴衰和演变，不

---

① （明）庄起俦：《漳浦黄先生年谱》，《黄漳浦集》卷首。
② （明）黄道周：《三易洞玑》。
③ 《三易洞玑提要》，文渊阁《四库全书》本。
④ 陈来：《黄道周的生平与思想》，《国学研究》第十一卷，北京大学出版社 2003 年版，第 32 页。

如说他用其易学思想来解释历史现象和试图揭示历史规律。

六 《冰天小草》

四十七岁时，其作《冰天小草》刊行。此书是黄道周的二十五篇制艺文章，写作目的有二：一是针对当时王学后学对传统儒学思想造成的冲击而提出回归"六经"的主张；二是"道周此时重操旧业，当是有所针对的，除了洪思所说的，还应注意到本年二月中旬起，有人攻击道周去年主考浙江乡试时的论题，'只剖义利，宗依尧舜，引伸二程之论'为'怪癖'，这可能是其直接导因"①。该书已经佚失，关于作用和影响可见《黄漳浦集》中《冰天小草序》一文中洪思的注解：

> 凡二十有五篇，子为宫允，在京师销夏时所作。时天下将乱，王畿、李贽之言满天下，世之治制举义者，不归王则归李；归王之言多幻，归李之言多荡。凡不则不洁之言皆形于文章。子忧之，谓谢焜曰："为王汝中、李宏甫则乱天下无疑矣，吾将救之以六经。"辛未四五月，乃伏枕为之，皆自意向以自道其怀，与世之为制举义者异。倪文正公见之，喜甚，为之论列示海内，大江左右为之一变。士之以六经为文章，盖自《冰天小草》始也。

黄道周重视"六经"，要求回归"六经"，以儒家原典为中心，亦是针对当时文人不重学习、束书游谈而来，希望借助经典文献的特殊地位和权威性来限制王学后学对传统道德规范的冲击和瓦解，进而整顿人心和社会秩序。

七 《懿畜前编》和《懿畜后编》

崇祯七年甲戌（1634），黄道周五十岁。在家守墓讲学时，他除了重视经学内容的传授外，亦强调门人要读史，通过了解青史留名的人物和事迹，激励自己求仁不悔，为此编著了《懿畜前编》和《懿畜后编》。

---

① 侯真平：《黄道周纪年著述书画考》，厦门大学出版社 1994 年版，第 116 页。

"懿"，取义于《小畜》卦大象辞"风行天上，小畜；君子以懿文德"。
"畜"，取义于《大畜》卦大象辞"天在山中，大畜；君子以多识前贤往
行，以畜其德"。《庄谱》载："自抵家守墓，诸弟子相从讲论，皆在浦之
北山。先生谈经之余，屡屡劝人读史。尝于历代史中，自汉迄宋取十二
人，人自为传，二传为卷，每卷各以行事相比，曰《懿畜前编》。其编则
首诸葛侯而终邺侯，是可以窥先生微意之所存也。又取明兴以来，杨文贞
而下，得二十四人，所附见者若干人，曰《懿畜后编》。二编皆综厥大
家，或略或详，非复史臣之所能到矣。"

就内容而言，《懿畜前编》"自汉迄宋取十二人，人自为傅，二傅为
卷，每卷各以行事相比"①，首尾人物分别是诸葛侯和邺侯，《懿畜后编》
"取明兴以来，杨文贞而下，得二十四人，所附见者若干人"②，两编对历
史人物进行点评，有详有略，亦是借以抒发自己的政治思想。

八　《榕坛问业》

《榕坛问业》是对黄道周五十岁到五十二岁三年期间讲学答辩内容的
整理。《榕坛问业》前八期主要是黄道周五十岁时在漳州紫阳学堂的九次
讲业内容，"先经后传，先籍后史，自近溪、敬齐而上，周、程、罗、李
而下，不妨兼举，以印身心"③。五十一岁再次讲学于漳州榕坛及王家园。
讲学时间为此年五月至十一月中旬，其讲问内容为《榕坛问业》第九到
十六期。五十二岁，黄道周与门人的问答以及蒋德璟挑选的十八个问题的
回答整编成《榕坛问业》第十七期和第十八期。整个《榕坛问业》为十
八卷，内容以《六经》《四书》中的问题为主，天文、地理、兵法、赋税
等亦有涉及，显示出黄道周渊博的学识和对问题的深刻理解和批判能力。

《四库全书》馆臣评介该书说：

> 其大旨以致知明善为宗，大约宗法考亭而益加骏厉，书内所论凡
> 天文、地志、经史、百家之说，无不随问阐发，不尽作性命空谈，盖

---

① （明）庄起俦：《漳浦黄先生年谱》，《黄漳浦集》卷首。
② 同上。
③ 同上。

由其博洽精研，靡所不究，故能有叩必竭，响应不穷，虽词意间涉深奥，而指归可识，不同于禅门机括，幻眚无归。明人语录每以陈因迂腐，为博学之士所轻，道周此编可以一雪斯诮矣。①

《榕坛问业》一书，虽以问答的形式来指点回答门人的提问，但是通观全书，此时黄道周的思想已经成型，无论是六经思想还是阴阳律吕，他都能融会贯通成为一体，所以在指点门人问题时，虽然有零散之嫌，但他的主体思想和观点亦得到体现，如他对宋明儒的反思，他的心性论观点，他的本体论观点，以及他注重工夫、强调学等思想都在书中有所表述。后黄宗羲在《明儒学案》中对黄道周思想的评述也是根据《榕坛问业》而来，近代容肇祖《明代思想史》、侯外庐主编《宋明理学史》也多采用《榕坛问业》中的问答来探讨黄道周的思想。

九 《儒行》《月令》《缁衣》《洪范明义》

《儒行》《月令》《缁衣》《洪范明义》四书皆为黄道周任经筵日讲官、掌司经局时奉命纂修，是为太子讲读而作，其时为崇祯十年丁丑（1637），黄道周五十三岁。《儒行》《月令》《缁衣》三书于次年先呈进览，后于崇祯十二年己卯（1639），即黄道周五十五岁那年修订刊行。《儒行》《月令》《缁衣》再加其后修订刊行的《坊记集传》《表记集传》总为礼记五篇，《四库全书》评价曰："若礼记五篇则意不主于解经，不过目击时事之非，借经以抒其忠愤。"②看来这几本书的编撰主要是为了抒发大义、抨击时事。

《洪范明义》编撰时间起于崇祯十年（1637），其时黄道周五十三岁。虽然编撰的时间较短，但是黄道周称自己"绎思此义近二十年，幸逢圣主，留神经籍，奉旨纂辑，乃复不揣，为明义四卷"③。此书修订刊行的时间为崇祯十六年癸未（1643）八月，约与《孝经集传》同时。通观此书结构，黄道周称："其上卷皆言天人感召，性命相符，及好德用人之

---

① 《榕坛问业提要》，文渊阁《四库全书》本。
② 《儒行集传提要》，文渊阁《四库全书》本。
③ （明）黄道周：《洪范明义序》，《黄漳浦集》卷二十一。

方；下卷皆言阴骘相协，彝伦条贯，旁及阴阳历数之务；初终两卷乃正定篇章，分别伦序，以及圣神授受之统，凡八万七千六百余言。"① 此书上卷考核有据，注重义理的阐发，本于《洪范》以阴阳、五行来阐发其哲学观点，且评判众家之说，兼有创见；下卷则以图和象数为主，言天人感应，五行灾异、推演范数，以《洪范》九畴附和洛书、河图，阴阳历数。

关于此书，《四库提要》评介称：

> 是编乃崇祯十年官左谕德、掌司经局时纂集进呈之书，其自序曰："上卷言天人感召、性命相符及好德用人之方，下卷言阴骘相协、彝伦条贯，旁及阴阳历数之务。初终两卷乃正定篇章，分别伦序。"道周之学深于天文律吕，其以水、火、金、木、土之汩叙，类集历代灾异，意存鉴戒，不免沿袭伏生、董仲舒、刘向相传之说。……其论天人相应之理，意存鉴戒，较王安石之解《洪范》以天变为无与于人事者，固为胜之，读者取其立言之大旨可也。②

虽然清代官方对《洪范》及其《洪范明义》的评价不高，但是黄道周本人却非常推崇，他称："臣观五帝三皇之道，备在易象。自易象而外，惟有《洪范》一书，为尧舜所授于禹汤，周公所得于箕子者。易于明夷之卦，惟崇箕子，明羲文之道在箕子，非他作者之所敢望也。汉兴伏生口授不真，厥后诸儒皆因伏生以证古简，是以讹舛相沿，失其伦脊。五十九篇之中，时有依托，先后间出，然皆史家述记之言，虽巅末稍，殊无伤大义。如《武成》《雒诰》，先儒之所正定，后人不以为非。独《洪范》一书，以理义古奥，条贯错综，沿二千年未之有改，使禹、箕之结撰，与史记同观，神圣之微言为耄口所乱，良可惜也！……私意以为古今典籍，自《易象》《春秋》而外，所可敦崇绅绎，未有过于斯书者也。"③

十 《孝经大传》

崇祯十一年戊寅（1638），黄道周五十四岁，作《孝经大传》，又名

---

① （明）黄道周：《洪范明义序》，《黄漳浦集》卷二十一。
② 《洪范明义提要》，文渊阁《四库全书》本。
③ （明）黄道周：《洪范明义序》，《黄漳浦集》卷二十一。

《孝经集传》。根据《孝经大传》序，洪思称："子为经筵讲官，请《易》《诗》《书》《礼》二十篇，为太子讲读，未及《孝经》。已念是经为六经之本，今此经不讲，遂使人心至此。杨嗣昌、陈新甲皆争夺情而起，无父无君之言满天下，大可忧，乃退述是经，以补讲筵之阙。"①说明了作《孝经大传》的起因。黄道周精通《孝经》之学，撰写《孝经集传》阐发其精义，称"吾将救之以孝经，使天下皆追文而反质，因性而为教，因心而为政"②，希冀"以孝治世"来挽救社会道德下滑和人心败坏，给走向穷途末路的明朝一线生的曙光，《孝经集传》即本此而成。黄道周五十四岁开始作《孝经集传》，到其五十九岁书方成，年谱中记载，崇祯十六年癸未（1643）："秋八月朔，《孝经集传》成，子同诸门人就北山草堂具章服北面望阙五拜三稽首，又向青原公墓前四拜再稽首，乃于堂中置书案上，诸门人各受业焉。子曰：'《孝经》之书，戊寅起草，未经进呈，乃于九江综其遗绪，以示同人。'"③

《孝经集传》历六年而成，推演极为深至，黄道周对此书也寄托深望，他在自序中称：

> 臣观孝经者，道德之渊源，治化之纲领也。六经之本皆出孝经，而小戴四十九篇、大戴三十六篇、仪礼十七篇，皆为孝经疏义。盖当时师偃商参之徒，习观夫子之行事，诵其遗言，尊闻行知，萃为礼论，而其至要所在备于孝经。观戴记所称君子之教也，及送终时思之类，多绎孝经者。盖孝为教本，礼所由生，语孝必本敬，本敬则礼从此起。非必礼记初为孝经之传注也。臣绎孝经，微义有五，著义十二。微义五者，因性明教，一也；追文反质，二也；贵道德而贱兵刑，三也；定辟异端，四也；韦布而享祀，五也。此五者，皆先圣所未着而夫子独着之，其文甚微。十二著者，郊庙、明堂、释奠、齿胄、养老、耕耤、冠、昏、朝、聘、丧祭、乡饮酒是也。着是十七者，以治天下，选士不与焉，而士出其中矣。天下休明，圣主尊经循是而行之，五帝三王之治犹可以复也。

---

① （明）洪思：《黄子年谱》，《黄漳浦集》卷首。
② （明）黄道周：《黄子讲问》，《黄漳浦集》卷首。
③ （明）洪思：《黄子年谱》，《黄漳浦集》卷首。

《四库提要》对此书评价也甚高，称："道周此书实本朱子之志而其推阐演绎，致为精深。其所自为注文体亦仿周秦古书，无学究章比字栉之习。"《孝经集传》处于黄道周思想成熟的阶段，是研究黄道周思想不可缺少的重要资料。并且，《孝经集传》也是黄道周授业门人的一个重要内容。《黄子传》中称："海内从之问业者几千人，教之皆必以忠孝。"①

十一 《易象正》

崇祯十三年（1640），黄道周五十六岁，因江西巡抚解学龙举荐部属而被崇祯怀疑两人结党，下狱受审。《庄谱》载："先生时时为书《孝经》以当役钱。凡手书《孝经》一百二十本，皆以狱卒持去，散尽无余。于是忧患备至，艰贞罔利，回思幼喜《易象》，迨兹五十余五矣，而天人愤悱，未能有明；九京可质，羲文犹恫。自是卧息成爻，食思拟象，乃研理极数，而著《易象正》。"此年八月至十二月，黄道周在刑部监狱期间撰成《易象正》卷初《大象十二图》和《历年十二图》初稿。越明年，崇祯十四年辛巳（1641），黄道周五十七岁，他于此年正月至五月在北镇抚司狱中继续接受拷问，期间完成《易象正》初稿。在《易象正·序述》中，记载了此书的形成时间和过程：

> 孟长民应春曰："崇正庚辰八月，夫子在西库，始作此书，初成《二十四图》，又逮过北寺，毒痛之下，指节初续，又为《六十四象正》。昆山朱生永明冒难入北寺，亲为夫子栉沐，钞得是书，然尚□略有十之六七耳。壬午放归，在靖海寺，见成四本，应春欲钞，夫子犹以为苟简，不乐传播。杨太史廷麟时亦在靖海寺，苦欲录本，夫子在病中，恐不复完，黾勉畀之。故昆山、清江各有初本，夫子每谈及，辄以为叹，有示璞见痴之恨。及应春侍夫子至九江西林寺，夫子病疟初瘳，亟觅笔楮曰：'及吾在，不定此本，后世谁复能定之者？'料理三十日，将有次第，而应春以家报趣归，夫子独在萧寺，无复酬对之烦，此书始克就绪。"②

---

① （明）洪思：《黄子传》，《黄漳浦集》卷首。
② （明）黄道周：《易象正序述》。

　　黄道周对《易象正》还是很满意的，他认为："凡易本于日月，与天地相似。其有不准于天地、本于日月者，非易也。天地之用托于日月，日运南北以为寒暑，月行迟疾以为朔望，气周相缠，或盈或虚，各以其节，积久而合，纤毫秒忽，不可废也。世之谈易者，但略举阴阳，粗明气象而已。其次乃专谈理义以为性命。今以历律为端，日月为本，六十四为体，七十二为用，天道为经，人事为纬，义理性命以为要归。其自孔门而下，诸儒所谈，一概置之，不复道也。其大要以推明天地，本于自然。其大者，百世可知；其小者，千岁日至。其烦者，更仆难数；其简者，一言可尽。要以不悖于《诗》《春秋》而止，天下研精之儒，必有能明是说者。"①

　　从上面的论述中可以看出，黄道周是借助《易》来考天时、察人事的，"以天道征于人事"②，虽然有将天象和人事相比附之嫌，但是其天人之学的主要目的是借助卦象来考察人间灾祥，达到明王道、正人伦的效果。

　　《四库提要》谓："其自叙曰'凡《易》自《春秋》《左》《国》暨两汉名儒皆就动爻以论之，虞王而下，始就本卦正应以观攻取，只论阴阳刚柔，不分七八九六，虽易有刚柔杂居之文，而卦无不动玩占之理，《象正》专就动爻以明之。'此其述作之大旨。"《易象正》十六卷主要是用变卦的思想来解六十四卦的爻辞，并用六十四卦来推步从春秋到明初两千多年的历史兴衰。具体的体例为，黄道周列出六十四卦中的每一卦，列出本卦的卦辞和变卦的卦辞，然后依爻变动，再列出本卦变爻的爻辞，然后结合本卦和变卦的卦辞来分析爻辞。暂且不论黄道周著此书时的周遭环境之差，就单单在刑拷之下能够完成这样一部旁征博引的书也是需要非常大的毅力和广博的知识的，此亦能看出黄道周对《易》的体会和理解已经达到了非常深刻的地步。清代学者对此书的评价为"奥博"，称："大抵道周诸经其用功最深者莫如《三易洞玑》《易象正》，观其与及门朱朝瑛何瑞圆刘履丁辈往复商榷至再至三，所谓一生精力尽在此书者也，故最为奥博。"③

---

　　① （明）黄道周：《易象正目次》。
　　② 同上。
　　③ 《儒行集传提要》，文渊阁《四库全书》本。

十二　《坊记集传》《表记集传》

崇祯十六年癸未（1643），黄道周五十九岁，在《孝经集传》成书的同年十月份，其关于《礼记》释义的《坊记集传》《表记集传》修订并刊行。按黄道周自序称："宋淳化、至道间，尝以《坊》《表》二记颁赐廷臣。今《礼经》备在学宫，而习者沿为曲台遗言，无由知为《春秋》义例之所从出者。故复略举大意，使相属比，引伸触类，以究其指归。"又云："是书起草于己卯之春，中间危孙，成于癸未之秋。未及进呈，统俟贤达训讨删定，庶无乖驰焉。"①可以看出，此两本书约历时四年而成，最初的目的也是讲廷之用，但是未及进呈，后成为门人学习的资料。

关于《坊记集传》，洪思在《坊记集传》序中称："《坊记》，盖圣人以礼立坊之书，为《春秋》义例所从出。子在讲筵，乃为太子讲读，作是传。自隐公元年春王正月，至成公十有四年秋九月侨如以夫人妇姜至自齐，凡四百六事，使相属比，系《坊记》三十章后，以明《春秋》之大义。"此书的内容自隐公元年开始至成公十四年结束，条例大致以《坊记》为经，每章节下列举春秋之事来解经、证经，明《春秋》大义。

黄道周在自序中称：

臣闻之《记》曰："礼，禁乱之所由生，犹坊止水之所自来也。以旧坊为无所用而坏之者，必有水败；以旧礼为无所用而弃之者，必有乱患。"乱患之坊，莫大于《春秋》。圣人本春以立礼，本王以立刑，本天以立命。命以坊欲，刑以坊淫，礼以坊德，三坊立而乱患息，乱患息而后礼乐可举也。《易》之立坊，始于天地，以天地而正父子，以父子而正君臣，以君臣而正夫妇。《诗》始于夫妇，《春秋》始于兄弟，三始虽殊，其以坊德坊淫坊欲，则一也。……坊记因之，以端源于礼制，鄣流于淫欲，先之以敬让，衷之以孝悌，终始于富而不骄、贵而不淫，以为君臣、父子、夫妇、昆弟、朋友之所由正，虽其所偶引，不过楚越之王、晋弑君吴孟子三事。……而于以定君臣、辨大夏、正妃耦。《春秋》千七百余事，其大指尽于此矣。盖当时夫

子既作《春秋》，诸子莫赞一辞，退而窥其意义，不过以扶纲出条，明尧舜之道，阐文武之宪。其大者在于丧葬婚娶，其细者至于车服饮食，登降揖让，皆示之以节，受之以制，是天地所以生成万物之义也。《春秋》以生成万物为天地之大礼，礼失而流于刑，刑穷而反于命，故先别其条贯以坊之，而《春秋》之义例亦从是以起。宋淳化至道间，尝以坊表二记颁赐廷臣。今礼学备在学官，而习者相沿，为曲台遗言，无复知为《春秋》义例之所从出者。故复略举大意，使相属比，引伸触类，后有以究其指归焉。

《四库全书》评价此书称："其意存鉴戒于君臣、父子、夫妇、兄弟之间，原其乱之所自生，究其祸之所终极言之，颇为剀切。"①

关于《表记集传》，洪思称："《表记》，盖圣人以仁立表之书，为《春秋》义例所从出。子在讲筵乃为太子讲读，作是传。自隐公元年春王正月，至定公二年冬十月新作雉门及两观，凡三百三十有六事，使相属比，系《表记》三十有六章后，以明《春秋》之大义。"此书的内容自隐公元年开始至定公二年结束，其条例与《坊记集传》相仿，侧重抒发大义。黄道周在自序中称："臣观古者窥测天地日月，皆先立表，以别阴阳，观其晷景长短，以御高深远近，揆昏旦之中，以占星物，敬授民时，皆于表焉取之。表正则景正，表邪则景邪，体存于表，而用在于制。天地日月吐其光景，以显道相示，赢缩一寸则差数千里，故表之为政，犹君之有身、天之有极，不可不审也。子曰：'仁者，天下之表也；义者，天下之制也；报者，天下之利也。'君子以仁立表，以义制之，度其长短大小，近取之一身，远取之百世，不责报于天下，而天下之子孙黎民阴受其利，若暑极之利用寒，寒极之利用暑也。"可见，黄道周是以仁、义这对儒家的根本原则为标准来对《春秋》进行阐释的。

关于此书的体例，黄道周称："《表记》四十三章，皆以仁立表，以义制之，其大指以天地日月辨君臣之位，式尊亲之序，持之以敬，量之以恕，使人迩不敢亵，远不敢怨，幽以告于鬼神，明以告于朋友、庶民、小子，而礼乐文质皆备于是矣。《春秋》之义不尽于《表记》，而《表记》之义尽于《春秋》。其立仁制义，体敬量恕，不敢亵渎鬼神，以受显示于

---

① 《坊记集传提要》，文渊阁《四库全书》本。

日月天地，则其意一也。《坊记》主于礼让，归别于男女，以明忠孝之化始于闺门，犹《易》之有下经；《表记》主于仁义，归余于卜筮，以明文质之原达于天德，犹《易》之有上经。凡圣门所记夫子之言论，自齐论二十篇而外，未有明著于此者也。《坊记》旧分三十四章，今约从三十；《表记》四十三章，今约从三十有六，合六十六章，以发明《春秋》大义。盖其当时亲见行事，笔之于书，则其前后相印，彼此互发，亦其道贯则然，臣非敢有所传会牵合也。"

《四库全书》评价此书称："《表记》篇则多言君子恭敬仁义之德，而必以《春秋》证之，于经之本义反荒。"① 这说明黄道周并不注重注释经文，而是借经来阐发自己的思想。

---

① 《表记集传提要》，文渊阁《四库全书》本。

附录二　黄道周思想研究综述

从明末到清乾隆年间，黄道周文章的整理校刊工作都一直在进行。在明朝，根据《黄子传》所言，黄道周"所著有《洪范明义》《月令明义》《儒行集传》《缁衣集传》四部，思陵时，皆已表进御览。其《易象正》《三易洞玑》《孝行大传》《坊记集传》《表记集传》五部及《榕坛问业》《大涤问业》皆已刊行于世"①。在其死后，后人恐"夫子之文章欲坠于地，犹秋蓬"②，多方收集其著作，计有洪思编《石斋十二书》四部一百九十六卷、《黄子文集》约八十八卷，郑亦邹收录编成《黄石斋先生集》五十卷，郑开极辑订《石斋先生经传九种》五十五卷，林广显等辑刊《石斋先生经义四种》四十二卷，陈寿祺编《黄漳浦集》五十卷等。《四库全书》收录其经传九种及《榕坛问业》，《续修四库全书》《四库禁毁书丛刊》等大型丛书等亦有文章收录。

近代以来，在大陆方面，以专著形式系统研究黄道周哲学思想的研究成果几乎空白，多以文章或者著作中的章节形式出现，如二十世纪三十年代出版的容肇祖先生所撰的《明代思想史》中曾有论述，后侯外庐先生等主编的《宋明理学史》亦有专章论述。相比于对其同时期的思想家刘宗周的研究来讲，关于黄道周思想研究的深度和广度无疑亟须当代研究者做出更多的努力。

目前专门以黄道周的哲学思想为研究对象的论文和著作相对较少。应该看到，黄道周哲学思想是其整个思想中的基础，对于其整个思想研究文献的整理，可以看出当前学界在此方面研究的深度和广度情况，所以，研究综述不能局限于黄道周哲学研究的文章，而是要在更大的一个范围内总

---

① （明）洪思：《黄子传》，《黄漳浦集》卷首。
② （明）洪思：《收文序》，《黄漳浦集》卷首。

结当今的研究资料，一方面可以整体把握关于黄道周思想研究的现状，另一方面亦可以凸显黄道周哲学思想研究的迫切性，并希冀在此方面的研究能有进一步的扩展和深入。

一　大陆关于黄道周的思想研究状况综述

（一）重要学术会议与会议论文集

目前国内召开过五次黄道周研讨会并形成文集，分别介绍如下：
（一）1985 年 3 月于漳浦县纪念黄道周诞辰 400 周年举行的学术研讨会，会后编有《黄道周研究论丛》①。《黄道周研究论丛》共收入论文 14 篇。总体来说，系统论述其思想方面的文章比较少，主要是从不同角度来对黄道周的生平和活动进行考察，如黄典诚的《师严弟敬——门人笔下的圣贤黄石斋》一文从黄道周的弟子李世熊之《寒支集》中辑录材料，分条陈述，根据史料来解说黄道周的生平和人品；张兆基的《黄道周与东林党》一文，论析了黄道周与明末东林党人的关系，探讨了其政治思想倾向。（二）1995 年 3 月于东山县召开的纪念黄道周诞辰 410 周年学术研讨会，会后出版了《黄道周研究文集》②。该文集共收入论文 41 篇。此次会议形成的文集相对来说内容比第一次丰富，涉及黄道周的哲学思想、政治思想、教育思想及美学思想等多个方面。其中罗耀九的《儒家传统意识对黄道周的熏陶及其现实意义》一文，指出黄道周的一生深受儒家思想的影响；黄云生的《初探天方盘》对天方盘的形式和内涵进行了初步的释算和探讨，阐发了黄道周的易学思想。（三）2006 年 11 月福建省江夏黄氏源流研究会在漳州召开的黄道周学术研讨会，会后出版了《黄道周学术研讨会论文集》③。该论文集共收入论文 54 篇。此次会议的文章数目和内容在前两次的基础上都有所扩展。其中伊世同的《石斋天地盘考释——以〈易〉理历数解天释地的教学石案》一文，对黄道周讲学处的天地盘实物进行科学的考释，把天方盘中的方圆和《周髀算经》中的"七衡六间"图等进行了对比诠释，开阔了研究思路；陈名实的《阐析黄

---

① 漳浦县黄道周诞辰 400 周年纪念活动筹备委员会编印：《黄道周研究论丛》，1985 年。
② 孙英龙主编：《黄道周研究文集》，福建教育出版社 1997 年版。
③ 黄剑岚主编：《黄道周学术研讨会论文集》，崇文书局 2006 年版。

道周的儒学内涵》和方彦寿等的《黄道周"明诚论"的哲学意蕴》两篇文章,对黄道周的儒学思想进行了较深入的评价。(四)2011 年 6 月 13 日,在福建东山召开的首届海峡两岸黄道周学术研讨会。本次研讨会共收到论文 77 篇,在论文数量和研究深度、广度上都比前三次要显著。郑寅晨发表在《闽台文化交流》2011 年第 2 期的《首届海峡两岸黄道周学术研讨会综述》一文有很详尽的叙述,可做参考,此处不再赘述。

(二) 黄道周年谱研究

关于黄道周的年谱研究,侯真平与其师娄曾泉在此领域的研究成果很是显著。两人合撰的《黄道周年谱考评》对黄道周的六部年谱即明洪思《黄子年谱》(简称《洪谱》)、明庄起俦《漳浦黄先生年谱》(简称《庄谱》)、清郑亦邹《黄石斋年谱》(简称《郑谱》)、清黄玉璘《黄忠烈公年谱》(简称《黄谱》)、清庄亨阳《黄忠端公年谱》(简称《亨阳谱》)、清金光耀等《先儒黄子年谱集成》(简称《金谱》)逐一进行考评,指出各个年谱的优劣之处及其所起的作用。两人亦合著《黄道周年谱·附传记》,对洪思的《黄子年谱》、庄起俦的《黄石斋先生年谱》及郑亦邹的《黄石斋年谱》进行考评,比较优劣,并收录了包括黄景昉的《黄道周志传》《明史·黄道周列传》在内的 19 种黄道周传记。除此以外,侯真平的《黄道周纪年著述书画考》一书中的"纪年考"是目前关于黄道周的年谱考证中最为详尽的资料。

(三) 黄道周思想研究

哲学思想研究方面,步近智在《论黄道周复杂而矛盾的思想学说》(合著)一文中,认为黄道周的理学思想,基本倾向朱学,提倡"修己以敬"的道德修养论,主张天性皆"善"的人性论。[①] 衷尔钜在《黄道周与刘宗周哲学思想比较》一文中,从论本原、辨气质、释鬼神、明致知等方面比较了二人哲学思想的异同,认为两人在世界观、人性论、无神论和认识论观点上有异有同,总体来讲,黄道周以朱学为主而兼取陆学,刘宗周则欲弃朱陆。[②] 他们的学术思想倾向反映了理学和心学发展趋势的一

---

① 步近智:《论黄道周复杂而矛盾的思想学说》,《中国哲学史研究》1986 年第 4 期。
② 衷尔钜:《黄道周与刘宗周哲学思想比较》,《甘肃社会科学》1989 年第 5 期。

个侧面。陈来的《黄道周的生平与思想》一文从六个方面对黄道周的思想进行探讨，即黄道周的学术倾向、论性与气质、论格致工夫、论心性定静、论戒惧慎独、论"声有哀乐"与"白马非马"，认为黄道周之学主要是调和程朱陆王之学，而倾向于程朱。①翟奎凤的《黄道周与明清之际的学术思潮》则考察了黄道周的总体思想特征，并分析了他与明清之际学术思潮的关系②。夏德靠在《黄道周〈诗表〉的诗学观及其意义》中认为，《诗表》是黄道周撰作的有关《诗经》年代学方面的著作。它虽然继承《诗谱》以史解诗之传统，但不同于《诗谱》依据天文地理学知识的编排方式，它的十二部、三十六表的划分是建立在历史学基础之上的。《诗表》历史伦理主义建构显然超越了《诗谱》，它对明代另一部《诗经》年代学著作《诗经世本古义》起着一定的影响。③杨毓团在《黄道周礼学思想探论》中认为，黄道周主张《孝经》对饱受深重社会危机的晚明儒家道德教化实践有着正本清源的作用，因此，他重拾汉儒重"孝"的思想资源来诠释儒家礼学以导民化俗，所以他侧重从宇宙本体论、形而上学等层面阐释"孝"之于拯救晚明社会危机的学术合理性维度。④杨毓团在《论晚明黄道周礼秩重建的学术理路——基于"孝本"意识的礼学建构》一文中认为，晚明社会危机与心性之学的日益空疏导致了是时礼学研究热潮的出现。而黄道周的礼学研究建基于他的"孝本"意识之上。在他看来，"爱""敬"既是"孝本"思想的核心内容，处于儒家道德教化之本源地位，又是重建"亲亲""尊尊"二系并重的儒家礼秩世界的实践路径。⑤杨肇中在《天人秩序视野下的晚明儒学重建——黄道周思想研究》一书中，基于"天人秩序"的宏阔视野，以黄道周的问题意识作为思想建构的基点，分别从日常生活世界及思想演进、易学与阴阳五行思

　　① 陈来：《黄道周的生平与思想》，《国学研究》第十一卷。

　　② 翟奎凤：《黄道周与明清之际的学术思潮》，《安徽大学学报》（哲学社会科学版）2011年第4期。

　　③ 夏德靠：《黄道周〈诗表〉的诗学观及其意义》，《安徽理工大学学报》（社会科学版）2012年第3期。

　　④ 杨毓团：《黄道周礼学思想探论》，《湖北大学学报》（哲学社会科学版）2012年第2期。

　　⑤ 杨毓团：《论晚明黄道周礼秩重建的学术理路——基于"孝本"意识的礼学建构》，《合肥工业大学学报》（社会科学版）2012年第4期。

想、心性论思想、礼学思想、史学思想等方面构建其儒学思想世界。①

政治思想研究方面，张启琛在《论黄道周的民本思想》一文中论述了黄道周的民本思想。他指出黄道周继承了历史上"民贵君轻"的"重民"思想，认为"民"是国家的关键要素，主张"为君之道必先存百姓"；同时，黄道周提出统治者在政治上应该实施"仁政"，具体要求就是"安民""养民"②。在其另一篇论文《论黄道周改良现实的思想武器》中，论述了黄道周"究天人之际"的尊天、法天思想、"礼治"等政治思想。认为黄道周企图从传统的思想中寻找改良现实的思想武器，借用"尊天""法天"的观念和三代上下的"先王之道"来实现其政治目标，从而达到挽救社会和改善现实的目的。③辛德勇的《记南明刻本〈西曹秋思〉——并发黄道周弹劾杨嗣昌事件之覆》一文对黄道周弹劾杨嗣昌这一事件进行阐发，认为黄道周之所以对杨嗣昌以"夺情入阁"进行弹劾，主要是他认为杨嗣昌与阉党余孽之间存在某种交结，防止阉党余孽势力延存和对东林党人的迫害，此是黄道周奋力阻止杨嗣昌入阁的深层原因。④

易学思想方面，黄云生的《初探天方盘》和黄文东的《初读天方盘》对天方盘的形式和内涵进行了初步的释算和探讨。伊世同在《石斋天地盘考释——以易理历数释天解地的教学石案》中，通过考察天地盘的原由、功能、作用反映出黄道周在从事《易》学哲理研究方面，尤其是天方、时空思想方面有其独到的创见和贡献。⑤翟奎凤在《黄道周"天方图"与"天方盘"考释》一文中，首先对天方图和天方盘进行概述并且对两者的易象数作出考释，从象数角度考察了黄道周的天方思想⑥，后其《以〈易〉测天》的博士学位论文对黄道周的易学思想进行了较为全面的整理和解释。翟奎凤在《明清以来关于黄道周易学的评论》中指出，黄道周是明末易学的重要代表人物，其易学具有综合性、原创性、体系性、

---

① 杨肇中：《天人秩序视野下的晚明儒学重建——黄道周思想研究》，中国社会科学出版社2013年版。

② 张启琛：《论黄道周的民本思想》，《东南学术》1992年第6期。

③ 张启琛：《论黄道周改良现实的思想武器》，《漳州师范学院学报》（哲学社会科学版）1994年第3期。

④ 辛德勇：《记南明刻本〈西曹秋思〉——并发黄道周弹劾杨嗣昌事件之覆》，《燕京学报辑刊》，2005年。

⑤ 此三篇文章均出于前文所提到的黄道周学术会议论文文集。

⑥ 翟奎凤：《黄道周"天方图"与"天方盘"考释》，《周易研究》2008年第6期。

实践性等特色，在中国易学史上罕见而少人能解，明清以来褒贬不一。李世熊、方以智、黄宗羲、孙奇逢等人对黄道周的易学给予了很大的肯定，但李光地等对其易学特别是《三易洞玑》有诸多批评。总体来看，《易象正》正面肯定较多，《三易洞玑》负面批评较多。《四库全书》把《易象正》收入经部易类，把《三易洞玑》收入子部术数类，并给予中肯的评价，应该说基本上代表了学界主流对黄道周易学的看法。①

教育思想研究方面，蔡勇强在《黄道周教育思想初探》一文中，从教育目的、方法、培养目的等方面分析了黄道周的教育思想。②冯克诚主编的《（明）刘宗周、黄道周理学教育思想与教育论著选读》，不仅收录了黄道周的教育文论，而且对黄道周的生平、学术活动、理学倾向、自然观、易学思想、"格物致知"教育论、"修己以敬"的道德修养论、人性论与教育作用都做了分门别类的论述，是近年来在黄道周的教育思想研究方面的一个比较全面的资料。③

自然科学思想方面，目前关于黄道周的自然科学思想主要集中在其"地动说"方面。石云里在《十七世纪中国的准哥白尼学说——黄道周的地动理论》一文中认为黄道周的地动思想是当时中国的确存在可能与日心地动说相对接的"接口"的证明。④ 接着，他在《从黄道周到洪大容——17、18 世纪中期地动学说的比较研究》一文中纵向比较了黄道周的地动宇宙模型、朝鲜学者金锡文的宇宙模型、朝鲜学者洪大容的地动说观点，认为三种理论之间存在联系，虽然无法确证黄道周对朝鲜学者的影响，但是三者的地动学说正好构成了一个相对独立而逻辑上前后相继的发展过程。⑤

美学思想方面，耿飞撰写的《从"遒媚"看黄道周书法的美学意义——兼及对当代书法研究和创作的某种反思》一文中，认为"遒媚"

---

① 翟奎凤：《明清以来关于黄道周易学的评论》，《集美大学学报》（哲学社会科学版）2012 年第 4 期。

② 蔡勇强：《黄道周教育思想初探》，《教育评论》1990 年第 5 期。

③ 冯克诚主编：《（明）刘宗周、黄道周理学教育思想与教育论著选读》，中国环境科学出版社 2006 年版。

④ 石云里：《十七世纪中国的准哥白尼学说——黄道周的地动理论》，《大自然探索》1995 年第 2 期。

⑤ 石云里：《从黄道周到洪大容——17、18 世纪中期地动学说的比较研究》，《自然辩证法通讯》1997 年第 4 期。

体现了黄道周本人书法创作实践的理想与追求，对今天的书法创作仍然具有十分深刻的现实意义。① 郑镛在《黄道周书法美学思想初探》一文中通过分析黄道周有关书法理论的文章，认为黄道周提出了一些富有见地的书法美学主张，是启益后人的重要的美学思想。②

洪范思想方面，关于黄道周的洪范思想研究主要见于张兵的《洪范诠释研究》。张兵认为黄道周的《洪范明义》，其最大的诠释特点是继承了宋明时期较为流行的通过图、数化的诠释方式，来抽绎《洪范》中的天人感应、五行灾异之思想，以及发明河图、洛书"经纬、表里"之主旨。③

除上述文章和著作之外，各类通史、学术思想史中对黄道周亦有评述，如《八闽理学源流》（清蒋垣）、《中国儒家学术思想史》（刘蔚华、赵宗正主编，1996）、《中国历代思想家传记汇诠》（王蘧常主编，1993）、《中国学术思想史稿》（步近智、张安奇，2007）等。

二　台湾、香港两地关于黄道周的思想研究状况简述

在台湾，黄道周思想研究方面取得了不少成果，如叶英先生著有《黄道周传》；大通书局选编出版了《黄漳浦文选》6 卷，为《台湾文献丛刊》第 8 辑第 137 种第 150 册，收录了陈寿祺编《黄漳浦集》中"有关当时史事者"，篇幅约为原书的十分之一；台湾商务印书馆《中国历代思想家》丛书之 14 辑《高攀龙、刘宗周、黄道周、朱之瑜、黄宗羲、方以智》一书中有黄春贵先生的《黄道周》部分，介绍其生平传略、学术思想及对后世的影响。在论文方面，林庆彰先生的《黄道周〈儒行集传〉及其时代意义》一文发表于 1995 年 12 月台北明代经学国际研讨会。杨自平先生的《黄道周以"两象合观"治〈易〉析论》一文发表于 2009 年台北宋明理学学术研讨会。通过台湾图书馆硕博士论文查询网搜索得到以下资料：在硕士研究生学位论文方面，以黄道周思想为研究对象的论文如

---

① 耿飞：《从"遒媚"看黄道周书法的美学意义——兼及对当代书法研究和创作的某种反思》，《齐鲁艺苑》1996 年第 1 期。

② 郑镛：《黄道周书法美学思想初探》，《漳州师范学院学报》（哲学社会科学版）1997 年第 3 期。

③ 张兵：《洪范诠释研究》，齐鲁书社 2007 年版。

下：韩学宏撰写的《黄道周经世思想之研究》（政治大学中国文学研究所，81学年度，导师董金裕），论文首先从政治、经济、军事及其当时的学术环境等方面分析了黄道周经世思想兴起的背景，接着提出黄道周的经世理念。文章最后论述了黄道周与晚明学社之间的关系，并给出了黄道周经世思想的定位。赖晓云撰写的《从黄道周书〈孝经〉论其书法艺术》（台湾大学艺术史研究所，92学年度，导师傅申），论文从黄道周书写《孝经》并因之成名的特殊现象谈起，主要探讨了黄道周的书学观念和书风源流，进而探讨中国文化"中庸平衡"的至善观念、"书以载道"的思想对中国文人的巨大影响。文中也涉及黄道周经世致用的理念实践和安身立命的易学思想。杨智任撰写的《黄道周〈孝经集传〉研究》（高雄师范大学国文学系，93学年度，导师郑卜五），作者依照《今文孝经》的次序，分别讨论了黄道周在《孝经集传》中对《孝经》十八章要旨的阐发，深入分析了其"孝"思想，文中亦展开探讨了《孝经集传》中的经世思想。

在香港方面，王煜教授《新儒学的演变——宋代以后儒学的纯与杂》一书中有《烈士黄道周的伦理政治观》专章，认为黄道周思想繁复，不逊于浙江刘宗周。作者特论其伦理的政治观有"仁义重于功利""朋党起于帝王不独裁"等十二要旨。[①]

三 黄道周思想研究状况简评

由上可见，近年来关于黄道周思想研究的深度和广度方面都有所发展，但就黄道周广大精深、博冗繁杂的思想来说，以往的研究工作是远远不够的，且对其思想的复杂性、广泛性、独特性等特点重视不足。究其原因，第一，黄道周的文献资料的整理和校注工作尚未全面展开，从而导致研究者本身对文献的熟悉和了解程度不高；第二，由于黄道周的思想内容广泛，既有六经儒学、四书儒学，又杂有汉学、魏晋玄学、宋学，亦受到佛老思想和西学的影响，所以导致其思想呈现出一种庞杂、支离的特点；第三，在经学思想的阐发上，黄道周轻于字词音韵的考证，而重于发挥大义，亦不同于后来清代重考据的经学；第四，黄道周经学思想显示出汉代

① 王煜：《新儒学的演变——宋代以后儒学的纯与杂》，香港中文大学出版社1990年版。

今文经学的特质，如天人感应和灾异说。其易学思想中很大一部分是偏重于象数学，并以象数来推演天地自然和社会历史的变化规律，有神秘主义色彩。总而言之，上述因素都或多或少地影响到后人对他思想研究的展开，因此，研究他的哲学思想，不经过认真整理、筛选和注释工作，就很难系统全面地把握其思想脉络和内容。

　　黄道周的哲学思想研究目前在国内还没有引起众人的足够重视，应该说还是一块尚未完全开发的土地，本书试图从概念和义理的角度来梳理和总结黄道周哲学思想的主要内容和特点，从而抛砖引玉，以期引起更多的研究。就本书创新点之处而言：第一，在选题方面，关于黄道周的哲学思想研究，目前还未有系统全面的研究成果出版，也没有以此作为选题的博士学位论文面世，本书在一定程度上弥补了这方面的空白和不足。第二，在观点方面，本书对黄道周的学术思想的主要倾向、对黄道周在明末思想界的地位等问题上，都提出了自己的见解，如在学术倾向上，反对将黄道周归为程朱一派，而是认为黄道周在寻求对王学后学流弊的救正的努力下，亲和程朱，显现杂糅朱王两家之学的气势，且有独成一家的意愿。

参考文献

一 黄道周著述

黄道周：《博物典汇》，明崇祯八年（1635），敦古斋刻本。

黄道周：《洪范明义》，明崇祯十六年（1643），漳州刻本。

黄道周：《三易洞玑》，《石斋先生经传九种》，清康熙三十二年（1693），
　　浙江晋安郑开极刻本。

黄道周：《易象正》，《石斋先生经传九种》，清康熙三十二年（1693），
　　浙江晋安郑开极刻本。

黄道周：《诗表》，《石斋先生经义四种》，清道光五年（1825），榕城鳌
　　峰书院刻本。

黄道周：《易本象》，《石斋先生经义四种》，清道光五年（1825），榕城
　　鳌峰书院刻本。

黄道周：《黄漳浦集》，清道光八年（1828），福州陈寿祺刻本。

黄道周：《榕坛问业》，文渊阁《四库全书》本。

黄道周：《孝经集传》，文渊阁《四库全书》本。

黄道周：《表记集传》，文渊阁《四库全书》本。

黄道周：《坊记集传》，文渊阁《四库全书》本。

黄道周：《缁衣集传》，文渊阁《四库全书》本。

黄道周：《月令明义》，文渊阁《四库全书》本。

黄道周：《儒行集传》，文渊阁《四库全书》本。

二 古籍

班固：《汉书》，中华书局1962年版。

陈献章：《陈献章》，孙通海点校，中华书局1987年版。

程颢、程颐：《二程集》，王孝鱼点校，中华书局1981年版。

董仲舒：《春秋繁露》，凌曙注，中华书局1975年版。

顾炎武：《日知录集释》，上海古籍出版社2006年版。

韩愈：《韩昌黎全集》，世界书局1935年版。

黄宗羲：《明儒学案》，中华书局1985年版。

黄宗羲：《宋元学案》，中华书局1986年版。

李隆基注，（宋）邢昺疏：《孝经注疏》，《十三经注疏》，北京大学出版
　　社2000年版。

刘宗周：《刘子全书》，清道光甲申刻本。

陆贾：《新语校注》，《诸子集成》，河北人民出版社1986年版。

陆九渊：《陆九渊集》，钟哲点校，中华书局1980年版。

罗钦顺：《困知记》，阎韬点校，中华书局1990年版。

皮日休：《皮子文薮》，萧涤非等整理，上海古籍出版社1981年版。

邵雍：《邵雍集》，郭彧整理，中华书局2010年版。

汪荣宝：《法言义疏》，陈仲夫点校，《新编诸子集成》，中华书局1987
　　年版。

王廷相：《王廷相集》，王孝鱼点校，中华书局1989年版。

王艮：《王心斋全集》，陈祝生主编，江苏教育出版社2001年版。

王阳明：《王阳明全集》，吴光等编校，上海古籍出版社1992年版。

永瑢等：《四库全书总目》，中华书局1965年版。

张载：《张载集》，章锡琛点校，中华书局1985年版。

周敦颐：《周敦颐集》，陈克明点校，中华书局1990年版。

张廷玉等：《明史》，吉林人民出版社1995年版。

朱熹：《朱子全书》，上海古籍出版社、安徽教育出版社2002年版。

朱熹：《四书章句集注》，中华书局1983年版。

黎靖德：《朱子语类》，中华书局1986年版。

三　现代学术著作

［美］安乐哲：《自我的圆成：中西互镜下的古典儒学与道家》，彭国翔编
　　译，河北人民出版社2006年版。

北京大学哲学系中国哲学教研室主编：《中国哲学史》，北京大学出版社
　　2003 年版。

白川静：《字统》，平凡社 1984 年版。

步近智、张安奇：《中国学术思想史稿》，中国社会科学出版社 2007
　　年版。

陈来：《宋明理学》，华东师范大学出版社 2003 年版。

陈来：《国学研究》，北京大学出版社 2003 年版。

程志华：《困境与转型——黄宗羲哲学文本的一种解读》，人民出版社
　　2005 年版。

程志华：《牟宗三哲学研究——道德的形而上学之可能》，人民出版社
　　2009 年版。

东方朔：《刘蕺山哲学研究》，上海人民出版社 1997 年版。

方立天：《中国古代问题发展史》，中华书局 1990 年版。

冯克诚主编：《（明）刘宗周、黄道周理学教育思想与教育论著选读》，中
　　国环境科学出版社、学苑音像出版社 2006 年版。

葛兆光：《中国思想史》，复旦大学出版社 2001 年版。

［德］黑格尔：《哲学史讲演录》，贺麟、王太庆译，商务印书馆 1978
　　年版。

侯外庐主编：《宋明理学史》，人民出版社 1984 年版。

侯真平、娄曾泉校点：《黄道周年谱·附传记》，福建人民出版社 1999
　　年版。

侯真平：《黄道周纪年著述书画考》，厦门大学出版社 1994 年版。

胡适：《中国哲学史大纲》，上海古籍出版社 1997 年版。

惠吉兴：《中国哲学精神》，广东人民出版社 2007 年版。

金岳霖：《论道》，商务印书馆 1987 年版。

劳思光：《新编中国哲学史》第 1—4 卷，广东师范大学出版社 2005 年版。

李泽厚：《中国古代思想史论》，人民出版社 1986 年版。

李振纲：《证人之境——刘宗周哲学的宗旨》，人民出版社 2000 年版。

李振纲：《生命的哲学——庄子哲学的另一种解读》，中华书局 2009 年版。

李振纲：《中国古代哲学史论》，中国社会科学出版社 2004 年版。

刘蔚华、赵宗正主编：《中国儒家学术思想史》，山东教育出版社 1996
　　年版。

蒙培元：《理学范畴系统》，人民出版社 1989 年版。

牟宗三：《才性与玄理》，广西师范大学出版社 2006 年版。

牟宗三：《宋明儒学的问题与发展》，华东师范大学出版社 2004 年版。

牟宗三：《心体与性体》，上海古籍出版社 1997 年版。

牟宗三：《中国哲学十九讲》，上海古籍出版社 1997 年版。

钱穆：《宋代理学三书随札》，生活·读书·新知三联书店 2002 年版。

钱穆：《宋明理学概述》，台湾联经出版事业公司 2008 年版。

钱穆：《朱子学提纲》，生活·读书·新知三联书店 2002 年版。

容肇祖：《明代思想史》，上海开明书店 1941 年版。

唐君毅：《中国哲学原论·导论篇》，香港人生出版社 1966 年版。

唐君毅：《中国哲学原论·原道篇》，中国社会科学出版社 2006 年版。

王蘧常主编：《中国历代思想家传记汇诠》，复旦大学出版社 1993 年版。

王煜：《新儒学的演变——宋代以后儒学的纯与杂》，香港中文大学出版
　社 1990 年版。

徐复观：《中国思想史论集》，台湾学生书局 1975 年版。

杨伯峻：《孟子译注》，中华书局 1960 年版。

杨伯峻：《春秋左传注》，中华书局 1981 年版。

杨伯峻：《论语译注》，中华书局 1980 年版。

杨肇中：《天人秩序视野下的晚明儒学重建——黄道周思想研究》，中国
　社会科学出版社 2013 年版。

张兵：《洪范诠释研究》，齐鲁书社 2007 年版。

张岱年：《中国古典哲学概念范畴要论》，中国社会科学出版社 1989 年版。

张岱年：《中国哲学大纲》，中国社会科学出版社 1982 年版。

张立文：《宋明理学研究》，人民出版社 2002 年版。

张善文：《历代易家与易学要籍》，福建人民出版社 1998 年版。

朱汉民：《宋明理学通论——一种文化学的诠释》，湖南教育出版社 2000
　年版。

翟奎凤：《以〈易〉测天》，博士学位论文，北京大学，2009 年。

周振甫：《周易译注》，中华书局 1991 年版。

四 论文

步近智：《论黄道周复杂而矛盾的思想学说》，《中国哲学史研究》1986
年第 4 期。

蔡勇强：《黄道周教育思想初探》，《教育评论》1990 年第 5 期。

陈来：《黄道周的生平与思想》，《国学研究》第十一卷，北京大学出版社
2003 年版。

程志华：《"自然视界"与意义世界——关于黄宗羲"盈天地皆气"与
"盈天地皆心"关系的新诠》，《河北大学学报》（哲学社会科学版）
2005 年第 5 期。

顾颉刚：《"圣""贤"观念和字义的演变》，《中国哲学》第一辑，生活
·读书·新知三联书店 1979 年版。

惠吉兴：《性恶论在中国古代文化中的地位》，《学习与探索》1996 年第
5 期。

程志华：《论良知的呈现》，《哲学研究》2007 年第 8 期。

耿飞：《从"遒媚"看黄道周书法的美学意义——兼及对当代书法研究和
创作的某种反思》，《齐鲁艺苑》1996 年第 1 期。

黄剑岚主编：《黄道周学术研讨会论文集》，崇文书局 2006 年版。

惠吉兴：《中国传统哲学的内在性实践精神》，《兰州学刊》2006 年第
6 期。

李振纲、李超英：《刘宗周"本体与工夫"的语境分析》，《河北大学学
报》（哲学社会科学版）2006 年第 4 期。

李振纲：《象山心学与朱陆之辩》，《河北大学学报》（哲学社会科学版）
2004 年第 4 期。

李振纲：《道德理性本体的重建——蕺山哲学论纲》，《哲学研究》1999
年第 1 期。

李振纲：《李贽新观念三题与传统文化的断裂》，《河北大学学报》（哲学
社会科学版）1988 年第 3 期。

李振纲：《理性与道德理想主义——论朱子学的精神》，《河北大学学报》
（哲学社会科学版）2001 年第 1 期。

李振纲：《陆九渊与南宋心学》，《河北大学学报》（哲学社会科学版）

1993 年第 1 期。

李振纲：《论蕺山之学的定性与定位》，《河北大学学报》（哲学社会科学版）1999 年第 1 期。

李振纲：《论王阳明道学革新及其历史地位》，《中国哲学史》1997 年第 3 期。

李振纲：《心体的重建与理学的终结——兼论蕺山学逻辑向度与历史向度的离异》，《现代哲学》2004 年第 4 期。

彭国翔：《中晚明阳明学的格物之辩》，《现代哲学》2004 年第 1 期。

石云里：《从黄道周到洪大容——17、18 世纪中期地动学说的比较研究》，《自然辩证法通讯》1997 年第 4 期。

石云里：《十七世纪中国的准哥白尼学说——黄道周的地动理论》，《大自然探索》1995 年第 2 期。

孙英龙主编：《黄道周研究文集》，福建教育出版社 1997 年版。

夏德靠：《黄道周〈诗表〉的诗学观及其意义》，《安徽理工大学学报》（社会科学版）2012 年第 3 期。

辛德勇：《记南明刻本〈西曹秋思〉——并发黄道周弹劾杨嗣昌事件之覆》，《燕京学报辑刊》，2005 年。

杨毓团：《黄道周礼学思想探论》，《湖北大学学报》（哲学社会科学版）2012 年第 2 期。

杨毓团：《论晚明黄道周礼秩重建的学术理路——基于"孝本"意识的礼学建构》，《合肥工业大学学报》（社会科学版）2012 年第 4 期。

萧仕平：《闽儒黄道周先生"仁"的思想试析》，《集美大学学报》（哲学社会科学版）2011 年第 4 期。

方彦寿、林振礼：《黄道周"明诚"论的哲学意蕴》，《泉州师范学院学报》2010 年第 3 期。

翟奎凤：《黄道周"天方图"与"天方盘"考释》，《周易研究》2008 年第 6 期。

翟奎凤：《黄道周与明清之际的学术思潮》，《安徽大学学报》（哲学社会科学版）2011 年第 4 期。

翟奎凤：《明清以来关于黄道周易学的评论》，《集美大学学报》（哲学社会科学版）2012 年第 4 期。

张启琛：《论黄道周的民本思想》，《东南学术》1992 年第 6 期。

张启琛：《论黄道周改良现实的思想武器》，《漳州师范学院学报》（哲学社会科学版）1994 年第 3 期。

郑晨寅：《〈孝经〉"移孝为忠"说的困境与超越——以明末大儒黄道周为个案》，《西南交通大学学报》（社会科学版）2012 年第 3 期。

方遥：《关于黄道周心性论若干问题的探讨》，《福建师范大学学报》（哲学社会科学版）2012 年第 4 期。

郑镛：《黄道周书法美学思想初探》，《漳州师范学院学报》（哲学社会科学版）1997 年第 3 期。

衷尔钜：《黄道周与刘宗周哲学思想比较》，《甘肃社会科学》1989 年第 5 期。

漳浦县黄道周诞辰 400 周年纪念活动筹备委员会编印：《黄道周研究论丛》，1985 年。

索　引

后　记

　　《黄道周哲学思想研究》一书是在我的博士论文的基础上增加、修改而成。选择黄道周作为研究对象，起初很有压力。相对而言，关于黄道周哲学思想研究并不如这两年蓬勃，还属于一块比较沉静的地域；同时，黄道周本人思想广泛庞杂，其前承先秦精神，后启实学思潮，在研究的深度和广度上都增加了难度。虽然有畏难情绪，导师惠吉兴老师却表示出对我的信任，这对于我是莫大的鼓励和支持。写作的过程自然是辛苦的，但是这种辛苦却让人愿意沉浸在其中，因为一路下来，收获的不仅仅是知识上的储备，更多地体验了人生之中难得而珍贵的师生之情、同窗之谊、亲友之助。

　　此书之所以能够付梓，是多方面力量共同推动的结果。首先，从开始博士论文题目的选定直至成书结稿，都离不开导师惠吉兴老师的指导。他的孜孜教诲和敏锐的视角让我在感激的同时亦感到惊叹。惠老师为人温雅、学识坚厚、学风严谨，看问题入木三分，问题的指点上亦是独辟蹊径。当写作中举步维艰时，惠老师的点播之语总能让人欣喜地发现一条柳暗花明之路。此外，也要深深感谢河北大学的李振纲老师、程志华老师。李老师学问醇厚，为人宽信，行事流露出自然而成的儒家之风。此书形成过程中，亦离不开他高屋建瓴般的指导，即使是片言只语，亦能使人醍醐灌顶。程老师学问中西合璧，游刃于古今中外，中西哲学的灵秀之气在他身上显露无疑。三位导师的学问令人敬慕，同时，他们的优秀人格也让人为之钦佩。此生能遇到他们，是我的幸运，也是我学习、工作的目标和激励。

　　此书的形成也离不开同门、同事、朋友的无私、积极的帮助。许春华、张乃芳、孙云龙、敦鹏、张伟、王政燃等人，在我需要帮助的时候，热忱而周到地伸出双手。值得一提的是，山东大学的翟奎凤老师得知我在研究黄道周的时候，更是提供了大力的帮助，从最初的文献资料的收集到后来的出版资金，都凝有他的辛苦。处处可逢的真挚友情让这个艰苦的写作过程变得更为顺利。同时，河北社科院哲学所的所长魏建震和我的同事们也积极地给以方便，为书稿的写作提供了充裕的时间。此外，中国社科出版社的责任编辑刘艳老师对书稿的认真校对，有效地避免了文中的一些疏漏。她的谨慎工作是对书稿最后的把关，让人感到安心，也确保了书稿能够及时出版。同时，感谢我的家人。他们一如既往地给与了我默默的支持和关怀，陪我走过人生中这一段值得回忆的时光。

另外，此书是我 2014 年承担的河北省社会科学基金项目（项目编号：HB14ZX004），此书亦得到福建省东山县文化发展研究会资助、河北省社会科学重要学术著作出版资助，在此一并感谢。虽然此书在大家的支持和帮助下成稿，但由于作者智认有限、学识不足，应该是一本挂一漏万之作，因此还谨求师教和大家斧正。

许卉　于河北省社科院

2015 年 9 月 28 日